Dr. John Coleman

LA DITTATURA di ORDINE MONDIALE SOCIALISTA

OMNIA VERITAS®

John Coleman

John Coleman è un autore britannico ed ex membro dei servizi segreti. Coleman ha prodotto diverse analisi del Club di Roma, della Fondazione Giorgio Cini, della Forbes Global 2000, del Colloquio interreligioso per la pace, dell'Istituto Tavistock, della Nobiltà Nera e di altre organizzazioni vicine al tema del Nuovo Ordine Mondiale.

LA DITTATURA DELL'ORDINE MONDIALE SOCIALISTA

SMASCHERARE IL GOVERNO MONDIALE INVISIBILE

ONE WORLD ORDER
Socialist Dictatorship

Tradotto dall'inglese e pubblicato da Omnia Veritas Limited

© Omnia Veritas Ltd - 2022

www.omnia-veritas.com

"Il nemico di Washington è più da temere di quello di Mosca". È un sentimento che ho espresso più volte. Il comunismo non ha distrutto la protezione tariffaria eretta dal presidente George Washington. Il comunismo non ha costretto gli Stati Uniti ad adottare l'imposta progressiva sul reddito. Il comunismo non ha creato il Federal Reserve Board. Il comunismo non ha trascinato gli Stati Uniti nella prima e nella seconda guerra mondiale. Il comunismo non ha imposto le Nazioni Unite all'America. Il comunismo non ha portato via il Canale di Panama al popolo americano. Il comunismo non ha creato il piano di genocidio di massa del rapporto Global 2000. È stato il SOCIALISMO a portare questi mali negli Stati Uniti!

Il comunismo non ha dato al mondo l'AIDS! Il comunismo non ha dato all'America livelli disastrosi di disoccupazione. Il comunismo non ha lanciato attacchi incessanti alla Costituzione degli Stati Uniti.

Il comunismo non ha costretto l'America ad adottare gli "aiuti esteri", quella maledetta tassa sul popolo americano che è una servitù involontaria.

Il comunismo non ha imposto la fine delle preghiere nelle scuole. Il comunismo non ha promosso la menzogna della "separazione tra Stato e Chiesa". Il comunismo non ha dato all'America una Corte Suprema piena di giudici destinati e determinati a minare la Costituzione degli Stati Uniti. Il comunismo non ha mandato i nostri soldati a combattere una guerra illegale nel Golfo per proteggere gli interessi della corona britannica.

Eppure, per tutti questi anni, mentre la nostra attenzione era concentrata sui mali del comunismo a Mosca, i socialisti a Washington erano impegnati a rubare l'America! "One World Order: Socialistic Dictatorship" spiega come questo è stato ed è realizzato.

INTRODUZIONE **13**

CAPITOLO 1 .... **16**

L'ORIGINE DEL SOCIALISMO FABIANO E LA SUA STORIA ... 16

CAPITOLO 2 .... **46**

COS'È IL SOCIALISMO, PERCHÉ PORTA ALLA SCHIAVITÙ ... 46

CAPITOLO 3 .... **111**

L'ISTRUZIONE CONTROLLATA DAI SOCIALISTI: LA STRADA VERSO LA SCHIAVITÙ 111

CAPITOLO 4 .... **139**

LA TRASFORMAZIONE DELLE DONNE 139

CAPITOLO 5 .... **167**

SOVVERTIRE LA COSTITUZIONE ATTRAVERSO LA LEGISLAZIONE 167

CAPITOLO 6 .... **174**

LE STELLE PIÙ BRILLANTI DEL FIRMAMENTO SOCIALISTA AMERICANO 174

CAPITOLO 7 .... **220**

PENETRAZIONE E IMPREGNAZIONE DELLA RELIGIONE DA PARTE DEL SOCIALISMO 220

CAPITOLO 8 .... **240**

LA DISTRUZIONE PIANIFICATA DEGLI STATI UNITI DAL LIBERO COMMERCIO 240

Alcune statistiche *252*

CAPITOLO 9 .... **270**

UNA NAZIONE SCONFITTA 270

POLITICHE BANCARIE ED ECONOMICHE : 271

AIUTI ESTERI 278

LA CLASSE MEDIA 279

EPILOGO **294**

L'EREDITÀ DEL SOCIALISMO; UN CASO DI STUDIO 298

FONTI E NOTE **302**

GIÀ PUBBLICATO **311**

INTRODUZIONE

"Costruiremo il Nuovo Ordine Mondiale pezzo per pezzo, proprio sotto il loro naso (del popolo americano). "La casa del Nuovo Ordine Mondiale dovrà essere costruita dal basso verso l'alto piuttosto che dall'alto verso il basso. Un aggiramento della sovranità, erodendola pezzo per pezzo, otterrà molto di più del buon vecchio attacco frontale". Richard Gardner, leader socialista americano, *Foreign Affairs,* la rivista del Council on Foreign Relations (CFR), aprile 1974.

In questo libro (insieme agli altri miei titoli *Storia del Comitato dei 300* e *Diplomazia della menzogna*), spiego come la dichiarazione di Gardner fornisca una panoramica del programma socialista fabiano per gli Stati Uniti. Le idee, i pensieri e le persone che hanno lavorato diligentemente per stabilire il socialismo, la principale e fatale malattia politica delle nazioni moderne, sono spiegati in dettaglio.

C'è un resoconto dei vari obiettivi dei socialisti fissati dalla Fabian Society britannica, il cui motto è "Make Haste Slowly".[1] Quando gli fu chiesto di spiegare il comunismo, Lenin rispose: "Il comunismo è il socialismo in fretta". Il socialismo non ha altra via d'uscita che il comunismo, questo l'ho detto spesso. Questo libro spiega perché molti dei mali che affliggono la nostra società oggi hanno origine da un'attenta pianificazione ed esecuzione socialista.

Il socialismo è intrinsecamente malvagio perché costringe le persone ad accettare cambiamenti deliberatamente progettati che non hanno chiesto né voluto. Il potere del socialismo è camuffato in termini tranquillizzanti e si nasconde dietro una maschera di

---

[1] "Affrettati lentamente", Ndt.

umanitarismo. Si manifesta anche con cambiamenti fondamentali e di vasta portata nella religione, che i socialisti hanno usato a lungo come potente mezzo per ottenere l'accettazione, per poi estendere la loro influenza all'interno delle chiese, a scapito di tutte le religioni.

L'obiettivo del socialismo è la liquidazione del sistema della libera impresa, che è il vero capitalismo. Il socialismo scientifico si presenta sotto diverse spoglie e i suoi promotori si definiscono liberali o moderati. Non portano distintivi e non sono riconoscibili, come lo sarebbero se si chiamassero comunisti.

Ci sono più di 300.000 socialisti nel governo degli Stati Uniti e, secondo stime conservatrici, nel 1994 l'87% dei membri del Congresso erano socialisti. Gli ordini esecutivi sono uno stratagemma socialista incostituzionale per utilizzare la legislazione al fine di rendere inefficace la Costituzione degli Stati Uniti, quando non è possibile ricorrere a metodi diretti per ottenere i cambiamenti socialisti desiderati e bloccati dalla Costituzione.

Il socialismo è una rivoluzione che non ricorre a metodi apertamente violenti, ma che tuttavia provoca il massimo danno alla psiche della nazione. È un movimento governato dalla furtività. Il suo lento progresso verso gli Stati Uniti dal punto di origine in Inghilterra è stato quasi impercettibile fino agli anni Cinquanta. Il movimento socialista fabiano rimane distinto dai gruppi del cosiddetto partito socialista e la sua marcia in avanti è stata quindi quasi impercettibile per la maggioranza degli americani. "Quando si ferisce un comunista, un socialista sanguina" è un detto che risale ai primi tempi del socialismo fabiano.

Il socialismo si rallegra con fervore della proliferazione del potere del governo centrale che cerca di assicurarsi, sostenendo sempre che è per il bene comune. Gli Stati Uniti e la Gran Bretagna sono pieni di falsi profeti che predicano il Nuovo Ordine Mondiale. Questi missionari socialisti predicano la pace, l'umanitarismo e il bene comune. Pienamente consapevoli di non poter vincere la resistenza del popolo americano al comunismo con mezzi diretti, gli insidiosi socialisti fabiani sapevano di dover agire in silenzio e lentamente, evitando di mettere in guardia il popolo dai loro veri obiettivi. Così il "socialismo scientifico" fu adottato come mezzo per sconfiggere gli Stati Uniti e farne il primo Paese socialista del mondo.

Questo libro racconta il successo del socialismo fabiano e il punto in cui ci troviamo oggi. I presidenti Wilson, Roosevelt, Eisenhower, Carter, Kennedy e Johnson furono entusiasti e volenterosi servitori del socialismo fabiano. Hanno passato la torcia al Presidente Clinton. Democrazia e socialismo vanno di pari passo. Ogni presidente degli Stati Uniti da Wilson in poi ha ripetutamente dichiarato che gli Stati Uniti sono una democrazia, mentre in realtà sono una repubblica confederata. Il socialismo fabiano governa il destino del mondo in modo mascherato per renderlo irriconoscibile. Il socialismo è l'autore dell'imposta progressiva sul reddito, il distruttore del nazionalismo, l'autore del cosiddetto "libero scambio".

Questo libro non è una noiosa esposizione delle filosofie del socialismo, ma un resoconto dinamico e drammatico di come esso sia diventato la principale minaccia per gli uomini liberi di tutto il mondo, ma soprattutto negli Stati Uniti, che devono ancora affrontarlo di petto. La superficie blanda e liscia del socialismo nasconde il suo vero intento: un governo mondiale federale sotto controllo socialista, in cui noi, il popolo, saremo i suoi schiavi in un oscuro Nuovo Ordine Mondiale.

Capitolo 1

L'ORIGINE DEL SOCIALISMO FABIANO E LA SUA STORIA

"Come tutti i socialisti, credo che la società socialista si stia evolvendo nel tempo verso una società comunista". - John Strachey, ministro del Partito laburista.

"Nel gergo dei giornali americani, John Strachey verrebbe chiamato 'marxista n. 1' e il titolo sarebbe meritato". *Left News*, marzo 1938.

Il socialismo fabiano ebbe inizio con la Fabian Society che, secondo le sue stesse parole, "è composta da socialisti che si sono alleati con il Manifesto comunista del 1848", scritto da Karl Marx, un ebreo di origine prussiana che visse la maggior parte della sua vita a Highgate, Londra. Nei "Fondamenti della Fabian Society" apprendiamo quanto segue:

"Mira quindi alla riorganizzazione della società attraverso l'emancipazione della terra e del capitale industriale dalla proprietà individuale e la loro devoluzione alla comunità per il beneficio generale". Solo in questo modo i vantaggi naturali e acquisiti del paese possono essere condivisi da tutto il popolo...".

Questo è il principio che il socialismo fabiano ha esportato negli Stati Uniti e imposto instancabilmente al popolo americano, con grande danno per la nazione.

Marx morì in solitudine nell'ottobre del 1883, non essendo mai riuscito a realizzare la visione condivisa con Moses Mendelssohn (Mendelssohn è generalmente riconosciuto come il padre del comunismo europeo), e fu sepolto nel piccolo cimitero murato di Highgate, a nord di Londra. Il professor Harold Laski, l'uomo più strettamente legato al movimento dalla sua nascita fino alla sua morte nel 1950, ammise che il Manifesto comunista aveva dato vita al socialismo.

Ma in realtà il socialismo è nato con la fondazione della Ethical Society of Culture, ex Fellowship of New Life, a New York. Sebbene l'economia politica di John Stuart Mill, espressa nel libro socialista di Henry George, Progresso e povertà, il lato spirituale del socialismo non dovrebbe essere ignorato. Webb e sua moglie Beatrice guidarono la Fabian Society fin dalla sua nascita. La maggior parte dei membri della Fellowship of New Life, che precedette la Ethical Society of Culture, erano massoni affiliati alla teosofia occulta di Madame Blavatsky, alla quale anche Annie Besant si iscrisse.

Laski non era affatto un "uomo spirituale", più simile a Marx che a Ramsay McDonald, che in seguito divenne Primo Ministro inglese. Laski ha esercitato una notevole influenza su decine di leader politici, economici e religiosi britannici ed è accreditato di aver esercitato un'influenza irresistibile sui presidenti Franklin Delano Roosevelt e John F. Kennedy. Victor Gollancz, l'editore socialista, ha ripetutamente affermato che il socialismo è necessario per il dominio del mondo:

> "Il socialismo accentra il potere e rende gli individui completamente asserviti a coloro che lo controllano", ha affermato.

Ritiratosi dalla Fellowship of the New Life, il socialismo fabiano tentò diverse strade già battute dai comunisti, dai bakunisti, dai babouvisti (anarchici) e da Karl Marx, negando sempre con veemenza qualsiasi legame con questi movimenti. Composto principalmente da intellettuali, funzionari pubblici, giornalisti ed editori come il grande Victor Gollancz, il socialismo fabiano non aveva alcun interesse a farsi coinvolgere nelle battaglie di strada dei rivoluzionari anarchici. I membri fondatori del Fabianesimo perfezionarono la tecnica usata per la prima volta da Adam Weishaupt: penetrare nella Chiesa cattolica e "rosicchiarla dall'interno finché non ne rimanga solo un guscio vuoto". Questa operazione era chiamata "penetrazione e impregnazione". A quanto pare, né Weishaupt né Gollancz pensavano che i cristiani sarebbero stati abbastanza intelligenti da capire cosa stava succedendo.

Gollancz avrebbe detto:

> "I cristiani non sono molto brillanti, quindi sarà facile per il socialismo condurli sulla nostra strada attraverso i loro ideali di amore fraterno e giustizia sociale".

Il socialismo fabiano si rivolgeva alle organizzazioni politiche, economiche ed educative, oltre che alla Chiesa cristiana. In seguito, la Left Wing Books di Gollancz fece sconti speciali ai cristiani interessati alle idee socialiste. Il comitato di selezione del Left Book Club era composto dallo stesso Gollancz, dal professor Harold Laski e da John Strachey, deputato del Partito Laburista. Gollancz, che possedeva anche The Christian Book Club, credeva fermamente che la Russia bolscevica fosse un alleato del socialismo. Su istigazione di Beatrice Webb, pubblicò uno dei bestseller della Fabian Society, "Il nostro alleato sovietico".

Fin dall'inizio della sua storia, il socialismo fabiano cercò di penetrare e permeare i partiti laburista e liberale britannici, e successivamente il Partito Democratico negli Stati Uniti. Era implacabile nel suo zelo e nella sua energia per creare un socialismo "femminista", cosa che sarebbe riuscita a fare. Il socialismo è riuscito a conquistare i consigli scolastici, i consigli comunali e i sindacati con il pretesto di migliorare le condizioni dei lavoratori. La determinazione del socialismo fabiano ad assumere il controllo dell'istruzione riflette ciò che Madame Zinoviev aveva a lungo consigliato nella Russia bolscevica.

Nel 1950, Gollancz pubblicò "Corruption in a Profit Economy", un libro molto letto di Mark Starr. Starr era un prodotto del socialismo fabiano e, sebbene fosse considerato un po' rozzo (iniziò la sua vita come minatore), non fu respinto dai socialisti della Ivy League di Harvard e Yale, ai quali la Fabian Society aveva avuto accesso nella sua ordinata progressione verso l'alto dalle sue umili origini a Londra. Starr emigrò negli Stati Uniti nel 1928, dopo aver ottenuto le credenziali socialiste dal National Council of Labour Colleges.

Istruito dalla formidabile Margaret Cole, fondatrice del Fabian Research Center, Starr fu IL collegamento tra la Fabian Society di Londra e i movimenti socialisti emergenti in America. Starr ha frequentato il Brockwood Labor College dal 1925 al 1928, ricevendo fin da giovane una straordinaria educazione socialista. Il Socialist Garland Fund assegnò a Starr una borsa di studio di 74.227 dollari, una somma considerevole all'epoca. Dal 1935 al 1962 è diventato direttore dell'istruzione dell'International Ladies Garment Workers Union (ILGWU). Il suo lavoro sulla politica sindacale e sull'istruzione è stato notevole per la causa del socialismo. Per Starr, l'educazione significava insegnare che il profitto privato era sbagliato e doveva essere abolito.

Nel 1941, Starr fu nominato vicepresidente dell'American Federation of Teachers, una delle principali organizzazioni socialiste di insegnanti dell'epoca. Dopo aver preso la cittadinanza americana, Starr è stato nominato dal Presidente Harry Truman membro della Commissione consultiva degli Stati Uniti, autorizzata dalla Public Law 402, "per consigliare il Dipartimento di Stato e il Congresso sul funzionamento dei centri di informazione e delle biblioteche mantenute dal Governo degli Stati Uniti nei Paesi stranieri e sullo scambio di studenti ed esperti tecnici". Questo è stato davvero un "colpo" per il socialismo negli Stati Uniti!

Il socialismo fabiano attirò gran parte dell'élite della società in Gran Bretagna e negli Stati Uniti. Si dice che i socialisti americani abbiano "imitato le loro controparti inglesi, ammirando la loro padronanza del linguaggio, i loro rapidi giri di parole e la loro raffinata rispettabilità, forse personificata dal professor Graham Wallas, Sir Stafford Cripps, Hartley Shawcross e Richard Crossman".

Il professor Graham Wallas ha tenuto una conferenza alla New School for Social Research di New York, un "think tank" socialista fondato dalla rivista *New Republic*, che si rivolge a professori di sinistra, di cui gli Stati Uniti hanno una quota più che buona. Wallas fu uno dei primi intellettuali a unirsi alla Fabian Society, allora senza nome, che nel 1879 si trovava ad affrontare un futuro molto incerto e non era vista come una minaccia per il governo o la Chiesa. L'interesse precoce di Wallas per l'istruzione si riflette in uno dei suoi primi incarichi, quello di membro del Comitato di gestione della scuola di contea del Consiglio scolastico. Come vedremo in altri capitoli, la gerarchia dei socialisti fabiani vedeva nel controllo dell'istruzione il perno della propria strategia di conquista del mondo.

Questo ideale si riflette anche nella nomina di Wallas a professore della London School of Economics, fondata da Sydney Webb e ancora giovane istituzione educativa socialista. Wallas aveva solo quattro studenti nella sua classe.

Wallas riteneva che il modo per socializzare un Paese fosse la psicologia applicata. Il modo per socializzare l'America, sosteneva Wallas, era quello di prendere per mano la massa della popolazione come se fosse un bambino (non aveva un'opinione molto alta del livello di istruzione negli Stati Uniti) e, come se fosse un bambino, condurlo passo dopo passo sulla strada del socialismo, a cui aggiungerei la schiavitù finale. Wallas è un nome importante in questo racconto del socialismo, perché ha scritto un libro che è stato adottato, testualmente, dal Presidente Lyndon Johnson, come politica ufficiale del Partito Democratico.

La sinistra avanzata strisciante del socialismo che iniziò a ricoprire l'Inghilterra avrebbe potuto essere evitata se non fosse stato per la Prima Guerra Mondiale. Il fior fiore della gioventù cristiana britannica, che avrebbe resistito all'avanzata di questo concetto estraneo, giaceva morto nei campi delle Fiandre, le loro vite inutilmente sprecate per un nebuloso ideale di "patriottismo". Intorpidita dall'orribile perdita dei propri figli, la vecchia generazione non si curò di ciò che il socialismo fece al proprio Paese, credendo che "ci sarà sempre un'Inghilterra".

La psicologia sociale era un'arma abilmente usata per sviare gli attacchi alle organizzazioni fabiane americane. Americans for Democratic Action (ADA) ha dichiarato di non far parte della Fabian Society e il suo portavoce, il quotidiano *The Nation*, ha cercato di negare con veemenza i tentativi di collegare le due organizzazioni.

Nel 1902, Wallas insegnava socialismo duro alla Scuola estiva dell'Università di Filadelfia. Era stato invitato negli Stati Uniti da ricchi socialisti americani che avevano frequentato la Scuola estiva di Oxford nel 1899 e nel 1902, un periodo in cui i corsi estivi di indottrinamento erano all'apice della loro popolarità tra i ricchi americani che non avevano niente di meglio da fare. Nel 1910, Wallas divenne un mentore di leader socialisti americani come

Walter Lippmann, tenendo le Lowell Lectures ad Harvard. Graham Wallas era riconosciuto come uno dei quattro grandi intellettuali socialisti britannici e come tale fu ricercato dal socialista americano Ray Stannard Baker, l'emissario che il colonnello Edward Mandel House inviò alla Conferenza di pace di Parigi per rappresentarlo e coprire l'operato dei delegati.

Tra il 1905 e il 1910, Graham Wallas scrisse "The Great Society", che sarebbe diventato il progetto dell'omonimo programma del presidente Johnson e che incorporava i principi della psicologia sociale. Wallas aveva ben chiaro che lo scopo della psicologia sociale era quello di controllare la condotta umana, preparando così le masse all'imminente stato socialista che le avrebbe condotte alla schiavitù - anche se si guardò bene dallo spiegarlo così chiaramente. Wallas divenne un intermediario negli Stati Uniti per le idee dei socialisti fabiani, molte delle quali furono incorporate nel "New Deal" di Roosevelt, scritto dal socialista Stuart Chase, nella "New Frontier" di Kennedy, scritta dal socialista Henry Wallace, e nella "Great Society" di Johnson, scritta da Graham Wallas. Questi fatti danno da soli la misura del notevole impatto del socialismo fabiano sulla scena politica americana.

Come il professor Laski, Wallas aveva lo stesso buon carattere e la stessa gentilezza che avrebbero avuto un grande impatto sui leader politici e religiosi americani. Entrambi gli uomini sarebbero stati i più efficaci missionari della Fabian Society presso le università e i college di tutti gli Stati Uniti, per non parlare del loro impatto sui leader dell'emergente e aggressivo movimento "femminista".

Così, fin dall'inizio del socialismo fabiano in America, questo movimento pericolosamente radicale è stato falsamente rivestito di un mantello di bontà capace di ingannare "gli eletti", per parafrasare la Bibbia. Ha fornito una copertura per la rivoluzione su entrambe le sponde dell'Atlantico, rimanendo al di fuori della violenza solitamente associata alla parola "rivoluzione". Un giorno la storia registrerà che la rivoluzione socialista fabiana ha superato di gran lunga la violenta rivoluzione bolscevica per portata e dimensioni. Mentre la rivoluzione bolscevica si è conclusa più di cinquant'anni fa, la rivoluzione socialista fabiana continua a crescere e a rafforzarsi. Questo movimento silenzioso ha letteralmente "smosso le montagne" e ha cambiato radicalmente il corso della storia, e in nessun altro luogo come negli Stati Uniti.

I due fari che rimasero maestri del socialismo fabiano fino alla fine dei loro giorni furono George Bernard Shaw e Sydney Webb. In seguito si unirono a loro uomini come Graham Wallas, John Maynard Keynes e Harold Laski, tutti consapevoli che il sogno di una conquista socialista della Gran Bretagna e degli Stati Uniti poteva essere realizzato solo attraverso il graduale indebolimento del sistema finanziario di ciascun Paese, fino al collasso in uno stato sociale totale. Questo è ciò che vediamo oggi, quando la Gran Bretagna è stata superata ed è diventata uno Stato sociale fallito.[2]

La seconda linea d'azione del fabianesimo era contro la separazione costituzionale dei poteri prevista dalla Costituzione degli Stati Uniti. Il professor Laski e i suoi colleghi ritenevano che se il socialismo fabiano fosse riuscito a rimuovere questo ostacolo, avrebbero avuto la chiave per smantellare l'intera Costituzione degli Stati Uniti. Era quindi imperativo che il socialismo addestrasse e schierasse agenti speciali del cambiamento che fossero in grado di minare questa, la disposizione più importante della Costituzione. La Fabian Society si è messa all'opera e il successo della sua missione può essere visto nel modo scioccante in cui il Congresso sta cedendo allegramente i suoi poteri al ramo esecutivo in un modo che può essere descritto non solo come sconsiderato, ma anche come incostituzionale al 100%.

Un buon esempio è il potere di veto concesso al Presidente Clinton in spregio alla Costituzione. Un altro buon esempio è la rinuncia ai poteri nei negoziati commerciali che spettano di diritto alla Camera dei Rappresentanti. Come vedremo nei capitoli sul NAFTA e sul GATT, questo è esattamente ciò che il Congresso ha fatto, facendo così, volontariamente o meno - non importa - il gioco dei nemici socialisti di questa nazione.

Sydney Webb e George Bernard Shaw furono gli uomini che stabilirono la rotta del socialismo fabiano: penetrazione e permeazione, piuttosto che anarchia e rivoluzione violenta.

---

[2] Cosa possiamo dire della Francia di oggi...? Nde.

Entrambi erano decisi a far credere all'opinione pubblica che socialismo non significava necessariamente sinistra, e certamente non marxismo. Entrambi si recarono nella Russia bolscevica all'apice del terrore, ignorando piuttosto che commentando la macelleria che era di dominio pubblico. Tra i due, Webb fu il più colpito dai bolscevichi e scrisse un libro intitolato "Socialismo sovietico - Una nuova civiltà? ". In seguito è emerso, dopo la defezione di un funzionario del Ministero degli Esteri sovietico, che Webb non aveva scritto questo libro, che era opera del Ministero degli Esteri sovietico.

Shaw e Webb divennero noti come i "demoni del socialismo in attesa di essere esorcizzati" prima che il socialismo potesse spiegare le sue ali e, come disse Shaw, "salvare il comunismo dalle barricate". Sebbene Shaw sostenesse di non preoccuparsi della FORMA, espresse comunque la convinzione che il socialismo fabiano sarebbe diventato un "movimento costituzionale". Anche con i "grandi" del socialismo che affluivano al movimento, Toynbee, Keynes, Haldane, Lindsay, H.G. Wells e Huxley, Shaw e Webb mantennero il loro controllo sulla Fabian Society di Londra e la guidarono nella direzione che avevano scelto tanti anni prima.

L'indigenza di Shaw, quasi sempre squattrinato, fu alleviata dal matrimonio con Charlotte Payne Townshend, una signora di notevoli mezzi, che secondo alcuni fu il motivo per cui l'irascibile Shaw la sposò. Ciò è confermato dal fatto che, prima di scambiarsi le promesse di matrimonio, Shaw ha insistito per essere accudito con un sostanzioso accordo prematrimoniale.

Shaw non indulgeva più in orazioni da soap-box e riunioni di cantina, ma aspirava a mescolarsi socialmente con l'alta società del socialismo. Uomini come Lord Grey e Lord Asquith divennero suoi buoni amici e Shaw, pur compiendo ancora uno o due viaggi a Mosca, si allontanò dal comunismo. Sebbene fosse un ateo dichiarato, ciò non impedì a Shaw di coltivare coloro che pensava di poter usare per promuovere la sua carriera, come in particolare Lord Asquith. Shaw non prendeva ordini da nessuno, tanto meno da "nuovi arrivati" come Hugh Gaitskell, futuro primo ministro inglese e protetto della famiglia Rockefeller. Shaw si considerava sicuramente la "vecchia guardia" insieme a Sydney e Beatrice Webb. Questi socialisti incalliti e professionisti hanno superato molte tempeste politiche e non si sono mai tirati indietro di fronte a un'opposizione esterna spesso considerevole e a "faide familiari".

Il socialismo fabiano nacque nel 1883 come società di dibattito, "Nueva Vita" (Nuova Vita), che si riuniva in una piccola stanza al numero 17 di Osnaburgh Street, a Londra. Questo ricorda il primo movimento nazionalsocialista tedesco, poi ripreso da Hitler. Uno degli obiettivi della "Nueva Vita" era quello di riunire in un amalgama gli insegnamenti di Hegel e di San Tommaso d'Aquino.

Ma la parola "socialismo" non era nuova, poiché esisteva già dal 1835, molto prima che la "Nueva Vita" muovesse i primi passi nel 1883, la notte stessa della morte di Marx. Il leader del gruppo - che contava quattro persone - era Edward Pease e il suo obiettivo era quello di utilizzare l'istruzione come veicolo per la propaganda socialista che avrebbe avuto un effetto così profondo sull'istruzione e sulla politica su entrambe le sponde dell'Atlantico. Sembrava un'impresa ardua per un gruppo di uomini che non avevano ricevuto la necessaria istruzione pubblica, indispensabile per i futuri leader dell'Inghilterra vittoriana, eppure un esame della Fabian Society dimostra che è proprio questo il risultato ottenuto.

In grande stile, i ragazzi hanno dato al loro gruppo il nome di Quinto Fabiano, un famoso generale romano, la cui tattica consisteva nell'aspettare pazientemente che il nemico commettesse un errore per poi colpire duramente. L'irlandese George Bernard Shaw aderisce alla Fabian Society nel maggio 1884. Shaw proveniva dall'Hampstead Historical Club, un circolo di lettura marxista. È strano che sia Shaw che Marx si siano avvicinati al socialismo a breve distanza l'uno dall'altro: Hampstead Heath non è poi così lontana da Highgate. (Si dà il caso che io conosca bene la zona, avendo vissuto nell'area di Hampstead e Highgate e avendo trascorso molti anni di studio al British Museum). Quindi, in un certo senso, la mia percezione di cosa fosse il socialismo fabiano fu resa più chiara da queste circostanze.

Sebbene non abbia mai ammesso di conoscere Marx, pur avendone corteggiato la figlia Eleanor, si sospetta che Shaw sia stato il "leader" di Marx nel portare il socialismo al pubblico a cui si rivolgeva più spesso, quattro volte alla settimana, ovunque riuscisse a trovarlo. Uno studio che ho fatto al British Museum mi porta a credere che il comunismo abbia inventato il socialismo per veicolare le sue idee radicali che altrimenti non sarebbero state ben accolte in Inghilterra o negli Stati Uniti, i due Paesi più favoriti dal comunismo per la sua conquista.

Ho pochi dubbi sul fatto che Shaw fosse un Marx "sotto mentite spoglie", così come il socialismo era un comunismo "sotto mentite spoglie". La mia teoria acquista peso quando apprendiamo che Shaw partecipò all'Internazionale socialista di Londra nel 1864 come delegato dei Fabiani. Come sappiamo, Marx fu il creatore dell'Internazionale Socialista, in cui le sue teorie errate venivano predicate ad-infinitum insieme alla vera e propria propaganda comunista. Karl Marx non ha mai cercato di nascondere l'empia alleanza tra l'Internazionale Comunista e la sua stessa Internazionale Socialista, ma Shaw e i Webb, e più tardi Harold Laski, hanno negato con veemenza qualsiasi legame con il marxismo o il comunismo.

I Fabiani hanno trascorso ore interminabili a discutere se il grido di battaglia dovesse essere "socialdemocrazia" o "socialismo democratico". Alla fine, fu il "socialismo democratico" a essere utilizzato con tanto successo negli Stati Uniti: l'idea di Shaw era che gli intellettuali socialisti (di cui faceva parte) avrebbero guidato la carica al momento delle elezioni, mentre i lavoratori avrebbero fornito il denaro. Questa idea è stata cooptata con successo dall'ADA, che ha inondato le commissioni congressuali di "esperti" che facevano la spola con Harvard, per confondere e disorientare i senatori e i rappresentanti sprovveduti e inesperti sulle vie del tradimento socialista.

Il socialismo non ha nulla a che fare con l'uguaglianza e la libertà. Non si tratta nemmeno di aiutare la classe media e i lavoratori. Al contrario, si tratta di asservire il popolo con mezzi graduali e sottili, un fatto che Shaw ha ammesso una volta in un momento di disattenzione. Il libro di Graham Wallas "Great Society" e la "Great Society" di Lyndon Banes Johnson erano la stessa cosa, e a prima vista sembrava che il popolo sarebbe stato il beneficiario dell'elargizione governativa, ma in realtà si trattava solo di una trappola di schiavitù abboccata con miele socialista. FINCHÉ IL SOCIALISMO È VIVO, IL COMUNISMO NON PUÒ ESSERE MORTO, ED È QUI CHE IL SOCIALISMO CONDUCE QUESTA NAZIONE: NELLA TRAPPOLA D'ACCIAIO DEL COMUNISMO.

Dobbiamo ricordare ciò che il grande presidente Andrew Jackson disse a proposito del nemico nascosto tra noi:

> "Prima o poi il vostro nemico si farà vivo, e voi saprete cosa fare Vi troverete di fronte a molti nemici invisibili della vostra libertà conquistata con fatica. Ma si presenteranno a tempo debito, abbastanza per distruggerli".

Speriamo che il popolo americano, accecato dalle politiche falsamente socialiste di quattro presidenti, si tolga le scaglie dagli occhi prima che sia troppo tardi.

Un secondo marxista sotto mentite spoglie fu Sydney Webb, così sdegnosamente liquidato da Sir Bertrand Russell negli anni successivi come "impiegato del Colonial Office". Webb negò furiosamente di aver mai incontrato Marx, ma, come nel caso di Shaw, esistono prove circostanziali che Webb incontrò Marx abbastanza regolarmente. A differenza di Shaw, che si sposò tardi, Webb sposò presto Beatrice Potter, una donna ricca e formidabile che avrebbe favorito la sua carriera più di quanto lui stesso volesse ammettere.

Beatrice era la figlia di un magnate delle ferrovie canadesi, che si era innamorata di Joseph Chamberlain, ma era stata respinta da lui a causa della differenza di classe. A quei tempi, avere soldi non significava essere ammessi automaticamente ai circoli migliori. Bisognava provenire dal background "giusto", il che di solito significava un'istruzione nella scuola pubblica (una "scuola pubblica" in Inghilterra è uguale a una scuola pubblica in America). Fin dal primo incontro, Shaw e i Webb si sono trovati in sintonia e hanno creato una grande squadra.

La rivoluzione socialista proposta dalla Fabian Society avrebbe gettato un'ombra lunga e oscura sull'Inghilterra e poi sugli Stati Uniti. I suoi obiettivi si discostano poco da quelli enunciati nel manifesto comunista del 1848:

> "Mira quindi alla riorganizzazione della società attraverso l'emancipazione della terra e del capitale industriale dalla proprietà individuale e la loro devoluzione alla comunità per il beneficio generale". Si adopera quindi per l'estinzione della proprietà privata della terra... Cerca di raggiungere questi obiettivi attraverso la diffusione generale della conoscenza del

rapporto tra individuo e società nei suoi aspetti economici, etici e politici".

Non c'era nessuna denuncia della religione, né anarchici dai capelli lunghi che giravano con le bombe. Niente di tutto questo. Anche i fascisti erano benvenuti, come dimostra il fatto che Sir Oswald Mosely e sua moglie, nata Cynthia Curzon, erano entrambi socialisti convinti prima di unirsi alle file del fascismo. Shaw, il socialista della "vecchia guardia", lodò Hitler negli anni precedenti la Seconda guerra mondiale. Invece di mostrare i suoi veri colori, il Fabianesimo si diede arie e grazie che smentivano le sue pericolose intenzioni rivoluzionarie: la costituzione non scritta dell'Inghilterra e quella scritta degli Stati Uniti dovevano essere sovvertite e sostituite da un sistema di socialismo di Stato, attraverso un processo noto come "gradualismo" e "penetrazione e permeazione".

Ci sono alcune somiglianze tra Hitler e i fabianisti: all'inizio, nessuno prestava loro attenzione. Ma a differenza di Hitler, per Shaw e Webb la visione era quella di un mondo che si sarebbe evoluto in un Nuovo Ordine Mondiale in cui tutti sarebbero stati felici e contenti, senza ricorrere alla violenza e all'anarchia.

I Fabiani iniziarono a spiegare le loro ali e nel 1891 erano pronti a pubblicare il loro primo "Fabian News". Fu in questo periodo che Beatrice Webb iniziò a insegnare il femminismo radicale e sviluppò il programma di ricerca Fabian, poi utilizzato con grande efficacia dal giudice Louis Brandeis e noto come Brandeis Brief. Questo programma consisteva in un volume dopo l'altro di materiale di "ricerca", sufficiente a sopraffare gli oppositori, coperto da sottilissime memorie legali. C'era poco incoraggiamento per i nuovi membri privi di statura e importanza: Webb e Shaw ritenevano che il loro movimento fosse per l'élite, non erano interessati ai movimenti di massa di persone senza denaro o influenza.

Così si rivolsero alle università di Oxford e Cambridge, dove si formavano i figli dell'élite che in seguito avrebbero portato il messaggio della Fabian Society (opportunamente camuffato da "riforme") nel cuore e nell'anima del Parlamento. L'obiettivo della Fabian Society era quello di garantire che i socialisti venissero insediati in posizioni di potere, dove si potesse contare sulla loro influenza per ottenere "riforme".

Questo programma, con qualche modifica, fu praticato anche negli Stati Uniti e diede vita a Roosevelt, Kennedy, Johnson e Clinton, tutti socialisti. Questi agenti del cambiamento sono stati formati alla maniera fabiana, combinando sociologia e politica per aprire le porte. I numeri semplici non sono mai stati il loro stile. Uno dei loro membri d'élite, Arthur Henderson, che era segretario agli Esteri britannico nel 1929, fu l'istigatore del riconoscimento diplomatico del mostruoso regime bolscevico, seguito dagli Stati Uniti pochi anni dopo.

La prima cellula della Fabian Society a Oxford aprì nel 1895, e nel 1912 ce n'erano altre tre, con gli studenti che costituivano oltre il 20% dei membri.

Questo è forse il periodo più importante per la crescita della Fabian Society; gli studenti vengono introdotti al socialismo e molti di loro diventeranno leader mondiali.

Il piccolo movimento a cui nessuno aveva prestato attenzione nel 1891 era arrivato. Uno dei più pericolosi movimenti radicali e rivoluzionari del XX secolo aveva messo radici in Inghilterra e stava già iniziando a diffondersi negli Stati Uniti. Laski, Galbraith, Attlee, Beaverbrook, Sir Bertrand Russell, H.G. Wells, Wallass, Chase e Wallace; questi erano alcuni dei socialisti fabiani che avrebbero avuto un profondo effetto sul corso che gli Stati Uniti avrebbero preso.

Questo vale in particolare per il professor Laski. Nei trent'anni che Laski trascorse in America, poche persone al governo si resero conto della profondità della sua penetrazione nell'educazione e nel governo stesso. Era un uomo che metteva in pratica quotidianamente i principi del socialismo. Laski ha tenuto conferenze in molti Stati e presso le università dell'Oregon, della California, del Colorado, della Columbia, di Yale, di Harvard e della Roosevelt di Chicago. Per tutto questo tempo, ha costantemente sollecitato l'adozione di un programma federale di "assicurazione sociale" che, non ha menzionato, avrebbe portato all'obiettivo socialista di uno Stato sociale totale.

In seguito, Laski, Wallas, Keynes e molti leader politici ed economisti della Fabian Society si sarebbero recati al Tavistock

Institute of Human Relations[3] per imparare i metodi di John Rawlings Reese, noti come "condizionamento interiore" e "penetrazione a lungo termine". Anche Henry Kissinger si è formato in questa scuola.

Gradualmente, come era loro abitudine, i fabianisti cominciarono a penetrare nei partiti laburista e liberale, da dove esercitarono una grande influenza sulla socializzazione dell'inglese, un tempo fermamente indipendente, che era riluttante ad accettare l'assistenza del governo. Sebbene i Webb rivendicassero il merito della tecnica di "penetrazione", questa affermazione fu smentita nel 1952 dal colonnello I.M. Bogolepov, che affermò che l'intero piano era stato scritto per i Webb all'interno del Ministero degli Esteri sovietico, così come gran parte del contenuto dei numerosi libri che i Webb sostenevano di aver scritto. Bogolepov ha poi aggiunto che gran parte del contenuto dei libri di Webb è stato scritto da lui stesso. "Hanno solo cambiato un po' di cose qua e là, per il resto è stato copiato parola per parola", ha detto il colonnello.

Come spesso accade quando gli eroi della sinistra o del socialismo vengono smascherati, la stampa li copre e li elogia con una massa di verbosità irrilevante, finché l'accusa non viene quasi dimenticata. Lo vediamo quasi quotidianamente sulla stampa a proposito della moralità e dell'inettitudine politica del presidente Clinton. "È loro e non importa cosa si dica su di lui, non lasceranno che il fango si asciughi", ha detto uno dei miei colleghi dell'intelligence. E scagionano Clinton. Analizzando i rapporti sul carattere discutibile e sugli errori politici della Clinton, non si può non rimanere impressionati dal controllo dei danni dei socialisti fabiani: "lavare" il bersaglio e soffocare l'aggressore con una verbosità che ha poco a che fare con i problemi.

Studiando la storia della Fabian Society al British Museum di Londra, mi ha colpito l'impressionante progresso del piccolo gruppo di sconosciuti che alla fine ha portato nell'orbita della Fabian

---

[3] Si veda *The Tavistock Institute of Human Relations - Shaping the Moral, Spiritual, Cultural, Political and Economic Decline of the United States of America*, John Coleman, Omnia Veritas Ltd, www.omnia-veritas.com.

Society alcuni dei più importanti politici, scrittori, insegnanti, economisti, scienziati, filosofi, leader religiosi ed editori, mentre il mondo sembrava non accorgersi della sua esistenza. Questo può spiegare perché i profondi cambiamenti in atto non erano motivo di allarme. La tecnica fabiana di presentare le "riforme" come "benefiche", "giuste" o "buone" è stata la chiave del loro successo.

Lo stesso vale per i socialisti americani. Ogni misura importante presa dalla quinta colonna socialista di Washington viene mascherata da "riforme" che andranno a beneficio del popolo. Lo stratagemma è vecchio come il mondo, ma gli elettori ci cascano ogni volta. Il "New Deal" di Roosevelt è uscito direttamente da un libro socialista fabiano dallo stesso titolo scritto da Stuart Chase, eppure è stato apparentemente accettato come una vera "riforma" del sistema. Persino il riconoscimento da parte di Woodrow Wilson del tradimento del governo Kerensky fu rivestito di un linguaggio studiato per ingannare intenzionalmente il popolo americano e fargli credere che le "riforme" in corso in Russia fossero a beneficio del popolo. La "Grande Società" di Johnson era un altro programma "americano" tratto direttamente da un libro scritto da Graham Wallas, intitolato "La Grande Società".

Con l'istituzione della London School of (Socialist) Economics, sebbene le sue origini non fossero così pretenziose come il titolo lasciava intendere, i socialisti fabiani divennero sempre più influenti nella definizione della politica monetaria su entrambe le sponde dell'Atlantico. L'istituzione è stata notevolmente potenziata quando la Fondazione Rockefeller ha concesso una sostanziosa sovvenzione. Il metodo di finanziamento delle istituzioni socialiste mediante sovvenzioni da parte delle élite ricche, così come i suoi programmi quotidiani per i poveri, sarebbero stati un'idea di Shaw, attivata dopo aver partecipato a una conferenza alla London School of Economics.

In sostanza, far pagare ai poveri i programmi "locali" era come creare sindacati tra la classe operaia e poi usare le quote di iscrizione per facilitare e finanziare i programmi socialisti. È un po' come i massoni, che tendono a farci sapere che versano generose somme di denaro in beneficenza. Ma il denaro di solito proviene dal pubblico, non dalle casse dei massoni. Negli Stati Uniti, gli Shriner sono famosi per le loro donazioni agli ospedali, ma il denaro proviene dal pubblico attraverso le collette organizzate per strada dagli Shriner. Nessuno dei loro fondi va mai agli ospedali.

I "Quattro pilastri della casa del socialismo", scritti da Sydney Webb poco dopo la prima guerra mondiale, divennero il modello per la futura azione socialista, non solo in Gran Bretagna ma anche negli Stati Uniti. Questo piano prevedeva la distruzione del sistema di produzione di beni e servizi basato sulla concorrenza, una tassazione illimitata e invasiva, un welfare massiccio, l'assenza di diritti di proprietà privata e un governo unico mondiale. Questi obiettivi non sono molto diversi dai principi enunciati da Karl Marx nel Manifesto comunista del 1848. Le differenze risiedono nel metodo di attuazione, nello stile, piuttosto che nella sostanza.

In dettaglio, il welfare finanziato dallo Stato doveva essere il primo principio. Fu incluso il diritto di voto alle donne (la nascita dei movimenti per i diritti delle donne), tutte le terre dovevano essere nazionalizzate, senza alcun diritto di proprietà privata. Tutte le industrie "al servizio del popolo" (ferrovie, elettricità, luce, telefono, ecc.) dovevano essere nazionalizzate, il "profitto privato" doveva essere eliminato dal settore assicurativo, la confisca delle ricchezze attraverso la tassazione doveva essere intensificata e, infine, veniva esposto il concetto di un governo unico mondiale: controlli economici internazionali, tribunali internazionali che forniscono una legislazione internazionale che regola gli affari sociali.

Un esame sommario del Manifesto comunista del 1848 rivela dove è stata fatta la "ricerca" dei "Quattro pilastri". Mentre "Four Pillars" si occupava esclusivamente della socializzazione della Gran Bretagna, molte delle sue idee sono state messe in pratica da Wilson, Roosevelt, Johnson, Carter e ora Clinton. I laburisti e il Nuovo Ordine Sociale erano di gran moda negli Stati Uniti, dove i loro obiettivi rivoluzionari non venivano riconosciuti, anche se Hitler veniva presentato come la più grande minaccia per il mondo. Che ci piaccia o no, le politiche e i programmi istituiti da Wilson, Roosevelt, Kennedy, Johnson, Carter e Reagan recavano tutti il timbro "Made in England By the Fabian Society". Questo è più vero con Clinton che con tutti i presidenti precedenti.

Ramsay McDonald, inviato negli Stati Uniti per "spiare il Paese", divenne il primo Primo Ministro britannico socialista della Fabian Society. McDonald stabilì il modello per i futuri primi ministri di circondarsi di consiglieri socialisti della Fabian Society, una tradizione portata avanti da Margaret Thatcher e John Major. Dall'altra parte dell'Atlantico, i socialisti fabiani circondarono il presidente Wilson e gli presentarono un programma per la socializzazione degli Stati Uniti. Si trattò di un risultato spettacolare per quei pochi uomini che, sotto la guida di Pease, si proposero di cambiare il mondo all'inizio del secolo, e che lo fecero facendo pieno uso dei "consiglieri presidenziali".

Uno degli astri nascenti del circolo interno della Fabian Society era Sir Stafford Cripps, nipote di Beatrice Webb. Sir Stafford ebbe un ruolo importante nel consigliare i socialisti americani su come far entrare gli Stati Uniti nella Seconda Guerra Mondiale. Nel 1929 Cripps era stato una guida per l'ingresso dell'alta società nel fabianesimo, nonostante il fatto che il fabianesimo e il comunismo si fossero confusi ai margini e diversi conservatori di spicco dell'epoca avessero avvertito che c'era poco da scegliere tra il socialismo fabiano e il comunismo, a parte la mancanza di tessere di iscrizione per i socialisti fabiani.

Il 1929 vide anche l'ascesa di un'altra stella destinata a scuotere le politiche economiche e finanziarie di molte nazioni, tra cui l'Inghilterra, ma forse soprattutto gli Stati Uniti. John Maynard Keynes era diventato un'icona virtuale della Fabian Society grazie a uomini come Gollancz, con la sua gigantesca casa editrice di sinistra e il Left Book Club, e Harold Joseph Laski (1893-1950)

Rari documenti della Fabian Society che ho visto al British Museum sostenevano che senza la benedizione di Laski, Keynes non avrebbe ottenuto grandi risultati. Laski è stato descritto in questi documenti come "l'idea che tutti hanno di un socialista".

Persino il grande H.G. Wells si è inchinato a Laski, definendolo "il più grande intellettuale socialista del mondo di lingua inglese".

Laski proveniva da genitori ebrei di mezzi modesti e si dice che fu l'ascesa al potere di Hitler a trasformarlo in un attivista per i diritti degli ebrei in Palestina. Gli scontri con Earnest Bevin, primo ministro socialista britannico, furono frequenti e furiosi. Il 1er maggio 1945, Laski, in qualità di presidente del partito laburista britannico, tenne un discorso in cui ribadì di non credere nella religione ebraica perché era un marxista. Ma ora Laski dice di credere che la rinascita della nazione ebraica in Palestina sia di vitale importanza. Ciò è stato confermato dallo stesso Ben Gurion.

Il parere di Laski fu trasmesso al Presidente Truman e al rabbino Stephen Wise il 20 aprile 1945. Truman aveva ereditato la linea dura di Roosevelt a favore delle aspirazioni ebraiche, dettata da Laski, e quando cominciarono a sorgere problemi sulla questione del permesso di colonizzare la Palestina agli ebrei, Truman inviò una copia di quello che molti ritenevano essere un rapporto Fabian-Socialista sullo stato dei campi profughi in Europa, esortando l'allora Ministro degli Esteri Bevin a permettere a 100.000 ebrei di emigrare dai campi e stabilirsi in Palestina.

Il messaggio di Truman causò a Bevin un profondo disaccordo con Laski e Truman. L'immagine che Bevin aveva degli ebrei non era né pro né contro. Le sue opinioni furono decisamente mitigate da quelle di Clement Attlee, allora primo ministro inglese. Secondo Bevin, gli ebrei non erano una nazione, mentre gli arabi lo erano. "Gli ebrei non hanno bisogno di uno Stato tutto loro", ha detto Bevin. Egli disse a Laski che non avrebbe prestato la minima attenzione al suggerimento di Truman, attribuendolo alla "pressione del voto ebraico a New York". Il rifiuto di Bevin di vedere le cose (alla maniera di Laski e di Truman) portò a battibecchi senza fine.

Bevin ha aderito alla sua politica sulla base della sua convinzione che

> "Gli arabi erano essenzialmente autoctoni della regione e filo-britannici, mentre uno Stato sionista significava l'intrusione di un elemento straniero e dirompente, che avrebbe indebolito la regione e aperto le porte al comunismo".

Anche quando Weizman andò a incontrarlo, Bevin rifiutò di offrire più di una quota mensile di millecinquecento ebrei che potevano andare in Palestina. Questo dato doveva essere dedotto dal numero di immigrati ebrei illegali che entravano in Palestina ogni mese. Questa fu una delle poche occasioni in cui il socialismo fabiano e Laski subirono una grave sconfitta.

Si dice che Ayn Rand abbia usato Laski come modello per il suo romanzo del 1943, "The Fountainhead", e Saul Bellow scrisse: "Non dimenticherò mai le osservazioni di Mosby su Harold Laski: sull'imballaggio della Corte Suprema, sui processi di epurazione russa e su Hitler". L'influenza di Laski è ancora sentita negli Stati Uniti, a quarantaquattro anni dalla sua morte. La sua collaborazione con Roosevelt, Truman, Kennedy, Johnson, Oliver Wendell Holmes Jr, Louis Brandeis, Felix Frankfurter, Edward R. Murrow, Max Lerner, Averill Harriman e David Rockefeller avrebbe cambiato profondamente il corso e la direzione su cui i Padri fondatori avevano impostato la nazione.

Laski ha insegnato come professore di scienze politiche alla London School of Economics ed è stato presidente del partito laburista britannico quando Aneuran Bevan era primo ministro. Laski era come George Bernard Shaw: non esitava a presentarsi a chiunque volesse incontrare. Coltivò amicizie con le persone più importanti per la promozione delle cause socialiste. Richard Crossman, un suo stretto collaboratore, descrive la sua personalità come "calorosa e socievole, un uomo che ha raggiunto la vetta da solo, un intellettuale pubblico". Si dice che Laski fosse generoso e gentile e che la gente si divertisse a stare con lui, oltre a essere un instancabile crociato socialista.

Un passo importante nel progresso del socialismo fabiano fu compiuto negli anni '40 con il Rapporto Beveridge su una serie di saggi intitolati semplicemente "Sicurezza sociale". L'anno 1942 è stato scelto proprio per motivi psicologici. La Gran Bretagna stava affrontando i giorni più bui della Seconda Guerra Mondiale. Era il momento in cui il socialismo offriva speranza. Laski propose il piano a John G. Winant, ambasciatore degli Stati Uniti presso la Corte di San Giacomo. Eugene Meyer del *Washington Post* descrive l'attenzione di Roosevelt. In Gran Bretagna, personalità della Fabian Society come Lord Pakenham hanno pronunciato centinaia di discorsi di alto profilo a sostegno del miracolo di abolire il bisogno e la privazione. Il pubblico britannico è estasiato.

Ma cinque anni dopo, il governo britannico "prendeva in prestito" pesantemente dagli Stati Uniti per gestire la sicurezza sociale. John Strachey, tanto idolatrato dai socialisti fabiani, scoprì che nonostante avesse regolato l'ammontare della previdenza sociale, aumentandola dove necessario, non era comunque sufficiente a generare potere d'acquisto, per cui Strachey, il marxista numero uno e Ministro dell'Alimentazione, dovette razionare le forniture. I socialisti avevano quasi mandato in bancarotta il paese in un solo anno, il 1947, spendendo 2,75 miliardi di dollari per i loro programmi socialisti, denaro "preso in prestito" dagli Stati Uniti! I "prestiti" erano opera di Laski, di Harry Dexter White del Tesoro americano e di un informatore sovietico.

È davvero sorprendente che il popolo americano sia rimasto in silenzio di fronte al tipo di finanziamento delle chimere socialiste che ci si aspettava da loro. L'unica ragione che mi viene in mente per cui il popolo americano non ha protestato è, semplicemente, che la verità gli è stata nascosta. Negli anni '20 la Federal Reserve ha "prestato" alla Gran Bretagna 3 miliardi di dollari affinché il sistema di "sussidi" (welfare) potesse continuare, mentre qui da noi le pensioni dei veterani di guerra sono state tagliate di 4 milioni di dollari all'anno come contributo parziale. Potrebbe accadere di nuovo una cosa del genere? L'opinione informata è che non solo potrebbe accadere di nuovo, ma la reazione del popolo americano sarebbe la stessa: per la maggior parte, totale indifferenza.

Ma anche con l'aiuto incrollabile, anche se non ufficiale, di Harry Dexter White, il socialismo da solo non poteva finanziare i suoi grandiosi piani e quando il Congresso scoprì finalmente la portata del sostegno finanziario di White alla Gran Bretagna socialista, Sir Stafford Cripps dovette confessare al popolo britannico che d'ora in poi la sicurezza sociale avrebbe dovuto essere finanziata dall'imposta sul reddito. Nel periodo 1947-49, le tasse aumentarono, il cibo scarseggiò, i redditi diminuirono, e sebbene i Fabian panels lavorassero instancabilmente per trovare una soluzione che facesse funzionare il socialismo - oltre a prendere in prestito denaro dagli Stati Uniti - giunsero sempre alla stessa conclusione: deficit spending o abbandono dei programmi socialisti fabiani in quanto impraticabili.

La Gran Bretagna è passata dall'essere un fornitore redditizio di beni e servizi e un intermediario per altre nazioni, a una nazione mendicante. In breve, i programmi socialisti sono stati responsabili della distruzione della sua prospera e secolare economia. La Gran Bretagna cominciò ad assomigliare a una repubblica delle banane. Aggrappandosi a qualsiasi cosa, il Partito Laburista (i cui leader erano quasi tutti socialisti fabiani) pensava di poter sistemare le cose nazionalizzando e razionalizzando di più, ma l'elettorato non diede una possibilità alla Fabian Society e cacciò il Labour alle elezioni generali del 1950.

L'eredità della Fabian Society? Con una tesoreria vuota, riserve d'oro esaurite e una bassa produzione, cercò di prendere le distanze dallo screditato Partito Laburista sostenendo che "la Fabian Society non è un partito politico". Intervenendo alla Camera dei Comuni, un importante socialista, Albert Edwards, ha detto:

> "Ho passato anni a discutere dei difetti del sistema capitalistico. Non ritiro queste critiche. Ma abbiamo visto i due sistemi fianco a fianco. E l'uomo che ancora sostiene il socialismo come modo per liberare il nostro Paese dai difetti del capitalismo è davvero cieco. Il socialismo semplicemente non funziona".

Eppure, nonostante il totale e abissale fallimento del socialismo nella pratica, non nella teoria, negli Stati Uniti c'erano ancora persone decise a spingere le fallimentari politiche socialiste in gola al popolo americano. Roosevelt, Truman, Kennedy, Johnson, Nixon, Bush e Carter sembravano determinati a ignorare la grande disfatta socialista sull'altra sponda dell'Atlantico e, spinti dai loro consiglieri socialisti, si sono imbarcati in versioni americane delle stesse vecchie e fallimentari teorie e politiche socialiste fabiane.

Ancora legati alla Gran Bretagna da una lingua e da un'eredità comuni, i socialisti riuscirono a coinvolgere gli Stati Uniti nel loro sogno di un governo mondiale attraverso l'Alleanza Atlantica o Unione Atlantica. Ignorando la saggezza del discorso di addio del presidente George Washington, i governi statunitensi che si sono succeduti hanno perseguito quello che era essenzialmente un progetto socialista fabiano di governo mondiale, nel quale gli Americani per l'Azione Democratica (ADA) hanno svolto un ruolo significativo. Anche il Royal Institute for International Affairs (RUA), con sede a Chatham House, St. James Square, Londra, la "madre" del Council of Foreign Relations (CFR) americano, era molto coinvolto in questa impresa strettamente socialista.

La campagna "Mani socialiste attraverso il mare" è stata sostenuta dalla presenza di Owen Lattimore all'Università di Leeds. Lattimore, professore alla Johns Hopkins, è noto soprattutto per la sua condotta infida come capo dell'Istituto per le Relazioni con il Pacifico (IPR), a cui si attribuisce il merito di aver istigato la politica commerciale statunitense nei confronti del Giappone. Questo portò all'attacco di Pearl Harbor e all'ingresso degli Stati Uniti nella Seconda Guerra Mondiale, quando l'esercito tedesco aveva schiacciato i cosiddetti "alleati" che stavano guardando in faccia la sconfitta in Europa.

L'ascesa di Harold Wilson come futuro Primo Ministro inglese può essere attribuita all'amministrazione Kennedy, che dopo aver allontanato Harold MacMillan "con un fulmine a ciel sereno", come disse un commentatore, trasudò gentilezza e competenza nei confronti del "socialista di Oxford in flanella grigia", come fu descritto Wilson. Wilson andò in America per trovare un modo per farsi eleggere con uno slogan, e lo trovò tra gli agenti pubblicitari di Madison Avenue. È strano che il socialismo abbia dovuto rivolgersi al capitalismo per scoprire come si fa!

Eppure, appena insediato come Primo Ministro, Wilson dichiara alla Camera dei Comuni che la sua politica sarà il solito socialismo: nazionalizzazione delle industrie, "giustizia sociale" e, naturalmente, RIFORMA FISCALE, una quota maggiore del reddito delle imprese, tasse sui salari e tutte le cose socialiste. Un entusiasta Wilson dice ai suoi colleghi socialisti fabiani che possono essere sicuri del successo, perché "abbiamo un governo americano in simpatia".

Wilson intendeva dire che il governo statunitense sembrava più che mai disposto a pagare i conti delle stravaganti spese socialiste del suo governo laburista. Ancora una volta, sottolineiamo il contributo al "socialismo mondiale".

Il Primo Ministro Wilson, facendo buon uso delle sue conoscenze americane, prese in prestito quattro miliardi di dollari dal Fondo Monetario Internazionale (il cui principale finanziatore erano, e sono tuttora, gli Stati Uniti). Ancora una volta è stato dimostrato che i programmi socialisti non sono in grado di reggere il proprio peso e, come il dinosauro, crollano se non vengono sostenuti. Il FMI è stato creato da Lord Keynes, che lo ha definito "essenzialmente un disegno socialista".

Ma negli Stati Uniti si levavano voci contro l'inquietante penetrazione socialista nel governo, iniziata con Wilson, accelerata con Roosevelt e divenuta più audace e più esplicita nell'amministrazione Kennedy. Uno di loro era il senatore Joseph

McCarthy del Wisconsin. Vero patriota, McCarthy era determinato a sradicare i socialisti e i comunisti agenti del cambiamento di cui era infestato il Dipartimento di Stato americano, una battaglia che McCarthy iniziò nel 1948 con l'amministrazione Truman e continuò con l'amministrazione Eisenhower.

La Fabian Society si allarmò. Come difenderebbe la sua penetrazione nel governo degli Stati Uniti e nelle sue istituzioni dall'esposizione pubblica? Per ottenere aiuto, i Fabiani si rivolsero ad Americans for Democratic Action, che si impegnò a organizzare una massiccia campagna diffamatoria contro il senatore del Wisconsin. Senza questa forza con cui fare i conti, non c'è dubbio che McCarthy avrebbe raggiunto il suo obiettivo di svelare fino a che punto il governo degli Stati Uniti e le sue istituzioni erano state conquistate dal socialismo fabiano, che McCarthy identificò erroneamente come "comunismo".

L'ADA ha speso centinaia di migliaia di dollari per tentare di tenere a freno McCarthy, distribuendo persino migliaia di copie delle finanze personali del senatore, in violazione delle regole del Senato, che sono state divulgate alla sottocommissione del Senato. La pubblicazione socialista "New Statesman" ha improvvisamente rivolto la sua attenzione alla Costituzione e al Bill of Rights, suggerendo che le audizioni di McCarthy mettevano in pericolo questi "sacri diritti". La risoluzione sponsorizzata dall'ADA che condannava McCarthy era la prova che il Partito Democratico era, allora come oggi, nelle mani dei socialisti internazionali della Fabian Society. L'ADA non ha esitato a prendersi il merito di aver "fermato McCarthy".

Con la caduta del senatore McCarthy, la Fabian Society tirò un sospiro di sollievo collettivo: non era mai stata così esposta. L'uomo che avrebbe potuto sventare l'attacco dell'ADA non si è presentato all'udienza del Senato. Il senatore John F. Kennedy, un dichiarato ammiratore del senatore del Wisconsin, sarebbe stato costretto in un letto d'ospedale al momento della votazione. Il motivo della sua assenza non è stato spiegato. Kennedy deve la sua ascesa al potere a McCarthy, che si rifiutò di fare campagna per Henry Cabot Lodge quando questi si candidò contro Kennedy nel Massachusetts.

Questo fatto poco conosciuto non è di buon auspicio per l'indipendenza degli Stati Uniti e della Repubblica che essi difendono. In futuro, a meno che il socialismo non venga radicalmente controllato e poi sradicato, il giuramento di fedeltà potrebbe recitare:

"Giuro fedeltà alla bandiera degli Stati Uniti e al governo socialista che rappresenta...".

Non pensiamo che sia inverosimile. Ricordiamo che anche il piccolo gruppo di giovani insignificanti che ha dato vita al movimento a Londra, un movimento che ha diffuso il suo pericoloso veleno in tutto il mondo, era considerato "stravagante" ai suoi tempi. La Fabian Society era ora rinvigorita. Con l'allontanamento della minaccia di McCarthy e un nuovo giovane presidente alla Casa Bianca, formato da Harold Laski alla London School of Economics e influenzato da John Kenneth Galbraith, i socialisti sembravano pronti a entrare nel cuore e nei muscoli del governo statunitense. Dopo tutto, la "Nuova Frontiera" di Kennedy non era in realtà un libro scritto dal grande socialista Henry Wallace?

Wallace non aveva esitato a proporre gli obiettivi del socialismo:

"Gli uomini socialmente disciplinati lavoreranno in modo cooperativo per aumentare la ricchezza della razza umana e applicheranno i loro poteri di invenzione alla trasformazione della società stessa. Cambieranno (riformeranno) l'apparato governativo e politico e il sistema dei prezzi e dei valori, in modo da realizzare una possibilità molto più ampia di giustizia sociale e di carità sociale (welfare) nel mondo... Gli uomini possono giustamente sentire che stanno svolgendo una funzione elevata come qualsiasi ministro del Vangelo. Non saranno comunisti, socialisti o fascisti, ma semplici uomini che cercano di raggiungere con metodi democratici gli obiettivi professati da comunisti, socialisti o fascisti...".

Che l'amministrazione Kennedy abbia inizialmente intrapreso un programma che sembrava ancora più radicale di quello dell'era Roosevelt non è in discussione. Anche il fatto che l'ADA abbia scelto il suo gabinetto e i suoi consiglieri all'interno di un solo uomo è ben noto. In Gran Bretagna, i socialisti fabiani indossavano ampi sorrisi: il loro tempo, a quanto pare, era arrivato. Ma la loro felicità cominciò a essere mitigata da un certo riserbo quando le notizie provenienti dagli Stati Uniti indicarono che Kennedy non era all'altezza delle loro aspettative socialiste.

Il portavoce dell'ADA, "New Republic", in un editoriale pubblicato il 1° giugno[er] 1963, ha affermato: "In generale, la performance di Kennedy è meno impressionante dello stile di Kennedy". La visione di Laski di una "nuova Gerusalemme" nel mondo anglosassone e la costruzione di una nuova società socialista sembrano essere state accantonate, almeno per un po'. Laski era stato in grado di gestire i leader del Partito Laburista Attlee, Dalton, McDonald, i fratelli Kennedy, la domanda era se i suoi successori sarebbero stati in grado di gestire la "parte americana" come lui?

L'ascesa del fabianesimo negli Stati Uniti può essere fatta risalire alla Fellowship of New Life e successivamente al Boston Bellamy Club, che si formò dopo la visita negli Stati Uniti nel 1883 di Sydney Webb e dello storico della Fabian Society R.R. Pease, uno dei quattro fabiani originari. Il Bellamy Club è stato fondato dal Generale Arthur F. Devereux e il capitano Charles E. Bowers, con il supporto dei giornalisti Cyrus Field, Willard e Frances E. Willard. Il club non aveva lo scopo di promuovere il socialismo. La principale preoccupazione di Devereux era il massiccio afflusso di immigrati non istruiti negli Stati Uniti, che secondo lui non erano pronti a riceverli.

Il generale Devereux riteneva che la situazione dovesse essere stroncata sul nascere prima che sfuggisse completamente di mano. (Non avrebbe potuto prevedere l'orribile situazione di immigrazione, deliberatamente artificiosa, che si è sviluppata negli Stati Uniti nel 1990, grazie alle politiche socialiste). Mentre Devereux e i suoi amici si preparavano a fondare il Boston Bellamy Club, Webb arrivò dall'Inghilterra nel settembre 1888 e fu messo in contatto con i fondatori del club. Intuendo un'opportunità, Webb e Pease riuscirono a inserire nei principi del club la nazionalizzazione dell'industria privata, cambiando il nome in Boston Nationalist Club. Webb e Edward Bellamy hanno partecipato alla riunione di apertura. Il 15 dicembre 1888 fu piantato il seme del socialismo fabiano negli Stati Uniti, che sarebbe germogliato in un grande albero.

In campo artistico, nel 1910 le opere di Shaw venivano messe in scena dal Theater Guild di New York dal professor Kenneth MacGowan dell'Harvard Socialist Club, utilizzando i metodi appresi dal Moscow Arts Theater. La Lega della democrazia industriale e gli Americani per l'azione democratica erano ancora lontani nel futuro, ma le basi delle loro organizzazioni erano già state gettate.

Shaw e H.G. Wells venivano corteggiati da agenti letterari in tutta l'America, in particolare nelle città universitarie, e le riviste socialiste *The New Republic* e *The Nation* e *The Socialism Of Our Times*, dirette da Norman Thomas e Henry Laidler, stavano prendendo piede.

Collaboratore abituale del New Republic, Laski insegnò ad Harvard durante la prima guerra mondiale. I suoi critici poco simpatici affermano che in questo modo ha evitato di dover prestare servizio in qualsiasi veste nello sforzo bellico britannico. Fu dalla "New Republic" che Woodrow Wilson ricevette il sostegno non solo per portare gli Stati Uniti in quella conflagrazione, ma per tutto il suo disastroso corso. Se mai c'è stata una "guerra socialista", è stata questa. La "Nuova Repubblica" non aveva la stessa preoccupazione per il terribile massacro che stava avvenendo in Russia con il pretesto della bolscevizzazione della Russia.

Laski era un ammiratore entusiasta di Felix Frankfurter e alcune sue lettere di elogio rivelano fino a che punto il socialismo fabiano fosse penetrato nel sistema giuridico americano. In una delle sue numerose visite negli Stati Uniti, Laski esortò l'ADA e gli altri socialisti americani ad attivarsi per approvare una legislazione che aumentasse le tasse: tasse più alte e più nuove sui redditi alti non guadagnati erano il modo per ottenere una distribuzione equa delle tasse, disse Laski. Rimase inoltre in costante contatto con l'amico giudice Felix Frankfurter, esortandolo a promuovere "riforme" della Costituzione statunitense, in particolare la separazione costituzionale dei poteri tra i rami esecutivo, legislativo e giudiziario.

Laski era sempre al fianco di Frankfurter e attaccava costantemente la Costituzione degli Stati Uniti, definendola in modo derisorio "la più forte salvaguardia del capitalismo, un documento di classe". Laski definì Roosevelt "l'unico baluardo contro la forma fascista del capitalismo". Il fatto che Laski non sia stato accusato di sedizione per aver tentato di rovesciare la Costituzione degli Stati Uniti è stato un grosso errore. Frequentatore assiduo della Casa Bianca di Roosevelt, era anche molto riservato al riguardo, in quanto tali visite non venivano mai menzionate dalla stampa.

Gli incontri erano sempre organizzati tramite Felix Frankfurter. Durante una di queste visite, Laski, secondo il suo biografo, disse a Roosevelt: "O il capitalismo o la democrazia devono prevalere" e invitò il Presidente a "salvare la democrazia". Con "democrazia" Laski intendeva ovviamente il SOCIALISMO, dato che i socialisti avevano da tempo adottato la "democrazia" come portabandiera del socialismo. Durante la Seconda guerra mondiale, Laski esortò spesso Roosevelt a rendere il mondo sicuro gettando le basi per il socialismo postbellico. Si dice che l'educazione socialista ricevuta da Roosevelt da Laski sia quasi pari a quella ricevuta da John F. Kennedy quando era studente di Laski alla London School of Economics.

Alcuni erano consapevoli di ciò che stava accadendo. Il 14 gennaio 1941, il deputato Tinkham introdusse nel Congressional Record, House of Representatives, una lettera scritta da Amos Pinchot. Nella lettera di Pinchot si legge:

> *"Molti giovani socialisti dichiarano che quello che viene generalmente chiamato programma Roosevelt è in realtà il programma Laski, imposto ai pensatori del New Deal e infine al presidente, dal professore di economia londinese e dai suoi amici".*

L'unica cosa che non va in questa audace affermazione è che Laski era un professore di scienze politiche, non di economia. Per il resto, l'osservazione è stata azzeccata!

Laski mantenne una lunga corrispondenza con Frankfurter, esortandolo a essere vigile e a spingere la "psicologia politica" del socialismo fabiano. Non c'è dubbio che il consiglio di Laski a Frankfurter abbia fornito la base per i cambiamenti radicali apportati dalla Corte Suprema, cambiamenti che hanno completamente alterato il corso e il carattere degli Stati Uniti. Se si può dire che il New Deal abbia avuto un padre, questo padre non è stato Roosevelt, ma il professor Harold Laski della Fabian Society.

Ancora oggi, pochi americani sono consapevoli della notevole influenza che il professor Laski della Fabian Society ebbe su Roosevelt. Sei mesi dopo che Pearl Harbor aveva portato gli Stati Uniti nella Seconda Guerra Mondiale, come previsto, Eleanor

Roosevelt invitò Laski a essere l'oratore principale del Congresso studentesco internazionale che si sarebbe tenuto nel settembre 1942, al quale Churchill aveva rifiutato di permettere a Laski di partecipare.

Il deputato Woodruff del Michigan l'ha detto in modo molto conciso quando ha denunciato che Laski ha "la chiave della porta sul retro della Casa Bianca". Se i patrioti avessero avuto accesso alle lettere private tra Laski, Frankfurter e Roosevelt, avrebbero potuto suscitare una giusta indignazione tale da far espellere Laski dal Paese, un destino che si meritava ampiamente.

Graham Wallas fu un altro grande socialista la cui influenza su Frankfurter e sul giudice Oliver Wendell Holmes si dice abbia cambiato la giurisprudenza americana. Si dice che tramite William Wisemen, capo dell'ufficio nordamericano dell'MI6, Laski abbia fatto nominare Frankfurter in uno dei primissimi gruppi di lavoro puramente socialisti: La Commissione di mediazione per le controversie industriali.

In Gran Bretagna, il fabianesimo penetrò in ogni angolo della scena civile e militare. Nessun aspetto della società era al sicuro dalla sua penetrazione, e questo era il percorso che avrebbe seguito nella sua invasione degli Stati Uniti. In realtà, il socialismo è un nemico più letale di quello affrontato da George Washington e dalle sue truppe nella guerra d'indipendenza americana. Questa guerra in corso non cessa mai, giorno e notte, la battaglia per i cuori, le menti e le anime della nazione americana continua.

Uno dei baluardi contro la penetrazione del socialismo è la religione cristiana. Clement Atlee, uno dei principali fabianisti che divenne primo ministro inglese, attribuisce il successo dei socialisti fabiani alla loro penetrazione nel mondo del lavoro. Ma i sindacati cattolici irlandesi non furono mai penetrati da Webb, Shaw o altri leader della Fabian Society. C'è molta speranza per noi oggi, mentre cerchiamo di trovare il modo di fermare l'inesorabile marcia del socialismo sul continente nordamericano, una marcia che finirà nei campi di schiavitù comunisti, perché in effetti il socialismo è la strada per la schiavitù.

I metodi scivolosi, viscidi e infidi adottati per diffondere il socialismo non sono mai stati dimostrati meglio che da importanti socialisti che non sono mai stati riconosciuti come tali. Queste figure di spicco hanno occupato posizioni di grande potere, senza mai ammettere apertamente le loro aspirazioni socialiste. Alcuni nomi illustreranno il punto: in Gran Bretagna :

> L'onorevole L. S. Amery. Ha tenuto una conferenza a Livingston Hall, un importante centro educativo.

> Il professor A.D. Lindsay, docente a Kingston Hall, un importante centro educativo. Annie Besant, leader del movimento teosofico,

> Oswald Mosley, deputato e leader fascista in Inghilterra.

> Malcolm Muggeridge, autore, accademico, docente.

> Bertrand Russell, anziano statista, il Comitato dei 300, docente alla Kingsway Hall.

> Wickham Steed, forse uno dei più famosi commentatori della British Broadcasting Corporation (BBC), le cui opinioni hanno influenzato milioni di ascoltatori della BBC.

> Arnold Toynbee, docente alla Kingsway Hall.

> J.B. Priestly, autore.

> Rebecca West, docente presso la Kingsway Hall.

> Anthony Wedgewood Benn, docente presso la Kingsway Hall. Sydney Silverman, docente e parlamentare.

Da parte americana, le seguenti personalità hanno nascosto bene le loro convinzioni socialiste:

> Archibald Cox, procuratore speciale del Watergate.

> Arthur Goldberg, Segretario del Lavoro, rappresentante delle Nazioni Unite, ecc.

> Henry Steel Commager, scrittore ed editore.

> John Gunther, scrittore, reporter della rivista *LIFE*.

> George F. Kenan, specialista della Russia bolscevica.

> Joseph e Stewart Alsop, scrittori, editorialisti, opinionisti.

- ➤ Dott.ssa Margaret Meade, antropologa, autrice.

- ➤ Martin Luther King, leader dei diritti civili della Southern Christian Leadership Conference.

- ➤ Averill Harriman, industriale, rappresentante itinerante, democratico di spicco.

- ➤ Birch Bayh, senatore degli Stati Uniti.

- ➤ Henry Fowler, sottosegretario al Tesoro degli Stati Uniti.

- ➤ G. Mennen Williams, industriale, Dipartimento di Stato.

- ➤ Adlai Stevens, politico.

- ➤ Paul Volcker, Consiglio della Federal Reserve.

- ➤ Chester Bowles.

- ➤ Harry S. Truman, Presidente degli Stati Uniti.

- ➤ Lowell Weicker, senatore degli Stati Uniti.

- ➤ Hubert Humphrey, senatore degli Stati Uniti.

- ➤ Walter Mondale, senatore degli Stati Uniti.

- ➤ Bill Clinton, presidente degli Stati Uniti.

- ➤ William Sloane Coffin, guida della Chiesa.

Ci sono centinaia di altri nomi, alcuni importanti, altri meno, ma quelli citati sono sufficienti per illustrare il punto. Le carriere di queste persone si adattano molto bene al tipo di nemico descritto dal presidente Andrew Jackson.

Una persona che ha contribuito notevolmente alla diffusione del socialismo in Gran Bretagna e negli Stati Uniti è stato il famoso Malcolm Muggeridge. Figlio di H.T. Muggeridge, Malcolm ha fatto una brillante carriera scrivendo per "Punch", con buoni contatti a Mosca. Il fatto che fosse il nipote della grande signora Beatrice Webb aveva qualcosa a che fare con questo. Muggeridge scrisse per il New Statesman e per il Fabian News ed era molto richiesto come relatore nelle scuole di fine settimana della Società. Malcolm Muggeridge è diventato uno dei principali biglietti da visita del socialismo negli Stati Uniti ed è stato spesso protagonista di interviste televisive.

Capitolo 2

COS'È IL SOCIALISMO, PERCHÉ PORTA ALLA SCHIAVITÙ

"In termini di obiettivi perseguiti, socialismo e comunismo sono termini praticamente intercambiabili. In effetti, il partito di Lenin continuò a definirsi "socialdemocratico" fino al settimo congresso del partito nel marzo 1918, quando sostituì il termine "bolscevico" per protestare contro l'atteggiamento non rivoluzionario dei partiti socialisti occidentali...". Ezra Taft Benson - *Una corsa contro il tempo*, 10 dicembre 1963.

"Attraverso la ristrutturazione,[4] vogliamo dare al socialismo un secondo vento. Per raggiungere questo obiettivo, il Partito Comunista dell'Unione Sovietica sta tornando alle origini e ai principi della rivoluzione bolscevica, alle idee leniniste sulla costruzione di una nuova società". Mikhail Gorbaciov, in un discorso al Cremlino nel luglio 1989.

Questi commenti molto rivelatori, e altri che citeremo in seguito, mettono il socialismo nella sua giusta prospettiva. La maggior parte degli americani oggi ha solo una vaga idea di cosa sia il socialismo, considerandolo un movimento semi-benigno i cui obiettivi sono un miglioramento generale del tenore di vita della gente comune. Niente potrebbe essere più lontano dalla verità. Il socialismo ha un solo posto dove andare, il comunismo. Siamo stati

---

[4] Perestroika, Ndt.

assediati dai media, portati a credere che il comunismo sia morto, ma qualche riflessione ci convincerà del contrario.

I socialisti fabiani seguirono da vicino il Manifesto comunista del 1848, ma in maniera più elegante e meno abrasiva. I loro obiettivi, tuttavia, erano gli stessi: una rivoluzione mondiale che avrebbe portato a un governo unico - un nuovo ordine mondiale - in cui il capitalismo sarebbe stato sostituito dal socialismo in uno Stato sociale, dove ogni individuo sarebbe stato responsabile nei confronti di una gerarchia socialista dittatoriale in tutte le questioni della vita.

Non ci sarebbe proprietà privata, né governo costituzionale, ma solo un governo autoritario. Ogni individuo sarebbe in debito con lo Stato socialista per il proprio sostentamento. A prima vista, questo sarebbe in teoria molto vantaggioso per la gente comune, ma un esame degli esperimenti socialisti in Gran Bretagna rivela che il sistema è un completo e inattuabile fallimento. Come abbiamo mostrato altrove, la Gran Bretagna nel 1994 è crollata completamente a causa dei socialisti e del loro stato sociale.

I socialisti fabiani cercarono di raggiungere i loro obiettivi in Inghilterra e negli Stati Uniti collocando gli intellettuali in posizioni chiave da cui avrebbero potuto esercitare un'influenza indebita sul cambio di leadership in entrambi i Paesi. Negli Stati Uniti, i due principali agenti in questo senso sono stati senza dubbio il professor Harold Laski e John Kenneth Galbraith. Sullo sfondo, uno della "vecchia guardia" del fabianesimo britannico, Graham Wallas, era direttore della propaganda. Insieme hanno scritto i "Fondamenti della Società Fabiana dei Socialisti".

> "La Fabian Society mira quindi alla riorganizzazione della società attraverso l'emancipazione della terra e del capitale industriale dalla proprietà individuale e la loro devoluzione alla comunità per il beneficio generale... La Società lavora quindi per l'estinzione della proprietà privata della terra... La Società si adopera anche per il trasferimento alla comunità di capitali industriali che possono essere facilmente gestiti dalla Società. Per raggiungere questi obiettivi, la Fabian Society si basa sulla diffusione delle idee socialiste e sui cambiamenti sociali e politici che ne derivano... Cerca di raggiungere questi obiettivi attraverso la diffusione generale della conoscenza del rapporto tra individuo e società nei suoi aspetti economici, etici e

politici".

Nel 1938, gli scopi e gli obiettivi della società furono leggermente modificati: "The Fabian Society of Socialists".

> "Mira quindi all'instaurazione di una società in cui il potere economico degli individui e delle classi sarà abolito attraverso la proprietà collettiva e il controllo democratico delle risorse economiche della comunità". Cerca di raggiungere questi obiettivi con i metodi della democrazia politica. La Fabian Society è affiliata al Partito Laburista. Le sue attività sono volte a promuovere il socialismo e a educare il pubblico nella direzione del socialismo attraverso l'organizzazione di incontri, conferenze, gruppi di discussione, congressi e scuole estive, la promozione della ricerca sui problemi politici, economici e sociali, la pubblicazione di periodici e qualsiasi altro mezzo appropriato. "

Si rimane immediatamente colpiti dal numero di volte in cui compare la parola "comunità" e dalla minimizzazione dei diritti individuali. In questo modo, sembra che il socialismo fabiano sia stato contrapposto al cristianesimo fin dalle prime riunioni dei primi membri a Londra. La determinazione a nazionalizzare i progetti industriali al servizio della collettività era molto evidente e assomigliava molto a ciò che il Manifesto Comunista del 1848 aveva da dire su questo tema. Era anche chiaro che l'obiettivo del socialismo fabiano era quello di stabilire una società cooperativa nazionale di ricchezza comune, in cui tutti avrebbero avuto uguali diritti alla ricchezza economica della nazione.

Il Bellamy Club di Boston, aperto nel 1888, successe alla Fellowship of New Life con i suoi insegnamenti teosofici e divenne la prima impresa socialista fabiana negli Stati Uniti. La base era un po' diversa:

> "Il principio della fratellanza degli uomini è una delle verità eterne che regolano il progresso del mondo sulle linee che distinguono la natura umana dalla natura bruta. Nessuna verità può prevalere se non viene applicata nella pratica. Perciò, coloro che cercano il benessere dell'uomo devono sforzarsi di abolire il sistema basato sui rozzi principi della concorrenza e di mettere al suo posto un altro sistema basato sui più nobili principi dell'associazione..."

"Non sosteniamo alcun cambiamento improvviso o avventato; non facciamo la guerra a individui che hanno accumulato immense fortune semplicemente portando avanti i falsi principi su cui si basano gli affari oggi. Le combinazioni, i trust e le unioni di cui ci si lamenta ora dimostrano la praticabilità del nostro principio fondamentale di associazione. Stiamo semplicemente cercando di portare il principio un po' più in là e di far lavorare le industrie nell'interesse della nazione - il popolo organizzato, l'unità organica di tutto il popolo".

La prosa è opera di Sydney Webb e di Edward Pease, storico della Fabian Society, che negli anni Ottanta del XIX secolo si recò negli Stati Uniti per fondare il socialismo fabiano americano. La morbidezza del tono e della scelta delle parole maschera la durezza dei suoi obiettivi rivoluzionari. L'uso della parola "riforme" aveva lo scopo di disarmare i critici, così come le pubblicazioni fabiane come "The Fabian News", che propugnavano "riforme" che si sarebbero rivelate particolarmente dannose per la Costituzione statunitense. Questo ha posto le basi per la rivoluzione in corso che sta trasformando gli Stati Uniti da una Repubblica confederata a uno Stato sociale socialista (fu George Washington a descrivere gli Stati Uniti come una Repubblica confederata).

Nell'"American Fabian" del 1895 (in contrasto con i socialisti mascherati che infestano la Camera e il Senato degli Stati Uniti e la magistratura e agiscono come consiglieri del Presidente), gli obiettivi socialisti di Fabian per l'America erano dichiarati abbastanza chiaramente:

"Chiamiamo il nostro giornale 'The American Fabian' per due motivi: lo chiamiamo 'Fabian' perché desideriamo che rappresenti il tipo di lavoro socialista educativo così ben fatto dalla Fabian Society inglese... Abbiamo chiamato il nostro giornale "The American Fabian" perché la nostra politica deve in qualche misura differire da quella dei Fabiani inglesi. L'Inghilterra e l'America sono simili per alcuni aspetti; per altri sono molto diverse. La costituzione inglese ammette facilmente un cambiamento costante ma graduale. La nostra Costituzione americana non ammette facilmente tali cambiamenti. L'Inghilterra può quindi avvicinarsi al socialismo in modo quasi impercettibile. La nostra Costituzione, largamente individualista, deve essere cambiata per ammettere il socialismo, e ogni cambiamento richiede una crisi politica".

Così, fin dall'inizio, fu chiaro che la principale sfida all'introduzione del socialismo negli Stati Uniti era la Costituzione, che da quel giorno divenne il bersaglio degli attacchi socialisti alle istituzioni che costituiscono la Repubblica Confederata degli Stati Uniti d'America. Come vedremo, a questo scopo furono impiegati socialisti incalliti e senza cuore come Walt Whitman Rostow per minare le fondamenta stesse della nazione. Come gli osservatori più attenti non tardarono a riconoscere, il socialismo fabiano non era solo un'amichevole società di discussione guidata da professori e signore istruite, che parlavano con accenti educati e proiettavano un'aria di gentile ragione.

Il socialismo fabiano ha sviluppato l'arte di dissimulare e di mentire senza dare l'impressione di mentire. Molti sono stati ingannati in Inghilterra, e poi negli Stati Uniti, dove siamo ancora ingannati su larga scala. Ma ci furono occasioni in cui i leader socialisti non riuscirono a contenersi, come in occasione della conferenza di primavera del 1936 delle scuole professionali degli insegnanti dell'Est. Roger Baldwin spiega il doppio significato delle parole così spesso usate dai socialisti fabiani: "progressista" significa "quelle forze che lavorano per la democratizzazione dell'industria estendendo la proprietà e il controllo pubblico", mentre "democrazia" significa "sindacati forti, regolamentazione governativa delle imprese, proprietà da parte del popolo delle industrie che servono al pubblico".

Il senatore Lehman era un altro socialista che non riusciva a contenere la sua ansia di portare il socialismo fabiano negli Stati Uniti. Intervenendo al simposio per l'anniversario dell'American Fabian League su "Libertà e Welfare State", Lehman ha dichiarato:

> "Centosettanta anni fa, il concetto di Stato sociale fu tradotto nella legge fondamentale di questo Paese dai fondatori della Repubblica... I Padri Fondatori sono quelli che hanno davvero creato lo stato sociale".

Lehman, come molti dei suoi colleghi socialisti al Senato, non aveva alcuna nozione della Costituzione, quindi non sorprende che l'abbia confusa con il Preambolo della Costituzione, che non è mai stato incorporato nella Costituzione, semplicemente perché i nostri Padri

Fondatori rifiutavano il concetto di Stato sociale.

Il preambolo della Costituzione: "creare un'unione più perfetta e promuovere il benessere generale...". Il senatore Lehman sembra confondere i suoi desideri con la realtà, poiché questa clausola non fa parte della Costituzione degli Stati Uniti. Sembrava anche impegnarsi nella tecnica socialista preferita di distorcere le parole e i loro significati.

Esiste una clausola di benessere generale nella Costituzione degli Stati Uniti e si trova nell'articolo 1, sezione 8 dei poteri delegati al Congresso. Ma in questo contesto significa il benessere generale di TUTTI i cittadini, cioè il loro stato di benessere, che è ben lontano dal significato socialista di elargizione generale, di diritto, cioè di benessere individuale fornito dallo Stato.

La prima volta che i socialisti americani cercarono di attuare il loro piano di attacco al capitale industriale fu probabilmente attraverso un astuto piano proposto da Rexford Guy Tugwell. Questo piano prevedeva la nomina dei consumatori nei ventisette consigli industriali che sarebbero stati istituiti in base a quello che fu chiamato "The National Recovery Act". Tugwell cercava in realtà di eliminare il motivo del profitto; spogliato dell'intenzione apparentemente benevola di ridurre i prezzi per i consumatori, il vero intento era quello di ridurre i profitti degli imprenditori e aumentare di conseguenza i salari dei lavoratori, ma il piano fu dichiarato incostituzionale da una decisione unanime della Corte Suprema. Nel 1935, la Corte non era ancora piena di giudici "liberali" (cioè socialisti). Roosevelt si mosse rapidamente per rimediare a questo "squilibrio". Si può affermare che la Corte Suprema degli anni Venti e Trenta ha effettivamente salvato gli Stati Uniti dalla morsa dei socialisti fabiani che si erano insediati a tutti i livelli del governo, delle banche, dell'industria e del Congresso, con l'obiettivo di travolgere letteralmente il Paese.

I socialisti, nel loro tentativo di aggirare la Costituzione con le cosiddette "leggi" come l'incostituzionale Brady Bill, non sanno che la Costituzione degli Stati Uniti è "il perfetto equilibrio della legge comune". Il modo in cui la Costituzione è stata scritta è che tutte le sue disposizioni si incontrano nel mezzo per neutralizzarsi a vicenda, ed è per questo che le proposte di legge che i socialisti cercano di far passare con la premessa di poter dividere la

Costituzione sono nulle. La Costituzione deve essere letta nel suo insieme, non può essere isolata e divisa per soddisfare le bizzarre aspirazioni di uomini come il presidente Clinton. Questo è ciò che Ramsey McDonald ha dovuto affrontare, e questo è ciò che ha totalmente frustrato il professor Laski.

La Fabian Society di Londra e la sua controparte americana non erano note per lasciare che gli ostacoli si frapponessero al loro cammino. Per aggirare le garanzie costituzionali, la Lega Fabiana americana ebbe l'idea di sottoporre a referendum tutte le proposte contrarie alla Costituzione. Ovviamente, con le loro considerevoli risorse e con quasi tutta la stampa stipendiata in tasca, i Fabiani erano sicuri di poter influenzare l'opinione pubblica a loro favore. Basta vedere cosa hanno fatto nel sostenere la guerra del Golfo di George Bush, totalmente illegale.

Conoscendo la vera natura del socialismo e i suoi obiettivi, è più facile capire perché la rivoluzione bolscevica sia stata comprata e pagata dalla City di Londra e dai banchieri di Wall Street, sostenuta da azioni governative che sembravano sempre aiutare i bolscevichi. La rivoluzione bolscevica, tanto cara a Gorbaciov, non fu una rivoluzione indigena del popolo russo. Si trattava piuttosto di un'ideologia straniera, imposta alla nazione russa al costo di milioni di vite. Il bolscevismo non era né voluto né richiesto dal popolo russo, che non aveva voce in capitolo e non poteva difendersi da questa mostruosa forza politica, sociale e religiosa che invadeva il suo Paese.

Lo stesso vale per il socialismo, che costringe gli esseri umani ad accettare cambiamenti di vasta portata, deliberatamente progettati, che non vogliono e che vengono attuati contro la loro volontà. Prendiamo l'esempio del cosiddetto Trattato sul Canale di Panama. L'unica differenza tra bolscevismo e socialismo è che il bolscevista usa la forza bruta e il terrore, mentre il socialista lavora lentamente e furtivamente, senza che la vittima designata sappia mai chi è il nemico o quale sarà il risultato finale.

In "World Revolution" troviamo i veri obiettivi dei comunisti e del loro gemello socialista:

> "Lo scopo della rivoluzione mondiale non è la distruzione della civiltà in senso materiale: la rivoluzione voluta dai governanti è

una rivoluzione morale e spirituale, e un'anarchia di idee con la quale tutte le norme stabilite nel corso di diciannove secoli saranno rovesciate, tutte le onorate tradizioni calpestate, e soprattutto l'ideale cristiano definitivamente cancellato".

Uno studio del libro di Franklin Roosevelt, "Sulla nostra strada", giunge più o meno alla stessa conclusione.

Emma Goldman, una delle stelle brillanti dei socialisti, organizzò l'assassinio del presidente McKinley. Questo era il metodo "diretto" favorito dal comunismo, ma negli ultimi due decenni abbiamo assistito al tipo di anarchia socialista che ricorre alla calunnia, alla maldicenza, al tradimento, alla diffamazione e alla denigrazione di singoli membri della Camera, del Senato e della Presidenza, che hanno cercato di smascherare l'esecrabile senatore Joseph McCarthy, il senatore Huey Long, il vicepresidente Agnew - l'elenco continua, ma questi nomi dovrebbero essere sufficienti a rendere l'idea.

La "nobiltà" dei socialisti fabiani è tutt'altro che vera. Vogliono prendere il controllo dell'istruzione e dell'editoria al solo scopo di cambiare le menti delle persone modificando falsamente le premesse su cui si formano le opinioni, individualmente e in massa. Un piccolo gruppo di socialisti fabiani si prefiggeva di raggiungere questo obiettivo muovendosi in modo silenzioso e furtivo, in modo da non allertare il pubblico che volevano catturare. Si può dire con una certa precisione che oggi, nel 1994, questo piccolo gruppo ha fatto molta strada e praticamente controlla il destino del mondo anglofono.

La rivoluzione bolscevica non sarebbe mai avvenuta senza il pieno sostegno e le risorse finanziarie dei principali socialisti britannici e statunitensi. L'ascesa del bolscevismo e il modo in cui è stato finanziato da Lord Alfred Milner e dalle banche di Wall Street, controllate giorno per giorno dagli emissari di Milner, Bruce Lockhart e Sydney Reilly del servizio segreto britannico MI6, sono descritti in dettaglio in "Diplomacy By Deception".[5]

---

[5] Si veda *Diplomacy by Lying - An Account of the Treachery of the Governments of England and the United States*, John Coleman, Omnia Veritas Ltd,

Negli Stati Uniti, i portatori di socialismo appendono altri cartelli fuori dalle loro finestre politiche. Nessuno si definisce mai socialista, almeno non in pubblico. Non portano distintivi, si registrano come "liberali", "progressisti" e "moderati". I movimenti assetati di potere sono camuffati in termini di "pace" e "umanitarismo". Da questo punto di vista, i socialisti americani non sono meno subdoli dei loro controllori britannici. Hanno adottato l'atteggiamento dei socialisti fabiani britannici nei confronti del nazionalismo, dichiarandolo irrilevante ed essenziale per raggiungere quella che chiamano "uguaglianza sociale", cioè il socialismo. I socialisti americani si sono uniti ai loro cugini britannici nel dichiarare che il modo migliore per abbattere il nazionalismo e portare avanti la causa del socialismo è un programma di tassazione progressiva del reddito.

I socialisti fabiani si riconoscono dalle persone che incontrano e dai programmi che sostengono. Questa regola empirica è molto utile per distinguere i loro uomini e donne segreti. Negli Stati Uniti lavorano a un ritmo più lento rispetto alle loro controparti britanniche, senza mai mostrare la direzione in cui si stanno muovendo. Uno di loro, Arthur J. Schlesinger Jr, che ha vinto un premio Pulitzer per la sua leadership socialista, ha scritto:

> "Non sembra esserci alcun ostacolo intrinseco all'attuazione GRADUALE (enfasi aggiunta) del socialismo negli Stati Uniti attraverso una serie di "nuovi accordi", che è un processo di arretramento verso il socialismo". (*Partisan Review* 1947)

Dobbiamo essere consapevoli che le libertà tradizionali che diamo per scontate sono seriamente minacciate dal socialismo, che apporta cambiamenti profondi e dannosi in modo graduale. Nel frattempo, attraverso il controllo dell'industria libraria, dell'editoria in generale e della stampa, siamo sottoposti a un continuo processo di condizionamento da parte della "psicopolizia" ad accettare questi cambiamenti imposti dai socialisti come inevitabili. I programmi socialisti mortali e distruttivi imposti agli Stati Uniti, a partire dalla presidenza Wilson, sono sempre sembrati benefici e utili, mentre in

---

realtà erano distruttivi e divisivi.

Il socialismo può essere giustamente descritto come una pericolosa cospirazione nascosta sotto il mantello della riforma. Quasi senza eccezione, i loro programmi sono stati e sono tuttora descritti come "riforme". I socialisti hanno "riformato" l'istruzione e stanno "riformando" la sanità. Hanno "riformato" il sistema bancario e questa "riforma" ci ha dato le Federal Reserve Banks. Essi "riformarono" le leggi sul commercio e rimossero le tariffe protettive che avevano fornito la maggior parte delle entrate necessarie al funzionamento del Paese, fino al 1913.

Nel campo dell'istruzione, i socialisti fabiani cercano di creare una "maggioranza mediocre" che abbia l'apparenza, ma non la sostanza, di essere istruita.

I socialisti fabiani hanno condotto una guerra segreta per il controllo dell'istruzione, iniziata negli anni '20 e trionfata nel 1980 con l'approvazione del Dipartimento dell'Istruzione, firmato dal Presidente Carter. Questa grande vittoria del socialismo ha fatto sì che solo gli studenti mediocri si diplomassero. Questa era la somma e la sostanza della "riforma" dell'istruzione socialista. All'estero c'è l'idea errata che oggi siamo più intelligenti dei nostri antenati. Tuttavia, se guardiamo ai programmi scolastici del 1857, vediamo che questa idea è assolutamente falsa. Le materie in cui gli studenti delle scuole superiori dovevano essere sufficientemente abili per potersi diplomare comprendevano:

"Aritmetica di Thompson" "Algebra di Robinson" "Algebra di Davie" "Geometria di Davie" "Filosofia di Comstock" "Storia di Willard" "Fisiologia di Cutter" "Grammatica di Brown" "Geografia di Mitchell" "Serie di Sander".

Se si guarda al curriculum universitario alla fine del 1880, si rimane stupiti dalla complessità e dal numero di materie insegnate. A quei tempi gli studenti studiavano la storia e sapevano tutto di Napoleone e Alessandro Magno. Non c'erano indovinelli, cioè domande a scelta multipla. Gli studenti potevano rispondere o meno alle domande contenute nei loro documenti d'esame. Se non li conoscevano, venivano bocciati e dovevano rimanere a scuola per imparare di più.

Non c'erano elettivi per far fronte a ciò che non si conosceva. Oggi c'è una scelta elettiva dopo l'altra, che lascia gli studenti senza istruzione e impreparati per il mondo esterno. Il risultato è la mediocrità, e questo è l'obiettivo delle "riforme" educative del socialismo fabiano, produrre una nazione con un livello di istruzione mediocre.

Il grande scempio socialista che ha fatto crollare l'istruzione negli Stati Uniti è avvenuto con il caso della Corte Suprema degli Stati Uniti, "Brown v. School Board, Topeka, Kansas". In questo caso, i socialisti si sono assicurati che gli standard educativi fossero fissati appena al di sopra del minimo comune denominatore, leggermente al di sopra degli elementi più arretrati della classe. Questo era il livello a cui tutti i bambini dovevano essere educati d'ora in poi. Ovviamente, gli alunni più intelligenti sono stati tenuti al livello più basso.

L'istruzione è regredita a tal punto negli Stati Uniti che persino coloro che pensiamo di eleggere al nostro servizio nel Congresso non capiscono il linguaggio della Costituzione degli Stati Uniti e i nostri senatori, in particolare, stanno diventando sempre più incompetenti sulla Costituzione ogni anno che passa.

Torniamo alla rivoluzione bolscevica. I leader socialisti inglesi diedero la falsa impressione che si trattasse di una rivoluzione "socialista" volta a migliorare la sorte del popolo russo e a porre fine alla tirannia dei Romanov. In realtà, i Romanov erano i monarchi più benevoli d'Europa, con un amore e una cura genuini per il loro popolo. L'inganno è la caratteristica del socialismo. Il suo motto. "Affrettarsi lentamente" è ingannevole, perché il socialismo non è stato lento e non è amico dei lavoratori. Il socialismo è un comunismo che si muove con più cautela, ma gli obiettivi sono gli stessi, anche se i mezzi differiscono in alcuni casi. L'obiettivo comune del comunismo e del socialismo è liquidare il vero sistema capitalistico di libera impresa e sostituirlo con un forte governo centrale che controlli tutti gli aspetti della produzione e della distribuzione di beni e servizi. Chiunque si metta sulla loro strada viene immediatamente bollato come "reazionario", "estremista di destra", "reazionario maccartista", "fascista", "estremista religioso", ecc. Quando si sentono queste parole, si sa che chi le pronuncia è un socialista.

Il comunismo e il socialismo condividono l'obiettivo di istituire un governo federale, un governo unico mondiale o, come è più comunemente noto, il "Nuovo Ordine Mondiale". Scoprite cosa hanno detto i loro leader:

> "Sono convinto che il socialismo sia corretto. Sono un seguace del socialismo... Non abbiamo intenzione di cambiare il potere sovietico, naturalmente, o di abbandonare i suoi principi fondamentali, ma riconosciamo la necessità di cambiamenti che rafforzino il socialismo" - Mikhail Gorbaciov.

> "L'obiettivo finale del Council on Foreign Relations (CFR) è quello di creare un unico sistema socialista mondiale e di rendere gli Stati Uniti parte ufficiale di esso". - Senatore Dan Smoot, *La mano invisibile*.

> "Il popolo americano non accetterà mai consapevolmente il socialismo, ma sotto il nome di liberalismo adotterà ogni frammento del programma socialista, finché un giorno l'America sarà una nazione socialista senza sapere come ci sia arrivata... Gli Stati Uniti stanno facendo maggiori progressi verso l'adozione del socialismo sotto Eisenhower che sotto il presidente Franklin D. Roosevelt. - Norman Thomas. *Due mondi*.

Per comprendere l'intero piano e lo scopo dell'"azione legislativa" socialista americana di Florence Kelley, è necessario leggere attentamente la Dichiarazione dei principi dei socialisti fabiani e del socialismo internazionale:

> "Il suo obiettivo è ottenere la maggioranza al Congresso e in ogni legislatura statale, conquistare le principali cariche esecutive e giudiziarie, diventare il partito dominante e, una volta al potere, trasferire le industrie alla proprietà del popolo, a partire da quelle di carattere pubblico, come banche, assicurazioni, ecc.".

Negli Stati Uniti, la stragrande maggioranza dei socialisti fa parte del Partito Democratico, con alcuni "progressisti" nel Partito Repubblicano. In questo senso, il socialismo fabiano è un partito politico, anche se di adozione, come lo è stato in Inghilterra con l'acquisizione del Partito Laburista. Kelley, si ricorderà, è stato la forza trainante dei "Brandeis Briefs", falsi psico-giudiziari altamente distruttivi che hanno cambiato il modo in cui la Corte Suprema prende le decisioni. Kelley era un amico intimo della socialista lesbica Eleanor Roosevelt (il metodo dei Brandeis Briefs ha totalmente sabotato il nostro sistema legale ed è un altro esempio di cambiamenti indesiderati e indesiderabili indotti dal socialismo e imposti al popolo degli Stati Uniti).

Alle pagine 9962-9977, Congressional Record, Senato, 31 maggio 1924, troviamo spiegati ancora più chiaramente gli obiettivi dei socialisti e dei comunisti:

> "In breve, gli stessi comunisti americani ammettono che è impossibile promuovere la rivoluzione in questo Paese a meno che non vengano distrutti i diritti degli Stati e che una burocrazia centralizzata, sotto la guida di una casta di burocrati arroccati simili a quelli europei, costituisca per i comunisti (e per i socialisti) le condizioni di base per la rivoluzione".

Sebbene questo sia orientato verso gli obiettivi dei comunisti, non dimentichiamo che questo è anche l'obiettivo dei socialisti, che differiscono solo nel metodo e nel grado.

Aggiungerei che sotto i presidenti Johnson, Carter, Bush e Clinton, l'agenda socialista negli Stati Uniti ha ingranato la marcia più alta. Clinton resterà in carica solo un mandato, ma farà di più per promuovere con forza i piani socialisti e farà più danni reali di Roosevelt, Eisenhower o Johnson.

Per chi cerca la verità è ovvio che il comunismo non è morto. Si tratta solo di una tregua temporanea e al momento sta aspettando che il socialismo recuperi terreno. Quello che abbiamo oggi è ciò che Karl Marx chiamava "socialismo scientifico". È stata anche definita "psico-politica" dal professor Harold Laski. Il Presidente Kennedy ha abbracciato il "socialismo scientifico" - il suo programma "Nuova Frontiera" è tratto direttamente dal piano della Fabian Society britannica, "New Frontiers", di Henry Wallace (New York, Reynal and Hitchcock 1934).

La "psicopolitica" è stata riassunta da Charles Morgan nel suo libro "Le libertà della mente".

> "... siamo tutti condizionati ad accettare limitazioni alla libertà... Temo che inconsciamente, anche se siamo pronti ad accettare questa nuova infezione... Non c'è immunità nella grande massa del nostro popolo e non c'è consapevolezza del pericolo... Si può pensare a molti modi in cui la popolazione nel suo complesso

viene condizionata o preparata a questo cambiamento mentale, a questa perdita di individualità e identità".

Sarebbe difficile trovare una spiegazione più chiara del socialismo che si autodistrugge dall'interno.

I socialisti hanno praticato la psicopolitica sul popolo inglese e statunitense fin dal Manifesto Comunista del 1848. Ecco perché, nel 1994, i nostri senatori discutono i meriti di un "piano sanitario nazionale" piuttosto che di un altro, invece di rifiutare categoricamente l'idea come espediente socialista. È stato Lenin a dire che un piano sanitario nazionale è l'arco del socialismo. Allo stesso modo, il Senato ha discusso i meriti della cosiddetta legge Brady, invece di respingerla completamente come un sotterfugio socialista per aggirare la Costituzione degli Stati Uniti. Solo su questo argomento si potrebbe scrivere un intero libro.

Nell'amministrazione Kennedy c'erano 36 socialisti fabiani. Due erano membri del gabinetto, tre erano assistenti della Casa Bianca, due erano sottosegretari e uno era vice segretario di Stato. Gli altri occupavano posizioni politiche di vitale importanza. Ecco perché molte delle decisioni politiche dell'era Kennedy andavano contro i migliori interessi degli Stati Uniti e del suo popolo e sembravano stranamente in contrasto con ciò che Kennedy diceva di rappresentare.

Dalla morte di Kennedy, il socialismo ha messo radici profonde negli Stati Uniti, sempre innaffiato e alimentato dai cosiddetti "liberali", "moderati" e nutriti di "tolleranza". Il colonnello Mandel House e Sir William Wiseman, direttore dell'ufficio nordamericano dei servizi segreti britannici, fecero da "mentori" al presidente Wilson, che divenne il primo presidente americano apertamente socialista a sedere nello Studio Ovale.

Il socialismo fabiano ha dominato sei presidenti degli Stati Uniti, a partire da Woodrow Wilson. Gli obiettivi dei socialisti non sono mai variati, soprattutto per quanto riguarda quelle che definivano "le difficoltà da superare", che erano, e in alcuni casi sono ancora, presenti:

1. La religione, in particolare quella cristiana.

2. L'orgoglio nazionale degli Stati nazionali.

3. Patriottismo.

4. La Costituzione degli Stati Uniti e le costituzioni statali.

5. Opposizione a un'imposta progressiva sul reddito.

6. Abbattere le barriere commerciali.

Questi obiettivi sono descritti nel loro piano generale, le "tecniche fabiane americane", basate sull'oscurantismo.

Il movimento socialista fabiano era interessato solo a reclutare l'élite della società britannica, uomini come Clement Atlee, Sir Stafford Cripps, Herbert Morrison, Emmanuel Shinwell, Ernest Bevin, Lord Grey, Lord Asquith e Ramsey McDonald, che andarono a imporre la loro volontà all'Inghilterra dal Parlamento. Anche se questi nomi possono risultare estranei ai lettori americani, questi uomini hanno svolto un ruolo fondamentale nella direzione che gli Stati Uniti avrebbero preso e come tali meritano di essere menzionati.

Un aspetto interessante della Fabian Society è che il suo comitato stabilì che non più del 5% della popolazione era degno di diventare un buon leader socialista. Alcuni socialisti fabiani britannici sono stati determinanti nel cambiare il corso e la direzione degli Stati Uniti e torneremo su questo aspetto. Il socialista fabiano MacDonald, che in seguito divenne Primo Ministro inglese, fu inviato negli Stati Uniti nel 1893 per lavorare come spia. Al suo ritorno, il 14 gennaio 1898, MacDonald disse ai membri del suo comitato:

> "Il grande ostacolo al progresso socialista negli Stati Uniti è la sua Costituzione scritta, federale e statale, che dà il potere ultimo a un tribunale".

MacDonald disse anche che sarebbe stato necessario lavorare diligentemente per realizzare la direttiva di Edward Bellamy, un socialista fabiano americano. La maggior parte di noi lo conosce come autore del libro "La capanna dello zio Tom", scritto dal suo mentore, il colonnello Thomas Wentworth, noto abolizionista e ardente socialista fabiano.

Bellamy era un vero sostenitore e seguace della Fabian Society britannica e un primo membro del capitolo americano della Fabian

Society. Scrivendo sull'"American Fabian" nel febbraio 1895, tre anni prima che MacDonald presentasse il rapporto sul suo tour negli Stati Uniti, Bellamy affermò:

> "...la nostra Costituzione, largamente individualista, deve essere cambiata per ammettere il socialismo, e ogni cambiamento richiede una crisi politica. Questo significa sollevare grandi domande".

Wilson non ha forse sollevato "grandi questioni" e Roosevelt, Truman, Eisenhower, Kennedy, Johnson e Bush non hanno forse fatto la stessa cosa e non è notevole che Clinton continui a "sollevare grandi questioni"? Questa è la metodologia del socialismo: sollevare "grandi questioni" come la cosiddetta "riforma sanitaria" e, dietro le nuvole di polvere sollevate dalla questione, fare il lavoro sporco e subdolo di minare la Costituzione degli Stati Uniti.

Qui sta la spiegazione fondamentale delle azioni politiche intraprese dai presidenti Wilson, Roosevelt, Truman, Eisenhower, Kennedy, Johnson, Bush e Clinton.

Le proposte di MacDonald seguivano molto da vicino il modello stabilito da Bellamy. MacDonald ha sottolineato che la necessità di emendare la Costituzione degli Stati Uniti dovrebbe essere al primo posto nel pensiero del socialista fabiano. Sottolineiamo ancora una volta che il socialismo fabiano si differenziava in qualche modo dal socialismo europeo, soprattutto perché sosteneva di non avere alcuna affiliazione partitica. Questo sarebbe vero se ignorassimo il fatto che, per "penetrazione e impregnazione", ha preso il controllo dei partiti laburista e liberale britannici e ora ha preso il controllo del Partito Democratico negli Stati Uniti.

MacDonald ha sottolineato che i principi alla base della Costituzione degli Stati Uniti si fondano sui diritti garantiti dal Quinto Emendamento, in particolare sul diritto di proprietà, corollario della legge naturale di Isaac Newton. Pertanto, ha detto MacDonald, la modifica della Costituzione doveva essere fatta indirettamente, in gran segreto e per un periodo di anni. Ha anche sottolineato che la separazione dei poteri tra i tre dipartimenti del governo era un ostacolo alle tattiche di penetrazione e penetrazione dei socialisti.

Le parole di MacDonald erano un'eco di ciò che Bellamy aveva proposto nel febbraio 1895. Almeno Bellamy era più preparato dal punto di vista costituzionale della stragrande maggioranza dei giudici e dei politici del nostro tempo. Ha ammesso prontamente che la Costituzione degli Stati Uniti non è flessibile. Ciò evidenzia l'ignoranza del giudice Ruth Ginsberg, recentemente nominata alla Corte Suprema dal presidente socialista Clinton, che ha dichiarato a un'udienza della sottocommissione giudiziaria del Senato che la Costituzione è "flessibile" quando invece è immutabile.

La grande visione del socialismo fabiano negli anni '90 del XIX secolo era quella di "rivedere" la Costituzione degli Stati Uniti, cioè di "riformarla". Sebbene in superficie sembrasse che un tale compito fosse al di là delle sue possibilità, la capacità dei Fabiani di lavorare silenziosamente e segretamente fu purtroppo sottovalutata e trascurata. Mi ricorda la famosa canzone di Frank Sinatra sulle formiche ambiziose e l'albero di gomma. Le formiche non avevano alcuna possibilità di abbattere l'albero in un'unica operazione, ma hanno comunque realizzato l'impossibile, abbattendolo, foglia dopo foglia, finché l'albero della gomma non è stato demolito. Credo che questa sia una buona analogia con il modo in cui il socialismo fabiano ha lavorato dal 1895 (un compito che è ancora in corso) per smontare la Costituzione degli Stati Uniti, pezzo per pezzo.

Bellamy e MacDonald possono essere descritti come "visionari", ma erano visionari socialisti fabiani con idee specifiche su come avere successo. I metodi descritti da "The American Socialist" prevedevano l'istituzione di un'élite socialista negli Stati Uniti e l'apprendimento, da parte dei quadri dell'élite, di come sfruttare ogni crisi locale, nazionale e statale per gli scopi occulti del socialismo e per ottenere il sostegno di queste idee attraverso una penetrazione ben organizzata della stampa. La cristallizzazione del socialismo fabiano americano iniziò seriamente nel 1905.

"The American Socialist" chiedeva anche la formazione di un gruppo di professori socialisti fabiani che, negli anni successivi, avrebbero agito come consulenti di una serie di presidenti, indirizzandoli verso il grande progetto di socializzazione degli Stati Uniti. Questi professori di estrema sinistra di Marx e Lenin provenivano principalmente dai ranghi della Harvard Law School. Il "lavoro educativo" è stato intrapreso dall'élite dell'Harvard Socialist Club, che, se sovrapposto alla Fabian Society britannica -

una delle poche volte in cui hanno avuto l'audacia di mostrare il loro colletto socialista - rivela una stretta corrispondenza.

Tra i membri fondatori dell'Harvard Socialist Club c'era Walter Lippmann, uno dei prescelti da MacDonald e Bellamy per creare un'élite socialista negli Stati Uniti. Lippmann ha trascorso anni a penetrare nel mondo degli affari.

Il ruolo di Lippmann nell'indirizzare il Paese verso il socialismo fabiano sarà discusso in un altro momento. Come vedremo, i socialisti nei circoli interni del potere erano un nemico più temuto del comunismo, anche se all'opinione pubblica americana non fu mai permesso di vederla in questo modo. Come ho detto spesso in passato, "il nemico di Washington è più da temere del nemico di Mosca".

L'americano medio, quando sentiva parlare di socialismo sotto la sua stessa etichetta, ne era respinto. Negli anni Novanta del XIX secolo, la Fabian Society americana era un'organizzazione nascente che aveva bisogno di una guida, soprattutto per quanto riguarda la tecnica di procedere lentamente e di oscurare i propri obiettivi. Così, quando si parlava di socialismo, si evocavano visioni di pratiche sessuali bizzarre - che oggi i socialisti si sforzano di rendere culturalmente accettabili - e di come rendere il welfare accessibile a tutti. Non fu quindi preso sul serio, se non da un manipolo di accademici che lo vedevano come un pericolo maggiore del bolscevismo, almeno per l'America.

E quando Engels, il modello delle pratiche ingannevoli di socialisti e marxisti, visitò gli Stati Uniti nel 1886, fu commesso l'errore di promuovere il suo libro al vetriolo, "L'origine della famiglia", che in seguito divenne la Bibbia degli abortisti, degli omosessuali e del cosiddetto movimento "women's lib"[6] di Molly Yard, Patricia Schroeder, Eleanor Smeal. È provato che lo scopo della visita di Engels era quello di gettare le basi per il nuovo Fabian Socialist Club americano.

Allo stesso modo, quando Eleanor Marx - la figlia di Karl Marx,

---

[6] Liberazione della donna, antenato dell'MLF. Ndt.

conosciuta come l'amante di George Bernard Shaw - andò in tournée negli Stati Uniti con un altro amante, questa volta Edward Aveling, la reazione del pubblico fu estremamente infelice. Il clamore suscitato dal "libero amore" fu una sorpresa per i socialisti europei, che non avevano idea di quanto i valori cristiani fossero profondamente radicati nella società americana dell'epoca. Avevano fatto male i calcoli nel sostenere l'"amore libero" (la base dell'aborto, cioè l'amore libero senza responsabilità) e i loro attacchi ai valori della famiglia hanno provocato solo reazioni rabbiose.

Questo insegnò ai socialisti americani una grande lezione: "Più fretta" era una filosofia perdente. Era necessario "affrettarsi lentamente". Ma i socialisti non si sono mai arresi, non hanno mai perso di vista i loro obiettivi, e il risultato è che oggi i mali del socialismo dominano l'America da tutte le parti, guadagnando forza, culturalmente, religiosamente e socialmente, come non avevano mai fatto quando Engels, Eleanor Marx ed Edward Aveling ne esaltavano le virtù. Probabilmente i lettori sanno che Aveling è stato il traduttore ufficiale dal tedesco all'inglese di "Das Kapital", la più nota delle opere di Marx.

Per sviare le critiche al socialismo, la Fabian Society britannica decise di creare un gruppo negli Stati Uniti, noto come American Economic Association, che si riunì il 9 settembre 1885. Solo l'élite degli aspiranti socialisti americani è stata invitata a partecipare. (Fu in seguito a questo incontro che i socialisti britannici della Fabian Society decisero che Mac Donald dovesse recarsi negli Stati Uniti per determinare quali problemi ostacolassero il socialismo e come superarli).

Il 9 settembre 1885, l'American Economic Association riunì a Saratoga, New York, tutti i principali leader e aspiranti socialisti dell'epoca. Molti degli "ospiti illustri", come li descrissero i giornali di New York, erano importanti professori socialisti, tra cui Woodrow Wilson, che sarebbe diventato il primo presidente degli Stati Uniti apertamente socialista.

Altri partecipanti furono i professori Ely, H. R. Adams, John R. Commons e E. James, il dottor E. R. Seligman della Columbia, il dottor Albert Shaw e E. W. Bemis, che in seguito divennero i principali discepoli del socialismo in America. James, il dottor E. R. Seligman della Columbia, il dottor Albert Shaw e E. W. Bemis, che in seguito diventarono i principali discepoli del socialismo in America. Nessuno di loro era conosciuto al di fuori dei loro ristretti circoli accademici e il socialismo non era visto come una seria minaccia allo stile di vita americano. Era un errore che sarebbe stato commesso molte volte in futuro, un errore che si ripete oggi. Da questo piccolo inizio è cresciuta la quercia del socialismo negli Stati Uniti, i cui rami si diffondono oggi minacciando la Repubblica Confederata degli Stati Uniti. Wilson, che allora frequentava il Bryn Mawr College, nel 1902 insegnò il socialismo alla Philadelphia University Extension, travestito da scienza politica.

Lì si è immerso, insieme ad altri importanti socialisti, nella promozione delle idee socialiste nel campo dell'istruzione. Nell'elenco degli insegnanti socialisti figurano i membri della Fabian Society britannica Sydney Webb, R.W. Alden e Edward R. Pease; Ely e Adams, due dei suoi collaboratori americani che abbiamo già citato. Altri importanti socialisti americani che alimentarono le idee socialiste di Wilson furono Morris Hilquitt e Upton Sinclair. I loro contatti con i socialisti fabiani britannici si estesero agli incontri tenutisi a Oxford tra il 1805 e il 1901.

Il dottor Seligman della Columbia University ha sponsorizzato gli incontri e gli si attribuisce la lungimiranza di aver affidato a Wilson la presidenza. La somiglianza tra l'ascesa di Wilson e quella di Clinton è notevole: entrambi erano di orientamento socialista, entrambi erano circondati da un gran numero di intellettuali socialisti ed entrambi erano indelebilmente impregnati di ideali socialisti grazie al contatto con l'Università di Oxford.

Wilson fu molto influenzato da pubblicazioni socialiste di stampo fabiano come "The New Freedom". Inoltre, è stato il primo presidente degli Stati Uniti ad accettare professori universitari come consulenti - un allontanamento radicale dalle tradizioni del passato e una pura strategia socialista - una metodologia per imporre cambiamenti indesiderati e inaccettabili al popolo americano. La logica era che nessuno avrebbe sospettato che gli accademici avessero intenzioni nefaste.

Albert Shaw, che fece eleggere Wilson dividendo i voti, candidando Theodore Roosevelt in un partito indipendente, il Bull Moose Party. Come disse all'epoca il dottor Seymour, "la defezione di Roosevelt portò Wilson alla Casa Bianca". Il sotterfugio consisteva nel "denunciare" Roosevelt come "un radicale selvaggio", e funzionò. Wilson divenne Presidente degli Stati Uniti e il suo amico Albert Shaw fu nominato membro del Comitato del Lavoro come ricompensa quando Wilson entrò alla Casa Bianca.

Anche se accuratamente nascosti al pubblico, i socialisti fabiani britannici scelsero Wilson, per la sua propensione a interessarsi alle questioni socialiste e su forte raccomandazione di House, il cui cognato, il dottor Sydney Mezes, era da tempo affiliato alla British Fabian Society e presidente del City College di New York. Mezes ha svolto un ruolo di primo piano nella pianificazione socialista prima e dopo la Prima Guerra Mondiale.

A ciò si aggiunge il fatto che una grande percentuale di membri della Fabian Society erano marxisti; uno dei più noti della Fabian Society londinese fu il professor Harold Laski, che svolse un ruolo profondamente dirompente nella socializzazione degli Stati Uniti, fino alla sua morte nel 1952. È indubbio che anche Bernard Baruch, che divenne il controllore assoluto di Wilson durante i suoi anni alla Casa Bianca, fosse un marxista.

L'intero programma della presidenza di Woodrow Wilson è stato elaborato da consiglieri socialisti, sia qui che in Gran Bretagna. Uno dei primi sforzi socialisti di Wilson fu quello di federalizzare i poteri che erano vietati al governo federale, essendo riservati ai singoli Stati. Tra questi, i poteri di polizia in materia di sanità, istruzione, lavoro e protezione della polizia garantiti agli Stati dal 10° emendamento della Costituzione degli Stati Uniti.

In seguito, il professor Harold Laski avrebbe esercitato forti pressioni sul Presidente Roosevelt per rompere e distruggere, con un ordine esecutivo, la separazione dei poteri tra i rami legislativo, esecutivo e giudiziario del governo. Questa era la chiave della porta di servizio per rompere e rendere "inefficace" la Costituzione. Uno dei punti principali del programma di Wilson era la distruzione delle tariffe doganali che, fino al 1913, avevano fornito agli Stati Uniti entrate sufficienti per pagare le fatture della nazione e avere ancora un surplus. L'agenda nascosta era quella di distruggere questa fonte di reddito e sostituirla con un'imposta progressiva sul reddito di ispirazione marxista. A prescindere da qualsiasi altro risultato, l'imposta marxista progressiva sul reddito è stata progettata per schiacciare per sempre la classe media. Si ricorda che uno dei principali ostacoli da superare, secondo Ramsey MacDonald, era la resistenza alla progressività dell'imposta sul reddito. Grazie al Presidente Wilson, la Fabian Society britannica fu in grado di imporre questo oneroso fardello al popolo americano, realizzando così una delle sue più care ambizioni.

Va detto, e detto forte e chiaro: il comunismo, pur avendolo avviato, non ha introdotto la tassazione progressiva del reddito negli Stati Uniti. Questo è stato solo il lavoro della Fabian Society britannica. Negli ultimi 76 anni, il popolo americano è stato ingannato nel credere che il comunismo fosse il più grande pericolo per il mondo libero. Ci auguriamo che le pagine di questo libro contengano prove sufficienti a dimostrare che il pericolo del socialismo trascende tutto ciò che si è visto finora del comunismo. Il socialismo ha fatto mille volte più danni agli Stati Uniti di quanti ne abbia mai fatti il comunismo.

Ritenuta due volte incostituzionale dalla Corte Suprema degli Stati Uniti, l'imposta progressiva sul reddito fu proposta a Wilson dalla Fabian Society britannica e la sua adozione, incoraggiata dai socialisti fabiani americani, fu infine ottenuta nel 1916, appena in tempo per pagare la Prima Guerra Mondiale. Mentre l'attenzione del popolo americano era concentrata sugli eventi in Europa, il sedicesimo emendamento veniva fatto passare dal Congresso, con l'aiuto di una schiera di legislatori socialisti.

Il sedicesimo emendamento non fu mai ratificato da tutti gli Stati, quindi rimase al di fuori della Costituzione, ma questo non impedì ai suoi sostenitori socialisti di fare ciò che volevano. Wilson ha cercato di equiparare la democrazia al Partito Democratico, quando in realtà non può esistere un partito del genere. Il titolo corretto dovrebbe essere Partito Democratico. Non possiamo avere un "Partito Democratico" in una Repubblica Confederata o in una Repubblica Costituzionale.

Il libro di Wilson "La nuova libertà" (in realtà scritto dal socialista William B. Hayle) denunciava il capitalismo. "È contrario all'uomo comune", ha detto Wilson. In un momento in cui gli Stati Uniti godevano di una prosperità e di un progresso industriale senza precedenti, Wilson definì l'economia "stagnante" e propose una rivoluzione per rimettere in moto le cose. Un ragionamento divertente, se si dimentica che Wilson predicava il socialismo duro:

"Siamo in presenza di una rivoluzione - non sanguinosa, l'America non è fatta per spargere sangue - ma una rivoluzione silenziosa, con la quale l'America insisterà per recuperare nella pratica gli ideali che ha sempre professato, per assicurarsi un governo dedito all'interesse generale e non agli interessi particolari".

La cosa più importante che fu tralasciata nel discorso fu che si sarebbe trattato di una RIVOLUZIONE SOCIALISTA, una rivoluzione furtiva e senza limiti di inganno, basata su ideali e principi socialisti britannici di stampo fabiano.

Wilson fa quindi una previsione profetica - o almeno, apparentemente profetica, se non fosse che a ben guardare si limita a enunciare il programma socialista per gli Stati Uniti:

"... Siamo alle soglie di un'epoca in cui la vita sistematica del Paese sarà sostenuta, o almeno integrata, sotto ogni aspetto dall'attività governativa. E ora dobbiamo stabilire che tipo di attività governativa sarà; se, in prima istanza, sarà diretta dal governo stesso, o se sarà indiretta, attraverso strumenti che sono già stati formati e che sono pronti a prendere il posto del governo".

Il popolo americano è rimasto in gran parte ignaro del fatto che era all'opera una forza sinistra, totalmente estranea a se stesso e alla Costituzione, che si era in qualche modo insinuata al potere ponendo alla Casa Bianca un capo dell'esecutivo, un leader totalmente asservito a un gruppo spietato e assetato di potere come se ne trovano in tutto il mondo - compresa la Russia bolscevica - che ha portato i socialisti fabiani in Gran Bretagna e negli Stati Uniti.

Questa tendenza è continuata fino ad oggi e, a nostro avviso, il Presidente Clinton ne è ora il capo esecutivo entusiasta e desideroso. Le "grandi speranze" delle formiche che cercano di conquistare l'albero della gomma si stanno lentamente e inesorabilmente realizzando. Una grande nazione, gli Stati Uniti d'America, sembra totalmente ignara della criminalità che si cela dietro il socialismo e ignora i suoi obiettivi, e quindi non è preparata a fermare le depredazioni criminali che avvengono all'interno del proprio governo.

Come poteva Wilson ingannare il popolo americano su una

questione così mostruosa come l'imposta progressiva sul reddito, estranea alla Costituzione e di cui il Paese aveva potuto fare a meno fino al 1913? Per rispondere a questa domanda, dobbiamo guardare ancora una volta alla capacità dei socialisti di attuare il loro programma di nascosto, con l'inganno e la menzogna, pur ammantandolo di un linguaggio che sembrava indicare che il piatto velenoso che stavano preparando era per il bene del popolo.

Il primo ostacolo che Wilson dovette superare fu la rimozione delle tariffe doganali che avevano protetto il commercio americano e reso l'America una nazione prospera con un tenore di vita invidiato da tutto il mondo. Il 4 luglio 1789, il presidente George Washington disse al primo Congresso degli Stati Uniti:

> "Un popolo libero deve promuovere le manifatture che tendono a renderlo indipendente da altri per le forniture essenziali, specialmente quelle militari".

Queste sagge parole diedero il via a un sistema di barriere tariffarie che imponevano dazi ai Paesi che volevano vendere le loro merci sul mercato statunitense, l'antitesi del cosiddetto "libero scambio", che non era altro che un sotterfugio escogitato da Adam Smith per consentire alla Gran Bretagna di scaricare le proprie merci sul mercato senza che vi fosse reciprocità per le merci americane sul mercato inglese. In qualche modo è stata coltivata l'impressione - forse attraverso il controllo della stampa - che gli Stati Uniti avessero sviluppato il tenore di vita della popolazione sulla base del "libero scambio", mentre in realtà era vero il contrario.

Abbiamo visto questo inganno venire alla luce nel dibattito Perot-Gore, quando Gore, falsamente e con intento malevolo nei confronti del popolo degli Stati Uniti, denunciò il protezionismo tariffario come causa del crollo di Wall Street del 1929. Perot non conosceva lo Smoot-Hawley Act per difenderlo dalle bugie del vicepresidente.

Il "libero scambio" è stato definito come una dottrina marxista in un discorso tenuto da Marx nel 1848. Non era una novità, ma un'idea proposta per la prima volta da Adam Smith per minare l'economia della giovane nazione americana. Un saggio Washington capì la necessità di proteggere le industrie americane nascenti. Questa saggia politica di protezione fu portata avanti da Lincoln, Garfield e McKinley. Per 125 anni, gli americani hanno tratto grandi benefici da questa saggia politica, fino a quando la palla da demolizione socialista di Wilson non è stata usata per cambiare il volto dell'America.

Anche fino alla Seconda Guerra Mondiale, solo il 2% dell'economia statunitense dipendeva dal commercio estero. Eppure, a sentirlo dire ora, gli Stati Uniti periranno se non rimuoveranno le ultime vestigia delle nostre sagge barriere tariffarie. Ciò che Wilson fece fu tradimento e il Congresso commise sedizione accettando il suo devastante attacco al tenore di vita del popolo americano.

Per la maggior parte, l'amministrazione Wilson ha abusato della Costituzione. Non appena Wilson fu eletto dai socialisti fabiani, convocò una sessione congiunta del Congresso. Nel 1900, un'amministrazione a maggioranza repubblicana aveva mantenuto le barriere commerciali esistenti e ne aveva erette di nuove per proteggere gli agricoltori, l'industria e i produttori di materie prime americani. L'agitazione contro le barriere tariffarie protettive ebbe origine a Londra tra i membri della socialista Fabian Society, che controllava il Royal Institute for International Affairs (RIIA). Le idee per abbattere le barriere tariffarie furono trasmesse a Wilson attraverso la sediziosa Mandel House, direttamente da Londra.

La propaganda antitariffaria che si riversava da Londra in un flusso ininterrotto, e che era iniziata seriamente nel 1897, di cui questo è un esempio:

> "La manifattura americana ha raggiunto il massimo livello di inefficienza nel 1907, dopo un notevole declino iniziato nel 1897, in diversi importanti settori i produttori americani non riescono a reggere il confronto con i concorrenti stranieri sul mercato interno. Questo fatto dovrebbe essere portato all'attenzione del popolo americano, che a causa delle tariffe paga un prezzo più alto per le merci rispetto a quello che pagherebbe se le barriere tariffarie che ostacolano il commercio fossero rimosse. L'espressione 'la madre di tutti i trust' potrebbe essere un modo utile per descrivere il protezionismo, soprattutto se si riferisce all'aumento del costo della vita che può essere attribuito alle politiche protezionistiche".

Nota: il dipartimento di ricerca della Fabian Society iniziò a produrre documenti che chiamò "tracts" come se fosse alleato con gli sforzi missionari cristiani. Queste migliaia di "trattati" sono state poi raccolte in libri e documenti di posizione. La citazione sopra riportata è tratta da un trattato pubblicato nel 1914.

Ciò che questa propaganda fuorviante non diceva è che non c'era alcun legame tra l'aumento del costo della vita tra il 1897 e il 1902, poiché le tariffe non avevano alcun effetto sui prezzi interni. Ma questo non ha impedito un attacco concertato da parte dei principali giornali di proprietà straniera (in particolare il *New York Times*) per denunciare la protezione tariffaria come causa dell'aumento del costo della vita. A questo hanno fatto eco l'Economist di Londra e altre riviste di proprietà dei banchieri della City di Londra.

La sedizione non era limitata ai democratici. Molti repubblicani cosiddetti "progressisti" ("progressisti" e "moderati" hanno sempre significato socialisti) si sono uniti all'attacco alle tariffe protettive. Come hanno fatto i socialisti a convincere il Congresso ad assecondare i loro piani per rovinare il nostro commercio invidiato in tutto il mondo? Lo hanno fatto combinando la sociologia con la politica, una tecnica che spinge i socialisti verso le alte cariche, dove possono esercitare la massima influenza indebita su questioni nazionali vitali.

A titolo di esempio, si consideri la questione del riconoscimento diplomatico del barbaro governo bolscevico. Grazie ai buoni uffici di Arthur Henderson, nel 1929 gli inglesi riconobbero i macellai bolscevichi come governo legittimo della Russia. Hanno poi rivolto la loro attenzione agli Stati Uniti e, grazie ai socialisti di alto livello, hanno ottenuto che gli USA facessero lo stesso. Queste azioni da parte dei leader del mondo anglofono diedero ai bolscevichi un prestigio e un rispetto a cui non avevano evidentemente diritto, e aprirono le porte a contatti diplomatici, commerciali ed economici che altrimenti sarebbero rimasti saldamente chiusi per decenni, se non per sempre.

I socialisti fabiani, sia negli Stati Uniti che in Gran Bretagna, apparivano così benevoli, e la loro formazione altamente colta e il loro grande fascino personale rendevano molto difficile credere a coloro che avvertivano che questa affabile élite sociale era un gruppo sovversivo intenzionato a sopprimere i diritti di proprietà e a minacciare di togliere la Costituzione degli Stati Uniti, pezzo per pezzo. Era semplicemente impossibile vedere questa élite come rivoluzionaria e anarchica, come in realtà era.

Il colonnello Edward Mandel House, che non solo era adeguatamente convenzionale in tutti i sensi della parola, ma anche conservatore nei modi e nei discorsi - almeno quando era a portata di orecchio del pubblico - era un buon esempio, ma si muoveva in ambienti che erano ben lontani da quello che si potrebbe immaginare un gruppo anarchico.

Fu questo gruppo di "anarchici affabili" a eleggere Woodrow Wilson. Secondo House, i cittadini americani sono poco più che babbei che si lasciano ingannare dalle apparenze. Sicuro che gli elettori non avrebbero visto la candidatura di Wilson come un candidato "made in England", House salpò per l'Europa il giorno in cui Wilson fu nominato alla convention democratica di Baltimora del 1912. "Non sento il bisogno di seguire i dibattiti", disse House a Walter Hines, che lo aveva presentato a Wilson l'anno precedente. Al suo arrivo in Inghilterra, House dichiarò a un raduno di socialisti fabiani del RIIA: "Ero convinto che il popolo americano avrebbe accettato Wilson senza alcun dubbio". E lo hanno fatto.

Wilson divenne quindi presidente e il suo compito principale fu quello di minare la Costituzione come previsto da Ramsey McDonald, senza che il popolo americano se ne rendesse conto, in vero stile socialista fabiano. House aveva spesso espresso il suo odio per la Costituzione nelle discussioni private con i suoi finanziatori segreti di Wall Street. Ha definito la Costituzione degli Stati Uniti "una creazione di menti del XVIII secolo, non solo obsoleta, ma grottesca", aggiungendo che "dovrebbe essere rottamata immediatamente". Torniamo all'uomo che Wilson definiva il suo più grande amico.

Come dice House, "Wilson è stato eletto per portare avanti un programma socialista senza allarmare il popolo". Il modo in cui ciò sarebbe avvenuto è stato definito in una versione romanzata del piano generale dei socialisti fabiani con obiettivi a lungo termine. "Philip Dru, Amministratore" è stata una notevole confessione della pianificazione e delle strategie socialiste da usare contro il popolo americano, molto rivelatrice di come i socialisti si aspettavano che la presidenza degli Stati Uniti fosse sovvertita e minata.

Curato dal socialista fabiano B.W. Huebsch, il libro avrebbe dovuto far scattare un campanello d'allarme in tutta l'America, ma sfortunatamente non riuscì a far capire al popolo americano cosa rappresentasse House. Il documento esponeva il programma della presidenza di Wilson con la stessa chiarezza con cui era stato presentato al Congresso da House stesso. "Philip Dru" (in realtà House) ha proposto di diventare il leader dell'America attraverso una serie di ordini esecutivi. Tra i compiti che "Dru" si prefiggeva c'era la creazione di un gruppo di economisti che lavorasse alla distruzione del Tariff Act, che avrebbe infine "portato all'abolizione della teoria della protezione come questione di politica pubblica". Il gruppo doveva anche sviluppare un sistema progressivo di imposte sul reddito e istituire nuove leggi bancarie. Si noti l'uso furbesco della parola "teoria". Le tariffe protettive non erano solo una teoria: le tariffe avevano portato gli Stati Uniti a un tenore di vita invidiato da tutto il mondo. La protezione del commercio era una dottrina stabilita da George Washington, sperimentata per 125 anni, e non era solo una teoria.

Come può 'Dru' definire la protezione tariffaria una 'teoria'? Si trattava chiaramente di un tentativo di denigrare e sminuire il concetto e di spianare la strada all'ideale socialista del "libero scambio" che avrebbe dato inizio al declino del tenore di vita del popolo americano. È anche da qui che Wilson ha tratto l'idea di un'imposta sul reddito che, una volta in vigore, avrebbe ulteriormente eroso il tenore di vita della classe media.

Wilson ha violato il suo giuramento di sostenere la Costituzione degli Stati Uniti almeno 50 volte. In Wilson, il Comitato dei 300 aveva trovato l'uomo ideale per iniziare la socializzazione dell'America, così come in seguito trovarono un altro candidato ideale per i loro obiettivi anarchici in Bill Clinton. Un secondo parallelo tra Wilson e Clinton risiede nel tipo di consiglieri di cui si sono circondati.

Nella cerchia ristretta di Wilson c'erano anarchici, socialisti e comunisti di spicco: Louis D. Brandeis, Felix Frankfurter, Walter Lippmann, Bernard Baruch, Sydney Hillman, Florence Kelley e, naturalmente, Edward Mandel House. House, amico intimo della madre di Roosevelt, abitava a due isolati dal governatore di New York Franklin D. Roosevelt e si incontravano spesso per consigliarlo su come finanziare i suoi futuri programmi socialisti.

Il primo attacco alla Costituzione fu la dichiarazione di Ramsey McDonald che la Costituzione doveva essere emendata. Il secondo attacco fu guidato da House, il cui padre aveva guadagnato milioni di dollari durante la guerra civile lavorando per i Rothschild e i Warburg. Dopo aver incontrato Wilson nel 1911, attraverso i buoni uffici di Walter Hines, House era sicuro di aver trovato l'uomo giusto per portare a termine il lavoro di modifica della Costituzione statunitense che McDonald aveva richiesto il 14 gennaio 1898.

House inizia a coltivare Wilson, che si sente lusingato dalle attenzioni di un uomo che sembra conoscere tutti a Washington. C'è un netto parallelismo tra House e la signora Pamela Harriman, che vedeva in Clinton l'uomo ideale per realizzare un'ampia gamma di riforme socialiste senza allarmare la popolazione. Harriman conosceva anche tutti a Washington.

House sa che Wilson avrà bisogno dell'aiuto di un socialista convinto. Così gli fece incontrare Louis D. Brandeis, professore di legge ad Harvard. Questo incontro si sarebbe rivelato minaccioso per il futuro benessere della nazione, poiché Brandeis si impegnò a rendere inoperante la Costituzione attraverso una legge. Brandeis aveva già scritto le sue predilezioni nella legge, "interpretando" la Costituzione per renderla inoperante sulla base di premesse sociologiche, non di diritto costituzionale.

Il terzo attacco fabiano-socialista alla Costituzione degli Stati Uniti avvenne con la fondazione dell'American Civil Liberties Union (ACLU) nel gennaio 1920 da parte del socialista fabiano Philip Lovett. Huebsch, editore di "Philip Dru, Administrator", era uno dei membri fondatori di questa organizzazione socialista il cui obiettivo principale nella vita era quello di emendare la Costituzione degli Stati Uniti attraverso quella che Florence Kelley chiamava "la via legislativa".

Sebbene sia stato negato, le indagini hanno dimostrato che nel consiglio di amministrazione dell'ACLU c'erano quattro noti comunisti. Negli anni Venti, Kelley e i suoi associati lavorarono duramente per distruggere la Costituzione degli Stati Uniti attraverso una serie di falsi fronti come la National League of Women's Voters, su cui torneremo più avanti. Questo fu l'inizio della "defeminizzazione" delle donne da parte dei socialisti.

Molti dei più importanti leader socialisti (e comunisti) degli Stati Uniti erano strettamente legati all'ACLU, alcuni addirittura facevano parte del suo comitato nazionale. Uno di questi era Robert Moss Lovett, direttore e amico intimo di Norman Thomas e Paul Blanchard, alleati di "Protestants and Other Americans United for Separation of Church and State".

Thomas è un ex ecclesiastico diventato comunista. I modi affascinanti e il contegno piacevole di Lovett nascondono il fatto che sotto i suoi modi affabili si nasconde un pericoloso anarchico-radicale della peggior specie. Una volta, in un impeto di rabbia, Lovett esplose e rivelò la sua vera natura:

> "Odio gli Stati Uniti, sarei disposto a veder esplodere il mondo intero, pur di distruggere gli Stati Uniti".

Lovett incarnava il lato più pericoloso del socialista fabiano.

Nel ricercare le dichiarazioni dei comunisti contro gli Stati Uniti, non sono mai riuscito a trovarne una così velenosa nelle intenzioni come quella di Lovett dell'ACLU. Una breve storia dell'ACLU potrebbe essere utile a questo punto del libro:

L'ACLU è nata dal Civil Liberties Bureau del 1914-1918, che si opponeva al militarismo. Uno dei suoi primi direttori fu Roger Baldwin, che aveva trascorso un periodo in prigione per essersi sottratto al servizio militare. In una lettera informativa molto rivelatrice indirizzata ai membri, agli affiliati e agli amici dell'ACLU, Baldwin ha utilizzato le tradizionali tattiche ingannevoli dei Fabian Socialists per nascondere le vere intenzioni e gli obiettivi dell'ACLU:

> "Evitare di dare l'impressione che si tratti di un'impresa socialista. Vogliamo anche apparire patriottici in tutto ciò che facciamo. Vogliamo avere un buon numero di bandiere, parlare molto della Costituzione e di ciò che i nostri antenati volevano fare del Paese e dimostrare che siamo davvero le persone che difendono lo spirito delle nostre istituzioni".

Se mai c'è stato un emblema futuro adatto per la British Fabian Society, è stato questo: il lupo travestito da pecora per eccellenza.

Nel 1923, Baldwin dimenticò il suo stesso consiglio, rivelando il suo vero volto:

> "Credo nella rivoluzione - non necessariamente la presa del potere con la forza in un conflitto armato, ma il processo di

crescita di movimenti di classe determinati a espropriare la classe capitalista e ad assumere il controllo di tutti i beni sociali. Essendo un pacifista - perché credo che i mezzi non violenti siano meglio calcolati nel lungo periodo per ottenere risultati duraturi - mi oppongo alla violenza rivoluzionaria. Ma preferirei vedere una rivoluzione violenta piuttosto che nessuna rivoluzione, anche se personalmente non la sosterrei perché considero molto meglio altri mezzi. Anche il costo terribile di una rivoluzione sanguinosa è un prezzo più conveniente da pagare all'umanità rispetto al continuo sfruttamento e all'affondamento della vita umana sotto la violenza installata del sistema attuale".

Nel 1936, Baldwin spiegò alcuni termini utilizzati dai socialisti fabiani:

"Per progressisti intendo quelle forze che lavorano per la democratizzazione dell'industria estendendo la proprietà e il controllo pubblici, che da soli aboliranno il potere di coloro, relativamente pochi, che possiedono la ricchezza... La vera democrazia significa sindacati forti, regolamentazione delle imprese da parte del governo, proprietà da parte del popolo delle industrie che servono il pubblico".

Basta visitare una qualsiasi fabbrica per rendersi conto dei progressi compiuti dai socialisti nel rendere schiavi gli Stati Uniti. Sulle pareti dell'ufficio si può vedere una serie sconcertante di "permessi" che autorizzano una cosa o l'altra. Gli ispettori dell'OSHA, dell'EPA e delle "pari opportunità" hanno il "diritto" di arrivare senza preavviso in qualsiasi momento, interrompere e persino fermare le operazioni, mentre conducono un'ispezione per verificare se le condizioni dei loro "permessi" sono state violate.

Il linguaggio ingannevole usato da Baldwin non significava ciò che l'americano medio pensava significasse. Baldwin stava praticando le tecniche del socialismo fabiano su un gruppo d'élite di "retroguardia" che avrebbe condotto dolcemente l'America per mano sulla strada della schiavitù. Questo è il socialismo al suo peggio. Nessuno avrebbe potuto spiegare gli obiettivi e i metodi del socialismo meglio del presidente dell'ACLU, che oggi non ha cambiato di una virgola le sue posizioni e i suoi metodi. Sebbene i suoi membri non abbiano mai superato i 5.000 tra il 1920 e il 1930, l'ACLU riuscì comunque a infiltrarsi e a permeare ogni aspetto della vita americana, che poi mise sottosopra.

Il compito principale dell'ACLU negli anni Venti fu quello di bloccare legalmente il gran numero di arresti e deportazioni di comunisti e anarchici. All'inizio degli anni Venti, i socialisti iniziarono la loro campagna per sovvertire la Costituzione degli Stati Uniti dalla porta di servizio, utilizzando stranieri per predicare e compiere atti di sedizione. Il professore socialista di Harvard Felix Frankfurter è stato la guida legale dell'ACLU, il cui Roger Baldwin ha descritto gli anarchici, i comunisti e i sediziosi come "vittime della legge, membri dei movimenti per il lavoro e per il benessere che vengono insidiosamente attaccati da uomini senza scrupoli che operano sotto la maschera del patriottismo".

Frankfurter - aiutato da Harold Laski dietro le quinte - aiutò il Presidente Wilson a istituire un comitato di mediazione che, su sollecitazione di Frankfurter, continuò a usare la Costituzione per qualificare sediziosi, anarchici, nemici dichiarati degli Stati Uniti per la protezione della Costituzione americana. Si trattava di una sordida tattica che ha funzionato molto bene: dal 1920, l'uso improprio della Costituzione degli Stati Uniti per concedere "diritti" e protezione a ogni Dick, Tom e Harry che cerca di minare la Repubblica confederata è cresciuto in modo terribilmente allarmante.

Altri, come il professor Arthur M. Schlesinger Sr. e il professore di legge di Harvard Francis B. Sayre, genero di Wilson, si sono schierati a favore degli "immigrati perseguitati" e delle "vittime della legge", una categoria che comprende tutti gli esponenti della sinistra, i piromani, i razzisti e simili. Sayre, il genero di Wilson, si è schierato a favore degli "immigrati perseguitati" e delle "vittime della legge", una categoria che comprende tutti gli immigrati di sinistra, i piromani, gli agitatori socialisti, gli assassini e i sediziosi. Questo è stato l'inizio di un'enorme campagna per calpestare il vero scopo e l'intento della Costituzione degli Stati Uniti, e ha avuto un successo che va oltre i sogni più sfrenati dei genieri del socialismo in questo Paese.

Era un periodo in cui gli Stati Uniti stavano cercando di liberarsi di una marea di comunisti che erano venuti a commettere atti di sedizione nel tentativo di comunitarizzare e socializzare il Paese. Il socialista Upton Sinclair scrisse fiumi di inchiostro in difesa degli irriducibili sediziosi e la Harvard Law School mandò nella mischia alcuni dei suoi migliori socialisti, tra cui il suo preside, Roscoe Pound. I media, comprese riviste come "The Nation" e "New Republic", fanno del loro meglio per confondere le acque legali con continui riferimenti alla "paura rossa".

Nel 1919, la Commissione Overman sul bolscevismo del Senato degli Stati Uniti, dopo esaurienti indagini, giunse alla conclusione che il socialismo fabiano rappresentava una grave minaccia per i cittadini degli Stati Uniti, soprattutto per le donne e i bambini.

L'ACLU è stata in prima linea nella "defeminizzazione" delle donne con il pretesto dei "diritti delle donne". L'ACLU è riuscita a proteggere gli attori principali del socialismo, accorrendo in loro difesa ogni volta che temono che i veri leader e gli obiettivi del socialismo vengano smascherati. Questo è lo scopo principale dell'ACLU: Per sviare gli attacchi alla leadership intellettuale socialista, ai "riformatori" con "buone intenzioni" e ai professori di legge di Harvard nelle retrovie.

Dal 1920, il modus operandi dell'ACLU è rimasto lo stesso e può essere meglio descritto da solo:

> "Contro le misure indiscriminate a livello federale, statale e locale che, pur mirando al comunismo (si noti l'esclusione del socialismo), minacciano le libertà civili di tutti gli americani; per rendere un efficace programma per i diritti civili la legge del paese; contro la censura di film, libri, opere teatrali, giornali, riviste e radio da parte di gruppi di pressione governativi e privati; e per promuovere procedure eque nei processi, nelle udienze congressuali e amministrative".

L'ACLU non ha lasciato dubbi sulla sua intenzione di riscrivere la Costituzione "per via legislativa". Non c'è dubbio che questo importante apparato socialista abbia cambiato il volto dell'America In un'intervista a Fareed Zakaria di Foreign Affairs, è stato chiesto a Lee Kuan Yew, ex primo ministro di Singapore:

> "Cosa pensi che sia andato storto nel sistema americano? "

> "Non è mio compito dire alle persone cosa non va nel loro sistema. Il mio ruolo è quello di dire alle persone di non imporre il loro sistema in modo discriminatorio a società in cui non

funzionerebbe", ha risposto Yew.

Zakaria ha poi chiesto: "Non vede gli Stati Uniti come un modello per gli altri Paesi? ", al quale Lee rispose:

> "... Ma come sistema globale, trovo che alcune parti di esso (gli Stati Uniti) siano totalmente inaccettabili. Il vagabondaggio, il comportamento indecoroso in pubblico, l'espansione del diritto dell'individuo a comportarsi come vuole sono andati a scapito di una società ordinata. In Oriente, l'obiettivo principale è quello di avere una società ordinata, in modo che tutti possano godere appieno della propria libertà. Questa libertà esiste solo in uno stato ordinato e non in uno stato naturale di contestazione e anarchia".

> "... L'idea dell'inviolabilità dell'individuo (negli Stati Uniti) è stata trasformata in dogma. Eppure, nessuno si oppone al fatto che i militari vadano a catturare il presidente di un altro Stato, lo portino in Florida e lo mettano in prigione (questo in riferimento all'azione banditesca dell'ex presidente George Bush che rapì il generale Noriega di Panama). "

Zakaria ha poi chiesto:

> "Sarebbe corretto dire che lei ammira l'America più di quanto non facesse 25 anni fa? Cosa pensate sia andato storto? "

Lee ha risposto:

> "Sì, le cose sono cambiate. Direi che ha molto a che fare con l'erosione delle basi morali della società e la diminuzione della responsabilità personale. La tradizione intellettuale liberale che si è sviluppata dopo la Seconda guerra mondiale sosteneva che gli esseri umani erano arrivati a uno stato perfetto in cui tutti sarebbero stati meglio se fossero stati lasciati liberi di fare i propri interessi e di prosperare. Non ha funzionato e dubito che funzionerà. Ci sono elementi fondamentali della natura umana che non cambiano. L'uomo ha bisogno di un certo senso morale del bene e del male. Il male esiste e non è il risultato dell'essere vittima della società...".

Non c'è dubbio che l'ACLU abbia svolto un ruolo cruciale nell'estendere i "diritti" esistenti e nell'inventare diritti che non esistono nella Costituzione, al punto che gli Stati Uniti sono ora in uno stato di virtuale anarchia. Prendiamo l'esempio della parata del

Gay Pride a San Francisco la domenica della festa del papà, il 19 giugno 1994.

La scelta del giorno e della data non è stata casuale, ma un deliberato e studiato insulto al cristianesimo, alla tradizione del matrimonio e della famiglia. La parata consisteva in lesbiche che sfrecciavano in moto, nude o seminude (chiamate "lesbiche in bicicletta"), uomini che indossavano costumi osceni da travestiti e orde di altri uomini con i genitali completamente esposti che correvano in giro. Si è trattato di un'esibizione di volgarità assolutamente disgustosa per le strade della città, che non sarebbe mai stata tollerata prima e non dovrebbe essere tollerata ora.

Ma se qualcuno menziona la disgustosa "parata" e magari suggerisce un'azione appropriata per limitare in futuro manifestazioni così brutte e assolutamente abiette, troverà sicuramente l'ACLU a proteggere i "diritti civili" del settore più amorale della popolazione. La deplorevole "parata" è stata elogiata dal *San Francisco Chronicle*, che ha anche pubblicato una recensione entusiastica di un film su due lesbiche che "si innamorano". Il giornale ha descritto il pezzo disgustosamente amorale come "adatto agli etero". Così, come società, siamo sprofondati in fondo al pozzo nero socialista. I socialisti fabiani sono sempre stati grandi ammiratori di Karl Marx. Non ammettono facilmente questo "culto dell'eroe", per evitare che le pecore che tanto disprezzano si allarmino. Durante i cinque anni di studio intensivo al British Museum di Londra, ho esaminato a fondo gli scritti economici di Marx. Ho potuto farlo perché Karl Marx aveva trascorso 30 anni di studi in quello stesso British Museum, e alcuni dei miei mentori sapevano quali libri gli piacevano e leggevano di più, e mi hanno detto quali.

Quello che ho scoperto dei suoi scritti è che c'era ben poco di originale. Questo è comune alla maggior parte dei grandi "pensatori" socialisti. Tutte le teorie economiche di Marx, spogliate della densa verbosità che le circonda, possono essere ridotte a sette o otto equazioni matematiche di base che potrei fare in terza media.

Le teorie di Marx si riducono alla premessa che i capitalisti che finanziano le imprese finiscono per rubare grandi somme di denaro ai lavoratori. In questo modo si ignora completamente la reale premessa che, avendo assunto tutti i rischi per avviare l'attività, l'investitore ha diritto al suo profitto. Questa, in sostanza, è la somma e la sostanza delle teorie di Marx e della sua verbosità.

La Lega per la democrazia industriale (LID) si è classificata subito dopo l'ACLU. Fondata nel 1905 come emanazione della Società socialista intercollegiale, la Lega avrebbe svolto un ruolo importante nella distorsione dell'istruzione, dell'industria e del lavoro. L'ILS è stata sostenuta da Eleanor Roosevelt per tutta la sua vita, così come Florence Kelley e Frances Perkins. Eleanor Roosevelt promosse la "democrazia sociale" all'interno e all'esterno dell'organizzazione con Frances Perkins, commissario del lavoro dello Stato di New York del marito e amica intima del giudice socialista Harlan Stevens.

Morris Hillquit fu tesoriere del LID dal 1908 al 1915. Lovett, leader dell'ACLU per lungo tempo, è sempre stato strettamente affiliato alla Lega per la Democrazia Industrializzata e una volta ha definito questo periodo della sua carriera socialista "i giorni più felici della mia vita". Morris Hillquit all'inizio della sua carriera socialista aveva sostenuto il "socialismo industriale".

Hillquit e Eugene V. Debbs ha sempre seguito il modello della Fabian Society di Londra: non aveva programmi e piattaforme, ma piuttosto utilizzava gli istituti scolastici come pubblico di riferimento e ispirava agli studenti idee e filosofie socialiste in modo che potessero poi infiltrarsi nei partiti politici esistenti. I corsi socialisti sono stati introdotti in sordina, almeno nei primi anni del 1900, ma negli anni '70, in piena ortodossia socialista fabiana, il processo è stato notevolmente accelerato in molti istituti scolastici.

Si dice che la Lega della democrazia industriale abbia rivitalizzato il socialismo americano, che nel 1900 era in declino. In quel periodo, diversi membri di spicco dell'élite della società americana visitarono i socialisti fabiani in Inghilterra. Tra loro c'erano leader religiosi, insegnanti e politici: Paul Douglas, che in seguito divenne il senatore Douglas; Arthur M. Schlesinger, il cui figlio fu importante nelle amministrazioni Kennedy e Johnson; Melvyn Douglas, l'attore, e sua moglie, Helen Douglas; e Walter Raushenbusch, ex pastore della Second Baptist Church di New York. Raushenbusch fu un devoto seguace di Giuseppe Mazzini, John Ruskin, Edward Bellamy e Marx. Mazzini è stato un leader mondiale della massoneria. Ruskin si autoproclama "comunista della vecchia scuola" e insegna a Oxford. Bellamy era il principale socialista americano dell'epoca.

Raushenbusch abbandonò la predicazione cristiana per predicare la politica socialista, che cercò di indottrinare in quanti più battisti possibile. La LID era stata inserita nell'elenco dei servizi segreti dell'esercito statunitense come organizzazione sovversiva, ma come per molte altre organizzazioni socialiste e comuniste simili, Woodrow Wilson ordinò all'esercito di distruggere gli elenchi in suo possesso, una perdita che non poté mai essere riparata. Il fatto che Wilson non avesse il potere, in base alla Costituzione, di impartire un ordine del genere, fu messo da parte come poco importante dai socialisti della sua amministrazione ad Harvard e a Wall Street.

Ma non sono stati gli agenti tedeschi della prima guerra mondiale o quelli russi dell'epoca della guerra fredda, bensì i socialisti fabiani britannici che hanno penetrato e permeato ogni aspetto del governo, delle sue istituzioni e della stessa presidenza. Poiché l'istruzione è riconosciuta come il mezzo per far progredire il socialismo, sono stati compiuti grandi sforzi per catturare il "mercato degli studenti". Quando la Commissione Lusk ha indagato sulla Rand School di New York, ha fatto riferimento a questo:

> "Abbiamo già attirato l'attenzione sulla Fabian Society come un gruppo di intellettuali molto interessante che si impegna in una campagna di propaganda molto brillante".

A quanto pare, il Comitato Lusk fu in qualche modo ingannato dalla falsa aria di candore che permeava le pubblicazioni del LID e non fu permesso a nessun rivoluzionario violento di sporcare le liste dei suoi membri. Il distratto Comitato Lusk, in cerca di comunisti, proprio come hanno fatto gli Stati Uniti all'infinito, ha completamente ignorato la pericolosa e sovversiva LID. Gli osservatori non finiscono mai di stupirsi dell'abilità con cui i socialisti sono riusciti a distogliere l'attenzione da se stessi facendo ripetutamente riferimento alla "paura rossa" e denigrando tutti gli sforzi per garantire la sicurezza interna come basati su un'inesistente "minaccia comunista". Nel 1994 siamo ancora ampiamente ingannati come lo fu il Comitato Lusk nel 1920.

Dopo la prima guerra mondiale, la LID fu associata a diverse organizzazioni socialiste di spicco negli Stati Uniti, tra cui l'ACLU, la Federated Press e il Garland Fund, citato dall'intelligence militare come ben disposto a finanziare i comunisti e alcune organizzazioni decisamente socialiste. Robert Moss Lovett dell'ACLU è stato direttore di tutte le organizzazioni citate, tra cui "Protestants and Other Americans United for Separation of Church and State".

I membri della LID furono incoraggiati a rinnegare il socialismo in pubblico e a rinnegare la loro casa madre, la Fabian Society, fondata da Sydney e Beatrice Webb. Questa era la prassi socialista standard: negare, negare, negare. Quando a uno dei membri più illustri della Fabian Society fu chiesto se fosse un socialista, John Kenneth Galbraith rispose "ovviamente no". Durante la Seconda guerra mondiale, quando fu chiaro che Roosevelt avrebbe fatto di tutto per far entrare gli Stati Uniti in guerra contro la Germania, la LID ritenne opportuno cambiare la propria posizione e nel 1943 rilasciò una dichiarazione in cui affermava che l'obiettivo della LID era quello di aumentare la comprensione della democrazia attraverso l'educazione, non di fare la guerra.

Ciò che la LID non ha detto è che la "democrazia" che aveva in mente era quella che Karl Marx chiamava "democrazia socialista scientifica". Il fatto che gli Stati Uniti siano una repubblica e non una democrazia è stato semplicemente messo da parte. Così, con sotterfugi, furtività e astuzia, la LID divenne la principale organizzazione socialista degli Stati Uniti, dedita alla caduta della Repubblica. La storia della LID dimostra che essa ha svolto un ruolo chiave nel promuovere le "riforme" socialiste attraverso le amministrazioni Wilson e Roosevelt.

Quando Roosevelt era governatore di New York, nominò Frances Perkins commissario industriale. (I risultati notevoli di Perkins sono riportati nei capitoli dedicati alle donne socialiste). Perkins chiamò l'economista della LID Paul H. Douglas a redigere un programma per combattere la disoccupazione che fu adottato dal governatore Roosevelt. Uno dei suoi collaboratori era il dottor Isadore Lubin, un convinto socialista che, insieme a Perkins, fece pressioni per un trattamento preferenziale dell'Unione Sovietica, consiglio che Roosevelt non tardò ad accettare.

Perkins e Lubin iniziarono il lungo processo basato sulla strategia socialista fabiana britannica di trasformare gli Stati Uniti da Stato capitalista a Stato socialista, attraverso uno Stato sociale. Questo includeva il "Piano nazionale di assicurazione sanitaria", direttamente dall'Unione Sovietica. Va notato che la "riforma sanitaria", le pensioni nazionali di vecchiaia e l'assicurazione contro la disoccupazione facevano tutte parte del piano di cambiamento della struttura degli Stati Uniti, non ultima la "sicurezza sociale".

Nel 1994 abbiamo un'altra socialista donna, Hillary Clinton, che ha fatto passare l'espressione "riforma sanitaria" come una sua invenzione, mentre in realtà era l'espressione usata da Presotonia Martin Mann, una delle socialiste più impegnate sulla scena americana, che l'aveva presa in prestito dal leader socialista fabiano britannico Sydney Webb. La frase era un capolavoro di psicologia applicata, insieme a un altro pezzo di psicologia applicata progettato per ingannare, il "Social Security Act", inventato in Inghilterra e portato in questo Paese da Padre Ryan. Il piano socialista fabiano fu poi adattato alle condizioni americane da Prestonia Martin, come troviamo nel suo libro "Prohibiting Poverty", sostenuto da Eleanor Roosevelt.

La LID non ha mai rivendicato alcun merito per il suo coinvolgimento dietro le quinte con Perkins e Martin, così come non ha mai affermato che Felix Frankfurter fosse uno dei suoi. I danni considerevoli causati negli Stati Uniti dalla LID sono notevoli, data la relativa esiguità del gruppo. È proprio questo il modo in cui funziona il socialismo fabiano: mimetizzarsi sullo sfondo, infiltrarsi in tutti i governi e gli organi decisionali più importanti, per poi promuovere (sempre dallo sfondo) un astro politico nascente per lanciare programmi di stampo socialista.

È così che il socialismo ha funzionato negli anni '20, e funziona tuttora negli Stati Uniti, ed è così che i socialisti e i loro alleati marxisti/comunisti sono arrivati pericolosamente vicini a conquistare gli Stati Uniti negli anni '20 e all'inizio degli anni '30. Wilson, Roosevelt, Johnson, Bush e ora il presidente Clinton e sua moglie, Hillary Clinton, sono esempi quasi perfetti di socialismo che opera attraverso politici in ascesa. Clinton fu selezionato dalla Fabian Society britannica, ma il compito di "tirarlo su" fu affidato in segreto alla socialista Pamela Harriman.

Il presidente Clinton, un presidente di un solo mandato, ha il compito di far approvare programmi socialisti con conseguenze devastanti e di vasta portata. I suoi successi a metà del 1994 includono il più grande aumento dell'imposta sul reddito al mondo, accordi commerciali con un unico governo mondiale e forse una "riforma sanitaria nazionale". Già tre volte il socialismo fabiano britannico ha cambiato il volto dell'America utilizzando gruppi dirigenti e "consiglieri" presidenziali, e attraverso i tribunali, per raggiungere gli obiettivi socialisti. Fu la LID a fornire il personale di cui Perkins e Roosevelt avevano bisogno per attuare il New Deal. È interessante notare che il New Deal era una copia carbone di un libro del socialista britannico Fabian. Il quarto movimento di socializzazione dell'America è avvenuto con la presidenza Clinton.

Uno dei "grandi" della LID era Walter Reuther. Ma, nella tipica maniera socialista, Reuther scelse di negare di essere un socialista. In un'intervista rilasciata a "Face the Nation" nel 1953, Reuther fu interrogato sulla sua formazione socialista. Se n'è uscito con la solita scusa socialista:

> "...Io sono stato quando ero molto giovane e molto stupido, e ne sono uscito molto rapidamente, cosa di cui sono molto grato".

Ma questo è ben lontano dalla verità. Reuther aveva infatti fatto parte di un comitato LID di cui era stato membro fin dai primi anni Quaranta. Nel 1949, fu ospite d'onore di una cena socialista fabiana a Londra.

I membri della LID svolsero un ruolo di primo piano nel far passare i programmi socialisti al Senato e il loro effetto sulle scuole non conosceva limiti. Theodore "Ted" Sorenson, che divenne un personaggio chiave dell'amministrazione Kennedy, era un socialista da sempre che ottenne la nomina grazie al senatore della LID Paul Douglas. Altri senatori statunitensi che si sono qualificati come socialisti con la LID sono stati i senatori Lehman, Humphrey, Neuberger e Morse (del "conservatore Oregon"). Si possono aggiungere alla lista i senatori Jacob Javitts e Philip Hart. Sebbene abbiano negato vigorosamente, nel 1950 l'ex procuratore generale Francis Biddle (ex presidente di Americans For Democratic Action (ADA), successore della LID) li ha nominati membri noti della LID e del suo successore, l'ADA.

Un'analisi dei dati di voto di Javitt al Senato mostra che ha sostenuto la LID e l'ADA in 82 delle 87 misure socialiste che ha votato. Di genitori dell'Europa dell'Est, stabilitisi nel Lower East Side di New

York nel quartiere degli indumenti, Javitts si unì alla LID in età adulta e divenne uno degli oratori più popolari della LID, pur negando categoricamente qualsiasi legame con il socialismo nelle sue convinzioni personali e nei suoi legami con gruppi socialisti come la LID. In ogni caso, Javitts fu l'oratore principale del seminario sponsorizzato dalla LID nel 1952, intitolato "Needed, A Moral Awakening In America". Anche Walter Reuther, un "non socialista", partecipò a questo evento, che evitò accuratamente di discutere della corruzione sul posto di lavoro, attaccando vigorosamente le corporazioni dei datori di lavoro e le imprese in generale.

Il Congressional Record Senate dell'ottobre 1962 conteneva un lungo elenco di socialisti di spicco nei settori del governo, della sanità, dell'istruzione, del movimento per i diritti delle donne, della religione e del lavoro. L'elenco conteneva i nomi di oltre 100 professori ed educatori di alcuni dei più prestigiosi college e università del Paese. L'elenco conteneva i nomi di oltre 300 membri attuali ed ex della LID che si erano diffusi e infiltrati in tutti i settori del governo, della legge, dell'istruzione, dei consiglieri di politica estera, delle chiese e delle cosiddette organizzazioni per i diritti delle donne. Quando la LID ha cambiato nome in Americans For Democratic Action (ADA), molti ex membri della LID si sono ritrovati nell'elenco dei soci dell'ADA.

La Società socialista intercollegiale (ISS), che ha preceduto la LID, ha aperto le porte delle università e ha offerto l'opportunità di diffondere i programmi socialisti tra gli studenti più impressionabili. Questa era l'agenda socialista nascosta che avrebbe cambiato il volto dell'istruzione negli Stati Uniti.

Nulla di tutto ciò era evidente alla nascita di questa impresa socialista fabiana. La prima riunione dell'ISS si tenne al Peck's Restaurant di New York il 12 settembre 1905. Tra i presenti c'erano il colonnello Thomas Wentworth, Clarence Darrow, Morris Hillquit e due giovani autori socialisti, Upton Sinclair e Jack London. Entrambi gli autori erano socialisti entusiasti e giravano il Paese predicando il vangelo socialista fabiano nelle università e nei club socialisti.

Un altro notabile di temperamento un po' rude che partecipò alla cena al Peck's Restaurant fu William Z. Foster, che in seguito ebbe un ruolo di primo piano nel Partito Comunista degli Stati Uniti. Foster, che ha poi avuto un ruolo di primo piano nel Partito Comunista degli Stati Uniti. L'amore di Foster per Karl Marx è stato ampiamente dimostrato da diversi anni. Il vero scopo della cena fu rivelato solo 25 anni dopo: si trattava infatti della prima riunione della American Fabian Society.

Hillquit sarà ricordato soprattutto come la forza trainante del Partito Socialista d'America, costituito nel 1902. Due anni dopo, il Partito Socialista ottenne 400.000 voti alle elezioni - per lo più lavoratori dell'abbigliamento che erano affluiti negli Stati Uniti dalla Russia all'inizio del 1890, portando con sé un assortimento di rivoluzionari e anarchici. Tuttavia, nonostante il suo scarso volto rivoluzionario, il Socialist Party of America attirò un numero sorprendente di membri dell'élite sociale di New York. Ma i socialisti fabiani britannici consigliarono cautela: un intervento così rapido avrebbe portato al disastro, e così il "partito" fu tranquillamente sciolto.

Come ha detto Edward R. Pease, segretario della Fabian Society di Londra:

> "I Paesi europei con le loro grandi capitali hanno sviluppato cervelli nazionali. L'America, come gli organismi inferiori, ha gangli per vari scopi in diverse parti della sua gigantesca struttura".

Pease faceva parte dell'élite della Fabian Society che non sopportava l'America, non avendo mai perdonato ai coloni di aver inflitto una così grave sconfitta alle armate di Re Giorgio III. Nonostante questo insulto studiato, alcuni americani di spicco si recarono a Londra e si iscrissero ai socialisti fabiani.

Gli obiettivi a lungo termine della Fabian Society britannica in relazione agli Stati Uniti dovevano ancora essere definiti e sviluppati. Si doveva ancora trovare e nominare un presidente che fosse molto aperto alle idee socialiste, in modo da poter attuare le ben nascoste tecniche socialiste di conquista del potere in modo furtivo. Come aveva detto Ramsey McDonald, la socializzazione degli Stati Uniti sarebbe stata molto difficile, ma non impossibile.

L'ostacolo principale era ovviamente la Costituzione. A ciò si aggiungono la vastità del Paese e i sei diversi gruppi razziali con credenze religiose molto diverse. L'istruzione e i posti di lavoro ben retribuiti erano altri due ostacoli da superare. Come disse Webb, "la maternità e la torta di mele" erano ostacoli per gli ambiziosi promotori del socialismo. Londra ordinò al Partito Socialista di sciogliersi e svanire per riorganizzarsi sotto altro nome in un momento in cui i suoi metodi avrebbero garantito il successo.

La formazione di un partito politico non era all'ordine del giorno dei socialisti. Dovevano seguire il modello delle "leghe" e delle "società" della ISS. Con un sotterfugio, speravano di cooptare i partiti politici esistenti, ma non avrebbero mai più tentato di formare un partito proprio. Così, nel 1921, vennero fondate la League of Industrial Democracy (LID) e la ISS, che divennero il quartier generale socialista della Fabian Society britannica negli Stati Uniti.

Uno dei modi più sottili con cui i socialisti americani hanno nascosto le loro intenzioni e le loro tracce è stato quello di nominare professori socialisti come responsabili delle politiche presidenziali. Questa tecnica è iniziata con Wilson e continua da allora. I responsabili delle decisioni raramente annunciavano il loro programma, ma scrivevano documenti di posizione e li firmavano. Questi giornali avevano una tiratura strettamente limitata, che teneva a bada il grande pubblico.

Al di fuori della cerchia dei professori, altri notabili giocarono un ruolo importante nella presidenza di Wilson. Tra questi, Walter Lippmann spiccava su tutti. Questo socialista fabiano di formazione britannica era considerato il loro apostolo numero uno negli Stati Uniti e, insieme a Mandel House, aveva dato forma ai "14 punti", il primo tentativo di un presidente americano di creare un "nuovo ordine mondiale". È generalmente accettato che il discorso di guerra di Wilson al Congresso degli Stati Uniti del 6 aprile 1917 abbia fatto calare il sipario sul vecchio ordine, costringendo gli Stati Uniti a muovere i primi passi sulla lunga strada socialista verso la schiavitù.

Wilson gettò le basi per le menzogne su cui sarebbe stato costruito il socialismo americano. Gli americani sono il popolo più bugiardo del pianeta. Da quando Wilson è entrato nell'arena politica, e naturalmente anche prima, l'intera struttura socialista consisteva in bugie su bugie con altre bugie aggiunte. Una delle bugie più grandi è che apparteniamo alle Nazioni Unite. Altre menzogne sono che l'aborto è legale, che lo scuolabus e il cosiddetto "controllo delle armi" sono legali; il GATT, il NAFTA, la Guerra del Golfo, Waco, la FEMA, l'incursione di "Re" George Bush a Panama e il rapimento del suo capo di Stato, e il governo di Mandela in Sudafrica sono solo la punta di un enorme iceberg di molteplici strati di menzogne socialiste.

Forse una delle più singolari tra le sue grandi bugie è che il socialismo si sforza di migliorare la sorte della gente comune e che, a differenza del capitalismo, i socialisti non sono interessati alla ricchezza personale. I socialisti predicano sempre i mali del capitalismo. Ma un rapido sguardo ad alcuni dei principali socialisti rivela subito che i loro leader provengono dagli elementi più elitari della nostra società, persone che usano le cause socialiste per riempire le proprie tasche.

Niente era troppo basso e nessun pozzo nero troppo profondo da sondare per Franklin D. Roosevelt e la sua famiglia nella loro ricerca di denaro. I Delano (Roosevelt sposò Sara Delano) fecero fortuna con il commercio dell'oppio. Uno dei più stretti "consiglieri" di Roosevelt, Bernard Baruch, e il suo socio avevano il monopolio dell'industria del rame, che permise a Baruch di guadagnare milioni e milioni di dollari dalla Prima Guerra Mondiale, mentre l'"uomo comune" moriva a milioni nel fango e nel sangue delle trincee in Francia.

Roosevelt ha fatto parte del consiglio di amministrazione dell'Associazione internazionale dei banchieri fino a quando è diventato governatore di New York. Durante il suo mandato di banchiere, assicurò miliardi di dollari in prestiti alle nazioni europee in un periodo in cui i lavoratori americani faticavano a pagare i mutui e, più tardi, durante gli anni della depressione, a trovare un impiego. Roosevelt era un bugiardo socialista consumato, come i migliori di loro. Non disse al popolo americano che il denaro sarebbe andato ai banchieri le cui fabbriche avrebbero prodotto beni da vendere sui mercati americani, grazie all'abolizione delle barriere tariffarie da parte del suo predecessore, Wilson. Si stima che 12 milioni di uomini abbiano perso il lavoro grazie all'assalto di Wilson-Roosevelt alle nostre barriere commerciali progettate per proteggere i posti di lavoro americani.

Un esempio lampante delle migliaia di grandi bugie di Roosevelt si trova alle pagine 9832-9840, Congressional Record, Senato, 25 maggio 1935:

"...e poiché alla convention aveva annunciato di essere a favore della piattaforma democratica al 100%, era difficilmente concepibile che il popolo avrebbe capito se lui e il suo Congresso sottomesso avessero immediatamente ridotto le tariffe (dazi sui prodotti agricoli importati e sui manufatti ausiliari) con 12 milioni di uomini senza lavoro. Così lui, i suoi amici banchieri e le grandi aziende (cioè il Comitato delle 300 aziende) concepirono immediatamente l'idea di lanciare il N.R.A. - il cosiddetto National Recovery Act, meglio conosciuto oggi come "National Ruin Act".

"È stato riferito che Bernard Baruch e i suoi amici hanno stabilito 1800 fabbriche in paesi stranieri e che le tariffe repubblicane erano un po' troppo alte per loro per fare il nostro mercato con manodopera straniera a basso costo per soddisfare le loro idee di grande denaro". Allora perché non passare, con la scusa della guerra contro la depressione, l'Associazione Nazionale dei Racketeer al popolo e mettere il socio di Barney Baruch, il brigadiere 'Crackup' Johnson, a controllare che i prezzi venissero portati ai livelli del 1928, fissando i prezzi dell'agricoltura tra il 1911 e il 1914?".

"I contadini non si accorgerebbero della disparità e se lo facessero - dato che in queste circostanze poteva controllare i giornali, la radio, i film e tutti i canali di informazione al popolo con i soldi dei contribuenti, riempire le loro orecchie con la propaganda che desiderava..."

Roosevelt, il leader socialista americano, e i suoi amici banchieri internazionali, aiutati dalla sedizione commessa dalla Federal Reserve, hanno giocato d'azzardo con le vite del popolo e hanno deliberatamente causato la recessione del 1922, il crollo di Wall Street del 1929, la Seconda Guerra Mondiale e oltre. Roosevelt voleva avere più potere come presidente di quanto ne avesse avuto il suo predecessore Wilson, assetato di potere.

Anche se il popolo americano non lo sa - e milioni di persone ancora non lo sanno - Wilson trascinò gli Stati Uniti nella Prima guerra mondiale e il suo consigliere non eletto, Mandel House, gettò le basi per la Seconda guerra mondiale. Roosevelt si assicurò che il processo di prestito di miliardi da parte delle banche internazionali alle potenze europee per scatenare guerre venisse portato avanti. Secondo i documenti a mia disposizione al British Museum, Lord

Beaverbrook, il grande socialista fabiano britannico, usava praticamente la Casa Bianca come ufficio a Washington, mostrando a Roosevelt come versare miliardi e miliardi di dollari in Germania per finanziare l'ascesa al potere di Hitler.

Wilson non si fece scrupoli a collocare socialisti dichiarati in posizioni chiave della sua amministrazione, da cui avrebbero potuto fare del loro meglio per promuovere la causa del socialismo negli Stati Uniti. Fred C. Howe, uno dei socialisti nominati da Wilson, fu nominato Commissario per l'immigrazione a New York. Il suo passatempo preferito era liberare i sediziosi e gli anarchici detenuti nel porto di New York in attesa di essere deportati.

Un'altra nomina "d'ufficio" da parte della Camera fu quella di Walter Lippmann come segretario di un gruppo di "brainstorming" creato per inventare obiettivi bellici plausibili e ragioni per cui gli Stati Uniti avrebbero dovuto partecipare alla Prima guerra mondiale. Fu Lippmann a coniare lo slogan "pace senza vittoria", che divenne la base per le guerre di Corea e del Vietnam. La nomina dello scandaloso Ray Stannard Baker a corrispondente confidenziale di Wilson durante i negoziati del Trattato di Versailles fu un'altra di queste "nomine cruciali".

Baker sarebbe stato il motivo principale della dipendenza di Wilson dalla Fabian Society britannica, tanto che alla Conferenza di pace di Parigi non poté prendere alcuna decisione da solo senza prima consultare Sydney Webb, fondatore della Fabian Society, Graham Wallas, Bertrand Russell e George Lansbury. È questo gruppo che si riferisce costantemente all'amministrazione di Wilson come "democratica". I dispacci di Baker a Wilson a Washington facevano deliberatamente riferimento alla "vostra amministrazione democratica".

La Conferenza di pace di Parigi fallisce sulla Costituzione. Circa 59 senatori illuminati, pienamente consapevoli delle intenzioni dei socialisti, si rifiutarono di adottare il trattato della Società delle Nazioni, riconoscendolo come un documento di governo unico mondiale che cercava di porre la Lega al di sopra della Costituzione statunitense. All'epoca, House avrebbe detto a Sydney Webb che l'unico modo per aggirare la Costituzione degli Stati Uniti era quello di dotare tutte le future amministrazioni statunitensi di socialisti chiave che avrebbero adottato un "approccio bipartisan a questioni di grande importanza". Da quando sono state pronunciate queste parole, "approccio bipartisan" è diventato un eufemismo per un approccio socialista a questioni di vitale importanza per il popolo americano.

Per dare vita alla nuova idea "bipartisan", House organizzò una cena all'Hotel Majestic di Parigi il 19 maggio 1919 per una selezione di fabianisti e socialisti americani. Tra gli ospiti c'erano i professori James Shotwell, Roger Lansing (Segretario di Stato di Wilson), John Foster e Allen Dulles, Tasker Bliss e Christian Herter, che in seguito avrebbe portato Mao tse Tung al potere in Cina. Da parte britannica erano presenti anche John Maynard Keynes, Arnold Toynbee e R.W. Tawney, tutti grandi praticanti del socialismo fabiano e suoi portabandiera.

Il gruppo ha dichiarato che, per aggirare la Costituzione statunitense, sarebbe necessario creare un'organizzazione negli Stati Uniti sotto la guida del Royal Institute of International Affairs (RIIA). La filiale americana si sarebbe chiamata Institute of International Affairs. Il suo mandato, conferito dalla casa madre londinese, era quello di "facilitare lo studio scientifico delle questioni internazionali". Il Fabian International Bureau doveva fungere da consulente del RIIA e del suo cugino americano, che nel 1921 cambiò nome in Council on Foreign Relations (CFR).

Queste tre istituzioni sono state create con quattro obiettivi principali:

   1. Creare confusione intorno alla Costituzione degli Stati Uniti.

   2. Utilizzare queste organizzazioni per influenzare e ingannare il Congresso degli Stati Uniti e l'opinione pubblica.

   3. Dividere l'opposizione alle cause socialiste alla Camera e al Senato con il sotterfugio delle "commissioni di studio bipartisan".

   4. Distruggere la separazione dei poteri tra i rami legislativo, esecutivo e giudiziario del governo, come raccomandato dal professor Harold Laski.

Mandel House è stato l'ideatore della "chiacchierata al caminetto", uno strumento di propaganda chiave ampiamente utilizzato da

Roosevelt, e ha "suggerito" la maggior parte delle nomine del gabinetto socialista. In molti casi, ha consultato il professore di Harvard Charles W. Elliot - quel focolaio di socialismo che ha svolto un ruolo così cruciale, anche se segreto, nella nostra storia. Ciò non sorprende, dato che Harvard era totalmente dominata dal socialista fabiano Harold Laski, le cui frequenti lezioni ad Harvard diedero il via a metodi di insegnamento fortemente orientati al socialismo.

La maggior parte delle opinioni di House furono pubblicate sulla New Republic, una rivista popolare tra i socialisti americani, tra cui lo stesso Wilson. House aveva molti amici socialisti tra i membri del Registro socialista. Uno di loro, Joseph Fels, fu convinto da House a prestare 500 sterline a Lenin e Trotsky in un'occasione in cui erano bloccati a Londra prima di incontrare Lord Alfred Milner. Baruch una volta disse: "House ha una mano in ogni nomina di gabinetto e in ogni altra nomina importante". Si trattava davvero di un eufemismo.

Si ritiene che Wilson fosse ben consapevole delle attività della socialista Nina Nitze, che era il principale tesoriere delle spie tedesche operanti negli Stati Uniti. A quanto pare, questo non preoccupò né Wilson né House, né influenzò in seguito il giudizio dei Presidenti Kennedy e Johnson, che nominarono il fratello di Nina, Paul Nitze, Segretario della Marina in entrambe le amministrazioni e portavoce principale in varie conferenze sul disarmo. Nitze è noto per aver fatto pendere la bilancia del potere a favore della Russia in ogni conferenza sul disarmo in cui ha rappresentato gli Stati Uniti.

Secondo i documenti del British Museum, il finanziamento di Hitler avveniva attraverso la famiglia Warburg su entrambe le sponde dell'Atlantico: in Europa, in particolare attraverso la banca socialista Mendelssohn di Amsterdam, in Olanda, la Schroeder Bank di Londra e Francoforte, in Germania, mentre la stessa banca si occupava del piano di finanziamento di Hitler attraverso la sua filiale di New York. Le transazioni erano controllate dallo studio legale del Comitato dei 300, Sullivan e Cromwell, il cui socio anziano era Allen Dulles, della famiglia Dulles. I fratelli Dulles presero il controllo del Senato e del Dipartimento di Stato per garantire che le voci dissenzienti di coloro che avrebbero potuto scoprire l'accordo fossero messe a tacere prima che potessero allertare la nazione.

Tali accordi finanziari erano comuni anche nel periodo precedente la Seconda guerra mondiale. Durante i miei cinque anni di studio, ho scoperto al British Museum di Londra documenti relativi a come i socialisti lavoravano da entrambi i lati della barricata. I telegrammi inviati dall'ambasciatore tedesco a Washington ai suoi superiori al Ministero degli Esteri di Berlino mostrano che dal 1915 in poi J. William Byrd Hale era uno di loro, impiegato dal Ministero degli Esteri tedesco con uno stipendio di 15.000 dollari all'anno.

Hale, uno dei membri della cerchia ristretta di Turtle Bay, un'esclusiva colonia estiva dove risiedeva l'élite socialista americana. Tra loro c'erano il professor Robert Lovett e una serie di altri professori della Harvard Law School. House viveva non lontano, a Manchester. Tutti furono descritti da una stampa adorante dell'epoca come "prodotti raffinati di Harvard e Groton", ma la stampa era così accecata da queste persone affascinanti che non menzionò che erano anche socialisti provenienti dai vertici della Fabian-American Society. Lovett amava il lavoro di John Ruskin, autoproclamatosi "comunista della vecchia scuola", e di William Morris.

Hale, un devoto socialista "cristiano", si fece notare da Wilson in Messico orchestrando il furto del petrolio messicano per i suoi principali colleghi socialisti. (Per un resoconto completo di questo oltraggioso furto al popolo messicano, si veda "Diplomazia con inganno"). Si scoprì che Hale rappresentava in realtà il Ministero degli Esteri tedesco fino al 23 giugno 1918, quando migliaia di soldati della milizia cittadina americana stavano morendo "per la causa della libertà". In seguito, questo socialista "cristiano" si recò in Germania come corrispondente dell'American Press Service. I suoi resoconti pro-socialisti e pesantemente distorti sono stati pubblicati sui giornali dell'epoca, che si possono trovare negli archivi del British Museum.

Grazie a queste transazioni, l'élite del mondo socialista si è arricchita. Non che ci fosse nulla di nuovo in questi accordi disgustosi. All'approssimarsi della Guerra Civile, e per tutta la sua durata, il comunismo e il socialismo fecero enormi passi avanti in America, un fatto non menzionato nei nostri libri di storia e ben nascosto al pubblico nelle enormi stravaganze hollywoodiane su questa più tragica di tutte le guerre.

Un filo rosso attraversa il movimento socialista fabiano: l'appassionato desiderio di abbattere e distruggere tutto. Ciò è confermato alle pagine 45944595, Congressional Record, 23 febbraio 1927, sotto il titolo "General Deficiency Bill". Questa pagina della nostra storia descrive i socialisti e i comunisti e i loro sforzi per distruggere la Repubblica Confederata degli Stati Uniti d'America. Troverete molte informazioni su come i socialisti collaboravano con i loro fratelli comunisti nell'opuscolo "Key Men of America".

Il socialismo è una rivoluzione mondiale molto più di quanto lo sia stato il comunismo, ma a un ritmo più lento e a un livello più pacato. Ma la rivoluzione auspicata dai socialisti è la stessa: l'anarchia spirituale, la distruzione di diciannove secoli di civiltà occidentale, la dispersione delle tradizioni e la fine del cristianesimo. Se il lettore ne dubita, una lettura del libro di Franklin D. Roosevelt, "Sulla nostra strada", convincerà gli scettici che il socialismo differisce dal comunismo solo nel metodo.

Il bolscevismo è stato l'esperimento violento e radicale che ha cercato di liberare la Russia dal cristianesimo: negli Stati Uniti si ricorre ad altri mezzi più sottili, come il divieto di preghiera nelle scuole, la cosiddetta "separazione tra Stato e Chiesa", e nelle aule scolastiche, dove una miriade di insegnanti socialisti fanno il lavaggio del cervello agli studenti per promuovere la rivoluzione silenziosa che i socialisti stanno conducendo. Bolscevismo, marxismo. Socialismo, hanno tutti lo stesso obiettivo comune, e vanno di pari passo con "liberalismo", "pacifismo", "tolleranza", "progressismo", "moderazione", "pace", "democrazia", "popolo" e i sotterfugi usati per nascondere e mascherare i veri obiettivi del socialismo.

Questi termini hanno lo scopo di ingannare gli incauti affinché il socialismo non venga associato alla rivoluzione. Ma l'obiettivo del socialismo e del bolscevismo è lo stesso: la distruzione della civiltà costruita su diciannove secoli di tradizione e cristianesimo. Gli obiettivi del socialismo sono:

1. L'abolizione del governo.
2. L'abolizione del patriottismo.

3. L'abolizione dei diritti di proprietà. (Mentre i comunisti lo vieterebbero del tutto, i socialisti scelgono il modo furtivo e subdolo di tassare i diritti di proprietà privata per farli sparire.

4. L'abolizione dell'eredità. (Anche in questo caso, i comunisti lo vieterebbero del tutto, i socialisti attraverso leggi sulla tassa di successione).

5. Abolizione del matrimonio e della famiglia.

6. Abolizione della religione, in particolare del cristianesimo.

7. Distruzione della sovranità nazionale dei Paesi e del patriottismo nazionale.

Woodrow Wilson conosceva questi obiettivi, ma non si sottrasse ad essi e non esitò a farsi strumento dei socialisti internazionali, abbracciando con entusiasmo i programmi socialisti americani, per i quali aveva bisogno di poteri non concessi dalla Costituzione degli Stati Uniti. Wilson non esitò a utilizzare i metodi subdoli dei socialisti per raggiungere i suoi obiettivi. Per esempio, riuscì a far entrare gli Stati Uniti nella Prima Guerra Mondiale definendo un "dovere patriottico" difendere l'America, che non era mai stata minacciata dalla Germania!

Wilson non fu il primo presidente assetato di potere, anche se fu il primo apertamente socialista. La dubbia distinzione dell'accaparramento di potere va al presidente Lincoln, che fu il primo a emettere proclami, oggi chiamati ordini esecutivi. Il presidente George Bush ha seguito le orme di Roosevelt, utilizzando gli stessi metodi anticostituzionali per arricchire il suo nido, tuffandosi in ogni pozzo nero dove c'era da fare soldi a spese del popolo americano.

Un cosiddetto "repubblicano", Bush ha fatto tanto male alla "gente comune" degli Stati Uniti quanto Roosevelt e Wilson prima di lui. Attenzione alle etichette di partito. George Washington definì i partiti politici "disdicevoli e inutili" e la storia moderna dimostra che sono divisivi. I tiranni hanno avuto successo grazie ai partiti politici e alla loro mentalità "divide et impera". La Costituzione degli Stati Uniti prevede l'impeachment di uomini come Wilson, Roosevelt e Bush. Infatti, il patriottico deputato Henry Gonzalez ha presentato sei articoli di impeachment contro Bush durante la Guerra del Golfo, ma la politica di parte ha impedito che l'articolo 2, sezione 4, e l'articolo 1, sezione 3, venissero utilizzati per consegnare George Bush alla giustizia.

C'erano molte ragioni per impeachment di Bush, non ultima la sua incapacità di rispettare la Costituzione e di ottenere una dichiarazione di guerra adeguatamente redatta. In secondo luogo, il suo perdono incostituzionale del debito egiziano di 7 miliardi di dollari, la sua corruzione della Siria e di altre nazioni che si sono unite alla sua "Tempesta nel deserto" contro la nazione irachena, il suo continuo abuso dei tre rami dei servizi in violazione della Costituzione e la sua autoproclamazione a comandante in capo dei servizi armati, cosa che non era, sono anch'essi perseguibili.

Vale la pena ripetere che la Guerra del Golfo è stata illegale. È stata condotta senza una dichiarazione di guerra, in spregio alla Costituzione. Il Congresso, condizionato in gran parte dal sentimento di partito, ha cercato di redigere un qualche tipo di risoluzione - non una dichiarazione di guerra - che pretendesse di dare una parvenza di legalità all'azione di Bush. Ma il Congresso ha aggiunto l'insulto al danno al popolo americano commettendo l'errore di redigere la sua versione di una dichiarazione di guerra in conformità con il mandato delle Nazioni Unite conferito a Bush, non in conformità con la Costituzione degli Stati Uniti.

Questo era assolutamente falso: gli Stati Uniti non hanno mai aderito costituzionalmente alle Nazioni Unite e una dichiarazione di guerra da parte di questo organismo di governo unico mondiale NON PUÒ essere sullo stesso strumento o anche solo essere associata a una dichiarazione di guerra del Congresso. L'articolo 1, sezione 9 della Costituzione degli Stati Uniti nega o limita il potere del Congresso di legiferare. Il Congresso non ha il potere assoluto di legiferare e può farlo solo in conformità alla Costituzione.

La risoluzione "metà e metà" approvata dal Congresso, dietro la quale Bush ha cercato di ottenere una parvenza di legalità per la sua guerra illegale, era al di fuori del quadro e dello spirito della Costituzione statunitense e non costituiva una dichiarazione di guerra. Un'analisi del voto del Congresso mostra drammaticamente che, quasi per intero, le centinaia di socialisti che infestano la Camera e il Senato hanno votato per Bush per permettergli di continuare a farsi beffe della Costituzione. Bush avrebbe dovuto essere sottoposto a impeachment e processato. Se la Costituzione fosse stata seguita in un simile procedimento, non c'è dubbio che sarebbe stato imprigionato, come giustamente merita.

I poteri del Presidente sono contenuti nella Sezione II della Costituzione degli Stati Uniti. Le azioni non contenute nella Sezione II sono esercizi di potere arbitrario. I socialisti, a partire da House, Frankfurter e Brandeis, seguiti da Katzenbach e altri, sostengono che i tre rami del governo sono uguali. Questa è una menzogna, un'altra delle menzogne che costituiscono l'enorme iceberg su cui questa nazione affonderà se non cambiamo rotta. Il professor Harold Laski è stato il principale istigatore di questa menzogna, che viene vista come il primo passo verso l'indebolimento della separazione dei poteri prevista dalla Costituzione degli Stati Uniti.

I tre rami del governo non sono co-equivalenti e non lo sono mai stati. La Camera e il Senato hanno creato il potere giudiziario, e la Camera e il Senato non hanno mai inteso attribuire loro pari poteri. Naturalmente, se questo venisse reso noto, il dirottamento socialista della Costituzione "per via legislativa" verrebbe gettato fuori dalla finestra. Forse il popolo americano si sveglierà prima che sia troppo tardi dal modo in cui i giudici stanno scarabocchiando la Costituzione.

Il Congresso ha poteri superiori, uno dei quali è il potere di spesa. Un altro modo semplice per sbarazzarsi dei giudici socialisti è quello di applicare l'articolo III, sezione I, che stabilisce che i giudici non possono "ricevere per i loro servizi alcun compenso che non possa essere diminuito durante il loro mandato".

Ciò significa che i giudici della Corte Suprema degli Stati Uniti non possono, per legge, essere pagati in valuta svalutata, e non c'è esempio migliore di "valuta" svalutata delle banconote della Federal Reserve, comunemente (ed erroneamente) chiamate "dollari". Che colpo sarebbe per gli eredi della dottrina Kelley se il popolo chiudesse la Corte Suprema per mancanza di denaro che non viene addebitato.

Anche Wilson avrebbe dovuto subire l'impeachment. La sua folle presa di potere fu istigata da Mandel House, l'acerrimo nemico socialista del popolo degli Stati Uniti, che lavorava nell'ombra ai suoi piani sinistri, scabrosi e malvagi per rovesciare e distruggere la

Repubblica Confederata degli Stati Uniti d'America. A tal fine, House fece nominare da Wilson ogni sorta di socialista d'élite in posizioni chiave.

Gli obiettivi del socialismo americano sono stati ben celati in passato, in particolare nel periodo che ha preceduto la Seconda guerra mondiale. È chiaro che il socialismo ha raggiunto molti dei suoi obiettivi. Lo ha fatto formando movimenti destinati a infrangere la moralità dell'America, come dimostra la sorprendente crescita del "libero amore" (amore senza responsabilità) che finora è costato la vita a oltre 26 milioni di bambini uccisi, sancita da decisioni della Corte Suprema a favore dell'aborto, tutte incostituzionali al 100%, perché la Costituzione tace sull'aborto. Quando la Costituzione tace su un potere, si tratta di un divieto di quel potere.

Il Presidente Clinton crede fermamente nell'infanticidio e, da buon socialista qual è, sostiene l'aborto con ogni grammo della sua amministrazione. È interessante notare che la prima volta che si è pensato alle cliniche per l'aborto è stato quando la signora Laski, moglie del professor Laski della Fabian Society, ha iniziato a creare cliniche per il controllo delle nascite in Inghilterra. La tattica della signora Laski utilizzava i metodi della famigerata commissaria comunista, la compagna Alexandra Kollontay.

Quando i socialisti vengono affrontati e smascherati per portare avanti la causa del comunismo con tattiche diverse, protestano a gran voce. Ma il vecchio detto "ferisci un comunista e sanguina un socialista" non è mai stato così vero come oggi. Quello che abbiamo negli Stati Uniti è un governo socialista parallelo, segreto e di alto livello, noto come Council on Foreign Relations, istituito nel 1919 dagli arci-socialisti Mandel House e Walter Lippmann, sotto la direzione e il controllo del RIIA di Londra.

Spesso la stampa riporta storie di aperto disaccordo tra comunisti e socialisti. Questo viene fatto per ingannare gli incauti e far credere a coloro che sono stati ingannati che "progressista", "liberale", "moderato" significhi davvero qualcosa di diverso da ciò che intendono i socialisti. In questo modo riescono a tenere in riga un gran numero di persone che altrimenti si ritrarrebbero scioccate se sapessero che stanno promuovendo gli obiettivi di un governo mondiale rivoluzionario. Il fatto che il nostro nuovo presidente, accusato di essere un libertino donnaiolo e moralmente fallito, sia accettabile per milioni di americani che non sono socialisti, è un trionfo per i metodi del socialismo fabiano.

I loro metodi sono così sottili che i loro obiettivi non vengono sempre riconosciuti a prima vista. Ultimamente si è discusso molto (in gran parte di basso livello, a dimostrazione della scarsa comprensione della Costituzione degli Stati Uniti da parte della maggioranza dei senatori) sul fatto che il veto sia un diritto del Presidente. Si tratta di una propaganda socialista puramente incostituzionale, e di una continuazione del processo iniziato dai socialisti sotto il presidente Wilson di cedere al presidente i diritti che normalmente appartengono al ramo legislativo. L'obiettivo dei socialisti è quello di dare al Presidente poteri che non ha e a cui non ha diritto, in modo da poter eliminare la Costituzione dai loro piani per il Nuovo Ordine Mondiale.

I socialisti vogliono che il Presidente abbia poteri di veto non concessi dalla Costituzione nel contesto della "risoluzione rafforzata". Nella tradizione socialista, non dicono direttamente "vogliamo che il Presidente possa porre il veto su qualsiasi parte di una legge approvata da Camera e Senato". Questo è ciò che si intende per "clausola di veto".

Questo sotterfugio segue la direttiva di Florence Kelley secondo cui i cambiamenti devono essere fatti in anticipo, "per via legislativa", se non possono essere raggiunti per via costituzionale. Come vediamo in altre parti di questo libro, il professor Harold Laski ha trascorso gran parte del suo tempo a discutere con Felix Frankfurter e il Presidente Roosevelt su come sovvertire la disposizione costituzionale secondo cui i poteri costituzionalmente garantiti di ciascun ramo del governo non possono essere trasferiti. Laski attaccò spesso questo ostacolo alla promozione del socialismo attraverso la "via legislativa". La sconvolgente ipocrisia dei socialisti si rivela nella loro insistenza nel far rispettare rigorosamente l'idea della cosiddetta "separazione tra Stato e Chiesa". A quanto pare, ciò che è salsa per l'oca non è salsa per il papero.

Consegnare questo tipo di potere al Presidente è un atto di suicidio - e molto probabilmente di tradimento. Il vero problema è il potere e il modo in cui i socialisti possono accaparrarsene sempre di più attraverso uno dei loro tirapiedi che hanno messo alla Casa Bianca.

Non c'è nulla di più pericoloso del desiderio dei socialisti di dare al Presidente poteri riservati alla Camera e al Senato, il che produrrebbe super-Wilson, Roosevelt, Bush e Clinton, e farebbe precipitare gli Stati Uniti in una dittatura socialista - cosa che in pratica sta già accadendo.

Il veto diventerebbe una disputa politica di partito, intimidendo i legislatori che i cittadini degli Stati hanno mandato a Washington per fare ciò che i cittadini degli Stati - non il governo federale - vogliono che facciano. Rinunciare al potere di veto del Congresso garantirà l'ascesa di futuri tiranni anche peggiori di George Bush, la cui guerra privata per conto della corona britannica è costata centinaia di vite americane e 200 miliardi di dollari. Un veto presidenziale sarebbe un grande trionfo per Florence Kelley.

Dare al Presidente un veto su una particolare clausola confonderebbe la Camera e il Senato, paralizzerebbe i loro sforzi e in generale accelererebbe il collasso del governo in questo Paese - tutti obiettivi dichiarati dei socialisti. Le tensioni e le passioni tra i rami legislativi sarebbero altissime, rendendo il Congresso totalmente asservito a un presidente bellicoso e deciso a seguire l'agenda socialista. La Costituzione degli Stati Uniti diventerebbe un foglio bianco, con i controlli e gli equilibri ridotti a un rudere fumante.

Questa nazione ha già sofferto fin troppo per gli eccessi dei presidenti socialisti che hanno messo al potere (Wilson, Roosevelt, Kennedy, Johnson, Carter, Eisenhower, Bush e Clinton). Questi presidenti hanno spinto la nazione in guerre micidiali in cui non avremmo mai dovuto entrare, al costo di milioni e milioni di vite, per non parlare dei miliardi di dollari che queste guerre hanno generato, miliardi che sono andati ai banchieri di Wall Street e della City di Londra, alla Banca dei Regolamenti Internazionali, alla Banca Mondiale, ecc.

I poteri di veto e i cosiddetti ordini esecutivi illegali faranno di un futuro presidente tiranno del calibro di Roosevelt e Bush un re, come se il titolo fosse stato conferito a loro. Dare al Presidente il potere costituzionale di porre il veto alle proposte di legge del Congresso richiederebbe un emendamento alla Costituzione degli Stati Uniti. I tre dipartimenti non possono legiferare o trasferire in altro modo funzioni o poteri a un altro ramo del governo. I Padri fondatori scrissero questa disposizione per impedire a potenziali tiranni di prendere il potere con questo metodo.

Se vogliamo un esempio di tirannia, non dobbiamo guardare oltre l'attacco alla chiesa cristiana di Waco da parte del governo federale, in totale violazione della Costituzione degli Stati Uniti. A Waco sono state uccise 87 persone. Il "massacro" di Piazza Tienanmen (la descrizione dell'evento fatta dai media socialisti) ha ucciso 74 cinesi. Eppure Clinton era pronto a incrociare le spade con la Cina per le sue violazioni dei "diritti umani" causate dalla rivolta di piazza Tienanmen contro il governo di Pechino, ma finora non ha fatto nulla per assicurare alla giustizia i responsabili di Waco. Questo è tipico della palese ipocrisia di un vero socialista.

In quale punto della Costituzione degli Stati Uniti si dice che il governo federale ha il diritto di intervenire negli Stati e perseguitare un gruppo religioso? Da nessuna parte! Il governo federale non ha il diritto di interferire negli affari degli Stati, soprattutto quando si tratta di poteri di polizia. Il 10° Emendamento è perfettamente chiaro su questo punto: i poteri di polizia in materia di sanità, istruzione e protezione della polizia appartengono esclusivamente agli Stati. Se per caso i Branch Davidians avessero commesso un crimine che giustificava un'azione di polizia contro di loro, tale azione avrebbe dovuto essere intrapresa dalla polizia locale e da nessun altro. Il dipartimento dello sceriffo di Waco ha fallito miseramente nel suo dovere di proteggere adeguatamente i Davidiani all'interno della loro chiesa.

Il governo federale ha dimostrato ancora una volta il suo atteggiamento arrogante nei confronti della Costituzione degli Stati Uniti, violando l'articolo 1 del Bill of Rights della Costituzione degli Stati Uniti, che afferma che :

> "Il Congresso non farà alcuna legge che riguardi l'istituzione di una religione, o che proibisca il suo libero esercizio; o che impedisca la libertà di parola, o di stampa; o il diritto del popolo di riunirsi pacificamente e di presentare petizioni al governo per la riparazione dei suoi problemi".

Quello che è successo a Waco è che il governo federale ha preso poteri che non ha e si è recato a Waco con l'intento esplicito di proibire il libero esercizio delle credenze religiose e la libertà di espressione. Questo è l'umanesimo secolare in azione e non trova posto nella nostra Costituzione. I socialisti tengono molto alla "separazione tra Stato e Chiesa", quando fa loro comodo. Che fine ha fatto la "separazione tra Stato e Chiesa" a Waco? Non c'era!

Il governo federale ha deciso di semplificare la religione, che è un argomento complesso che sfida la semplificazione. A pagina E7151, Congressional Record, House, 31 luglio 1968, il giudice Douglas ha posto la questione in questi termini;

> "...È impossibile per il governo tracciare una linea di demarcazione tra giusto e sbagliato (il nostrum dell'umanesimo secolare) e per essere fedeli alla Costituzione, è meglio lasciare stare queste idee".

Invece di ascoltare i propri giudici socialisti, il governo federale ha deciso di avere il diritto di decidere tra una religione "buona" e una "cattiva". Gli agenti governativi sul posto a Waco si sono presi la responsabilità di semplificare eccessivamente la complessità della religione. L'esperienza dei secoli ha dimostrato che la religione non può essere semplificata. Inoltre, non rientra nell'ambito delle questioni politiche e non è mai stato pensato per essere semplificato.

I primi 10 emendamenti della Costituzione degli Stati Uniti costituiscono una restrizione al governo federale. Inoltre, l'articolo 1, sezione 9 della Costituzione degli Stati Uniti nega al governo federale il diritto di legiferare in materia religiosa. I poteri primari della Camera e del Senato si trovano all'articolo 1, sezione 8, clausola 1-18. Ricordate che il governo federale non ha un potere assoluto. Il governo federale non ha il diritto di decidere cosa sia una chiesa e cosa una setta. A quanto pare, gli agenti governativi sul posto a Waco hanno preso questa decisione con l'aiuto di una specie di "deprogrammatore di culti". L'idea stessa di un'azione del genere è ripugnante, se non addirittura illegale.

Se il governo federale avesse questo potere - che non ha - avrebbe il potere di distruggere tutte le religioni - un elemento del programma socialista e uno degli obiettivi della rivoluzione mondiale. Questo potere non è contenuto nel Primo Emendamento della Costituzione degli Stati Uniti, né nei poteri delegati del Congresso o nei poteri primari del Congresso di cui all'Articolo 1, Sezione 8, Clausole 1-18. Quando la Costituzione degli Stati Uniti tace su un potere, si tratta di una proibizione di quel potere.

Da dove l'FBI e l'ATF hanno preso il potere di attaccare una chiesa cristiana? A quanto pare dal Presidente e dal Procuratore generale, nessuno dei quali ha tale potere, e poiché entrambi ammettono la responsabilità per il terribile atto di Waco, dovrebbero essere sottoposti a impeachment. Sono morti più americani a Waco che studenti cinesi a Piazza Tienanmen. La stampa scandalistica statunitense ha definito gli studenti cinesi una "setta"? Certo che no. Né il governo federale ha il diritto di definire un movimento cristiano una "setta".

La Costituzione degli Stati Uniti è stata compromessa dalle azioni del governo federale a Waco. La Costituzione degli Stati Uniti non può essere compromessa. Nessuna agenzia governativa è al di sopra della Costituzione e le agenzie governative federali che hanno partecipato all'attacco di Waco hanno violato la legge. Non avevano il diritto costituzionale di intervenire in una questione che era di competenza dello Stato del Texas, ma non del governo federale. Il governo federale ha definito i Branch Davidians "terroristi", ma non avrebbe dovuto avere voce in capitolo nella delimitazione. Spettava allo Stato del Texas farlo.

In nessuna parte della Carta dei Diritti il governo federale ha l'autorità di etichettare una chiesa cristiana come organizzazione "terroristica". L'autorità per l'attacco di Waco non si trova nell'Articolo 1, Sezione 8, Clausole 1-18. Sarebbe stato necessario un AMENDAMENTO COSTITUZIONALE per autorizzare il governo federale a sferrare un attacco armato contro la chiesa Branch Davidian di Waco. Per comprendere appieno l'orrore di Waco, è necessario leggere la Dichiarazione d'Indipendenza, dove vengono riassunti gli atti di brutalità perpetrati contro i coloni da Re Giorgio III. Waco è il Re Giorgio III che rivive - solo peggio.

Il Congresso (Camera e Senato) ha il potere di rimediare a questo errore. Può ordinare un'udienza congressuale completa. Il Congresso può anche tagliare i fondi alle agenzie federali che hanno preso parte a questo moderno attacco di Re Giorgio III contro i cittadini degli Stati Uniti. Gli articoli di impeachment sono urgentemente necessari. Il Congresso deve assumersi la maggior parte della responsabilità. Gli agenti federali che hanno preso parte all'assalto della Branch Davidian Church probabilmente pensavano di agire sotto l'autorità della legge, mentre non era così. Il Congresso dovrebbe saperlo e dovrebbe correggere la situazione, per evitare che si ripeta altrove. Birch Bayh, ex senatore socialista dell'Indiana, è stato usato dalla Fabian Society per minare la Costituzione degli Stati Uniti, e lo ha fatto in ogni occasione, come dimostra la lettura delle pagine S16610-S16614 del Congressional Record del Senato.

Dove sta scritto nell'Articolo 1, Sezione 8 o nei poteri delegati al Congresso che il governo federale ha l'autorità di usare veicoli militari per attaccare una chiesa? Dove sta scritto che gli agenti federali hanno l'autorità di etichettare una chiesa come "setta"? Questo attacco alla Branch Davidian Christian Church è una violazione del 1°, 4° e 5° Emendamento e costituisce un'accusa ai cittadini degli Stati Uniti a Waco. Né il ramo legislativo, né il ramo esecutivo, né il ramo giudiziario del governo federale hanno il diritto di etichettare una chiesa cristiana - o qualsiasi altra chiesa - come "setta". Da quando il governo federale ha il potere di decidere su queste complesse questioni religiose? Da quando il governo federale può esercitare un Bill of Attainder?

Quello che il governo federale ha fatto a Waco è stato prendere una complessa questione religiosa e trasformarla in una semplice questione di "culto" che non gli piaceva. Secondo l'articolo II della Costituzione degli Stati Uniti, il ramo esecutivo non ha il potere di attaccare ciò che il presidente e il suo procuratore generale hanno definito "una setta". Non è la prima volta che il governo federale attacca un gruppo religioso che non gli piace. Non è una scusa dire semplicemente che il presidente e il suo procuratore generale si assumono la responsabilità di aver infranto la legge.

Alle pagine 1195-1209, Congressional Record, Senate February 16, 1882, vediamo che il Senato cercò di agire come Dio nominando una commissione di cinque persone per impedire ai mormoni di votare semplicemente perché erano mormoni. Si trattava di una palese violazione di una legge di imputazione. L'unica cosa positiva di questo orribile episodio storico è che c'è stato un dibattito in Senato. Le vittime del governo federale a Waco non avevano questo diritto. Sugli sforzi per impedire ai mormoni di votare, e lo troviamo a pagina 1197 - e questo è molto rilevante per l'attacco di Waco - leggiamo: "Questo diritto apparteneva alla civiltà e alla legge americana molto prima dell'adozione della Costituzione".

Questo diritto esisteva già in epoca coloniale, così come il diritto di portare armi, e questi diritti sono stati incorporati nella Costituzione attraverso una serie di emendamenti, oltre a quelli presenti nello strumento originale. Questi emendamenti avevano lo scopo di proteggere i diritti. Si limitavano a garantire diritti che esistevano già prima della Costituzione, che non era l'artefice dei diritti stessi. Ciò che il governo federale ha fatto a Waco non è molto diverso dal tipo di azione sostenuta dal socialista internazionale Karl Marx - che il governo cinese ha osservato in piazza Tienanmen. Ai cittadini morti nell'incendio di Waco sono stati negati i diritti costituzionali a un processo equo e a un giusto processo di legge, come stabilito dal Quinto Emendamento.

Continuo la lettura dal Congressional Record, Senato, 16 febbraio 1882, a pagina 1200:

> "Per esempio, nessuno, presumiamo, riterrebbe che il Congresso possa fare una legge in un territorio che rispetti l'istituzione della religione o il libero esercizio della religione, o limitare la libertà di parola o di stampa, o il diritto della popolazione del territorio di riunirsi pacificamente e di presentare petizioni al governo per la riparazione delle lamentele. Il Congresso non può nemmeno negare al popolo il diritto di tenere e portare armi, o il diritto al processo con giuria, o obbligare una persona a testimoniare contro se stessa in un procedimento penale. Questi poteri, in relazione ai diritti della persona, che non è necessario enumerare in questa sede, sono espressamente e positivamente negati al Governo Generale; e il diritto alla proprietà privata deve essere preservato con la stessa cura".

Quello che è successo a Waco è il socialismo sfrenato in azione, in palese violazione della Costituzione degli Stati Uniti. Poiché è chiaro che né il Congresso (Camera e Senato), né il potere giudiziario, né il ramo esecutivo (il Presidente) avevano alcun diritto costituzionale di ordinare un attacco armato alla Branch Davidian Church di Waco, la domanda è: cosa sta facendo il Congresso per rimediare a questa grossolana violazione della Costituzione e cosa sta facendo per assicurare alla giustizia i responsabili all'interno del governo federale?

In uno Stato socialista/marxista, Waco sarebbe stato un semplice esercizio del potere governativo. Ma gli Stati Uniti, grazie alla loro

Costituzione, non sono uno Stato socialista/marxista; rimangono una Repubblica confederata, nonostante i terribili assalti ad essa da parte di socialisti fabiani come Harold Laski, Felix Frankfurter, Hugo Black, Franklin Roosevelt, Dwight Eisenhower, George Bush e ora il Presidente William Jefferson Clinton. Waco è stato un cinico esercizio di poteri non concessi ai rami giudiziario ed esecutivo del governo e appare alla stregua dei passati eccessi di intolleranza religiosa.

Per tornare ai tentativi dei socialisti di trasferire i poteri da un ramo all'altro del governo. Anche senza i poteri di veto, avevamo già un re al posto del presidente. Sto parlando di "Re" George Bush, la cui brama di potere ha generato altro potere e altro ancora, fino a quando la nazione è stata travolta dalla marea della sua folle presa di potere ed è finita in una guerra incostituzionale come poche nella storia degli Stati Uniti.

Ciò che è stato completamente perso nel dibattito alla Camera e al Senato sull'opportunità di "dare" un tale potere al Presidente è che, essendo incostituzionale al 100%, richiederebbe un emendamento alla Costituzione degli Stati Uniti. Il Congresso (Camera e Senato) non ha il potere di dare al Presidente il veto su un articolo specifico: questo non può essere fatto dal Congresso, ma solo attraverso un emendamento costituzionale.

I Padri fondatori volevano evitare che la Costituzione venisse aggirata dai tre dipartimenti che si passavano i poteri a vicenda. L'articolo 1, sezione 9 della Costituzione degli Stati Uniti nega o limita fortemente il potere del Congresso di legiferare. Il Congresso non può trasferire le sue funzioni alla Corte Suprema o al Presidente senza un emendamento costituzionale. Questa disposizione aveva lo scopo di impedire a socialisti assetati di potere come Wilson, Roosevelt e Bush di far precipitare il Paese in una guerra dopo l'altra, ma non ha impedito a Wilson, Roosevelt e Bush di fare proprio questo.

Clinton sta aspettando la sua occasione per iniziare una nuova guerra. L'ha mancata per poco contro la Corea del Nord, ma il suo turno potrebbe arrivare prima della fine del suo mandato. Il potere di veto sezionale è un altro passo verso l'obiettivo socialista di "rendere inefficace la Costituzione degli Stati Uniti". Il potere costituzionale del Presidente si trova nella Sezione II della

Costituzione degli Stati Uniti. Non ha altri poteri.

La Fabian Society continuò la guerra persa dagli eserciti di Re Giorgio III. Hanno provocato la Guerra Civile e tutte le guerre da allora, nella speranza di rovesciare la Repubblica Confederata degli Stati Uniti. Gli Annali del Congresso, i Globi del Congresso e i Registri del Congresso forniscono una grande quantità di informazioni e dettagli a sostegno di questa opinione. A pagina 326, Congressional Globe, House, 12 luglio 1862, troviamo un discorso dell'onorevole F.W. Kellogg, intitolato "Origine della ribellione": "...

> "L'orgoglio nazionale è stato appagato, anche l'aumento del potere e la certezza che in un altro mezzo secolo gli Stati Uniti saranno di gran lunga la nazione più potente della terra. Ma le grandi potenze europee hanno osservato con allarme questa rapida crescita; e difendono l'America, che non è mai stata minacciata dai tedeschi! "

I misfatti dei socialisti americani moderni sono enormi. Jacob Javitts vide in quelle che chiamava "questioni di diritti civili" un'occasione d'oro per smuovere le acque razziali infiltrando socialisti in agenzie governative chiave come la Commissione per le Pari Opportunità. Sulla scena internazionale, Javitts, usando le tattiche di prepotenza che i socialisti sanno fare molto bene, è stato responsabile della creazione delle cosiddette "banche internazionali" e poi ha fatto in modo che il Congresso le finanziasse in modo del tutto incostituzionale.

Un altro grande promotore del socialismo in questo Paese è stato il giudice Abe "Fixer" Fortas che, più di ogni altro socialista, è stato responsabile della "legalizzazione" di una marea di letteratura oscena e pornografia. Questa misura aveva lo scopo di indebolire ulteriormente la moralità della nazione. Fortas ha espresso il voto decisivo sulla decisione totalmente sbagliata della Corte Suprema degli Stati Uniti di consentire la pornografia con il pretesto della "libertà di parola". Psicologi e psichiatri ci dicono che questo ha portato direttamente a un enorme aumento della criminalità, poiché questo tipo di "intrattenimento" titilla i centri inferiori del cervello.

I membri della Camera e del Senato devono assumersi la loro parte di responsabilità per questa situazione e per lo scioccante aumento della disoccupazione e della criminalità. La Camera e il Senato possono, con un voto di due terzi, rovesciare qualsiasi decisione della Corte Suprema, e avrebbero dovuto farlo dieci anni fa, senza aspettare che la situazione sfuggisse di mano, per poi lasciare che i socialisti al loro interno attribuissero la colpa del problema alle "armi". Alla Camera e al Senato ci sono dei socialisti davvero sexy. Il rappresentante Bill Richardson ne è un esempio notevole: alle pagine E2788 E2790 del Congressional Record, mercoledì 31 luglio 1991, Richardson si è lanciato nell'elogio di uno dei peggiori socialisti del mondo: l'allora rappresentante Stephen Solarz, che si intrometteva negli affari della Rhodesia, del Sudafrica, delle Filippine, della Corea del Sud e di ogni paese non di sinistra sotto il sole. Come se non bastasse, gli investigatori che indagano sullo scandalo bancario della Camera dei Rappresentanti hanno scoperto che Solarz ha emesso il maggior numero di assegni scoperti.

Altri "santi" socialisti che hanno arrecato un danno illimitato a questo paese e hanno causato il collasso non solo del nostro sistema economico, politico e giudiziario, ma hanno cercato attivamente di portare avanti l'agenda socialista a spese del popolo americano sono: Harry Dexter White, John Kenneth Galbraith, Arthur Schlesinger, Telford Taylor, Robert Strange Mc Namara, David C. Williams, George Ball, Felix Frankfurter, Bernard Baruch, Arthur Goldberg, Alger Hiss, il giudice Gesell, Ralph Bunche, Nicholas Katzenbach, Cora Weiss, Louis Brandeis, McGeorge Bundy, Henry Kissinger, Allen e John Foster Dulles, Sam Newhouse e Walt Whitman Rostow. Alcuni di questi e altri "guerrieri" socialisti sono presentati nel capitolo "Stelle del firmamento socialista", con un resoconto delle loro azioni.

I loro piani e obiettivi erano di portare lentamente, in modo insidioso, gli Stati Uniti verso il socialismo, con passi facili che non sarebbero stati notati dalla gente. Il programma è stato elaborato dalla Fabian Society di Londra, come dettagliato dai suoi principali protagonisti, il professor Laski, Graham Wallas e Kenneth Galbraith. Questi piani sono stati elaborati per coincidere o accordarsi con quanto i "liberali" stavano facendo in America, in particolare nei settori dell'istruzione, dell'indebolimento della Costituzione statunitense, del sistema americano di economia politica basato su una moneta solida e su tariffe commerciali protettive.

Questi coincidevano in gran parte con i piani dei socialisti internazionali per la formazione di un eventuale governo unico mondiale - il Nuovo Ordine Mondiale. Per i Fabiani in Inghilterra, adattare i loro piani al calendario americano fu un'impresa non da poco. Il loro successo può essere misurato dal fatto che tra gli anni '20 e '30 riuscirono quasi a socializzare completamente gli Stati Uniti.

Capitolo 3

L'ISTRUZIONE CONTROLLATA DAI SOCIALISTI: LA STRADA VERSO LA SCHIAVITÙ

L'unico settore della vita negli Stati Uniti che è stato completamente cooptato dal socialismo fabiano è l'istruzione. In nessun altro settore dei loro sforzi per socializzare l'America la loro metodologia indiretta, furtiva e occulta ha avuto più successo che nella lunga marcia del socialismo fabiano per impadronirsi del sistema educativo di questa nazione. I socialisti hanno preso il controllo di Yale, Harvard, Columbia e di molte altre università, che avrebbero dovuto essere al servizio diretto del socialismo. Dovevano essere i futuri centri educativi e le "scuole di perfezionamento" dei socialisti in America, come Oxford e Cambridge lo sono per la Fabian Society in Inghilterra.

In queste università si sviluppò uno strato di educatori d'élite di alto livello i cui legami con il fabianesimo britannico erano forti. Tra i membri più importanti di questo gruppo d'élite c'erano Walter Lippmann e John Reed, che è sepolto al Cremlino di Mosca. La pressione socialista sull'istruzione si diffuse con professori di sinistra/socialisti che minacciavano di dare brutti voti agli studenti conservatori per aver dato risposte sbagliate - sbagliate ogni volta che contraddicevano le idee socialiste fabiane. Così le tradizionali visioni cristiane conservatrici americane hanno subito una terribile erosione. Un'indagine durata due anni (1962-1964) in un distretto scolastico della California ha dimostrato che nelle classi con insegnanti socialisti si esercitano le stesse pressioni che si esercitano nelle università di tutto il Paese. I genitori erano riluttanti a lamentarsi, perché nei casi in cui i reclami venivano presentati al consiglio scolastico, i loro figli ricevevano voti bassi e perdevano crediti.

Fin dalla visita di Ramsay McDonald negli Stati Uniti, i socialisti fabiani londinesi sapevano che un attacco frontale all'istruzione negli Stati Uniti era fuori discussione. In uno dei più memorabili tra i numerosi incontri socialisti tenutisi a New York nel 1905 presso il Peck's Restaurant, fu costituita la Intercollegiate Socialist Society (ISS). Era la testa di ponte che avrebbe dato ai socialisti fabiani in America un'autostrada per l'acquisizione del sistema educativo.

L'uomo che la Fabian Society scelse per socializzare l'istruzione in America fu John Dewey, professore di filosofia alla Columbia University di New York. Dewey è conosciuto come il padre dell'educazione progressista (socialista), identificato con organizzazioni marxiste come la Lega della Democrazia Industriale (LID), di cui fu presidente. Dewey si fece notare per la prima volta dalla gerarchia socialista mentre insegnava alla Lincoln School del Teachers College, un focolaio di educazione marxista-liberista sostenuto dal General Education Board.

Qui Dewey incontrò Nelson Aldrich e David Rockefeller. Dei due, Dewey avrebbe detto che David si era socializzato a fondo, abbracciando con tutto il cuore le sue filosofie. Il Comitato antiamericano elenca Dewey come appartenente a 15 organizzazioni di facciata marxiste. Qualche anno dopo, Rockefeller premiò Dewey nominandolo governatore di New York e membro del Council on Foreign Relations (CFR). Sebbene Dewey abbia continuato a ricoprire la maggior parte delle cariche politiche, fu l'indottrinamento di Nelson e David Rockefeller al socialismo e al marxismo a fare i danni maggiori, dato che milioni e milioni di dollari furono successivamente donati per combattere le cause scolastiche sulla "Clausola religiosa" davanti alla Corte Suprema, per minare l'istruzione e infettare il sistema scolastico americano con il virus socialista.

Il 10° emendamento della Costituzione degli Stati Uniti riserva agli Stati i poteri di polizia in materia di istruzione, sanità e protezione della polizia. I poteri del governo federale sono poteri delegati dagli Stati. I primi 10 emendamenti della Costituzione degli Stati Uniti sono una proibizione dei poteri, uno dei più severi è che l'istruzione è una responsabilità dello Stato.

Finché non fossero stati in grado di compiere progressi legislativi, come aveva dichiarato Florence Kelley (vero nome Weschnewetsky), i socialisti fabiani americani avrebbero lavorato per minare l'istruzione negli Stati Uniti in modo tipicamente fabiano. L'incontro della Società Socialista Intercollegiale (ISS) al Peck's Restaurant è stato il primo lento passo per penetrare e permeare l'istruzione senza rivelare la direzione da prendere. Se ripensiamo alla formazione apparentemente lenta e quasi esitante dell'ISS, è difficile credere che lo stesso movimento socialista fabiano americano che l'ha creato stia galoppando oggi, trascinando per i capelli il nostro sistema educativo.

Altri pensavano come i giudici Douglas, Felix Frankfurter, Frank Murphy, William J. Brennan, Arthur Goldberg, Hugo Black e Abe Fortas. Oltre a essere ardenti socialisti, Douglas, Murphy e Brennan erano massoni di alto livello. Fu durante il periodo 1910-1930 che la Corte Suprema iniziò a interessarsi ai casi di istruzione scolastica cosiddetta "clausola religiosa", da cui era stata assente per almeno due decenni. Fu in questo periodo che il sistema educativo americano subì i danni maggiori, permettendo al socialismo di fare enormi brecce che prima sembravano fuori discussione.

Mentre la Corte Suprema aveva vietato l'educazione religiosa - soprattutto le preghiere nelle scuole - i loro fratelli massoni avevano avuto molto successo nel penetrare e impregnare le scuole con la letteratura massonica socialista. Nel 1959, Franklin W. Patterson convinse il preside di una scuola superiore di Baker, nell'Oregon, a utilizzare nella scuola libri di testo di orientamento socialista. La stessa cosa è accaduta in North Carolina, dove la letteratura socialista massonica è stata distribuita in ogni classe di ogni scuola di Charlotte.

Come ha detto il presidente della commissione bancaria della Camera, Louis T. McFadden:

> "In materia di educazione, i Fabian Illuminati seguivano una teoria che non era altro che quella suggerita dal promotore settecentesco dell'Illuminismo bavarese, Nicolai. Avendo ottenuto posizioni nei consigli scolastici del Paese, divenne molto facile per i socialisti fabiani instillare i loro principi educativi e decristiani nei programmi scolastici. Il loro attacco all'educazione religiosa fu sottile ma letale, come dimostra la

legge sull'educazione del 1902".

Si vantano apertamente di avere diversi vescovi e teologi tra le loro fila, la lista è guidata dal vescovo Headlam, uno dei Fabiani originali... Tra i progetti educativi dei Fabiani c'è la formazione di gruppi educativi "vivaio", questi ultimi concepiti come una sorta di scuola di formazione per potenziali giovanissimi socialisti. (Il governatore Clinton dell'Arkansas ha modellato la sua "Governor's School" socialista su questo modello)... Ma la misura di gran lunga più importante adottata dai Fabiani nel campo dell'istruzione fu l'inaugurazione, nelle università esistenti, di "società universitarie socialiste". Il culmine del trionfo fabiano nel campo dell'istruzione fu l'istituzione della London School of Economics and Political Science presso l'Università di Londra, dove uno dei principali docenti è oggi il socialista Harold Laski...".

Si può dire che i piani socialisti abbiano infettato il campo dell'istruzione con un virus che speravano si diffondesse e cambiasse radicalmente il nostro ordine sociale. Questo "virus" doveva penetrare nel midollo spinale degli "studi sociali" e delle "scienze sociali" e far virare tutti gli studi verso sinistra. Questa era la premessa di base della National Education Association, dichiarata nel suo 14° annuario nel 1936, una posizione dalla quale gli educatori socialisti non si sono mai discostati: "Siamo per la socializzazione dell'individuo".

In quest'ottica, negli anni Venti, i socialisti che attraversarono gli Stati Uniti come una nube di locuste intendevano attuare il maggior numero possibile di idee del Manifesto comunista del 1848 nella legislazione sull'istruzione. Speravano di aggirare la Costituzione attraverso quella che Florence Kelley chiama "azione legislativa". Alle pagine 4583-4604, Congressional Record, 23 febbraio 1927, sotto il titolo "General Deficiency Appropriation Bill", troviamo delineati i loro metodi.

> "... I gruppi comunisti devono mostrare ai bambini come convertire l'odio segreto e la rabbia repressa in lotta consapevole... La cosa più importante è la lotta contro la tirannia della disciplina scolastica".

John Dewey e i suoi seguaci hanno cercato di limitare l'apprendimento del vocabolario a scuola, sapendo che la profondità dell'istruzione è proporzionale al proprio vocabolario. Il vocabolario deve essere insegnato ai bambini, anche se viene insegnato solo da un dizionario. Tutti i candidati ai posti di lavoro della pubblica amministrazione dovrebbero essere sottoposti a un test di vocabolario inglese, che potrebbe essere esteso anche ai candidati ai posti di lavoro statali. Anche i candidati all'assistenza sociale dovrebbero essere sottoposti a un test di vocabolario inglese. Questo annullerebbe l'effetto del socialismo nell'educazione e vanificherebbe l'obiettivo del socialismo di produrre una maggioranza di bambini mediocri che cresceranno per diventare adulti mediocri, "beneficiari del welfare" per sostenere un regime di socialismo.

Un'altra tattica specializzata è quella di sprecare la sostanza delle nazioni attraverso spese irresponsabili, in modo che la "distruzione" diventi all'ordine del giorno. Questo ha l'effetto di aumentare costantemente i costi dell'istruzione superiore. L'effetto cumulativo delle politiche di John Maynard Keynes si vede nel numero di studenti che non vanno all'università e di quelli che la abbandonano perché le tasse sono troppo alte per loro. In questo modo, il numero di studenti con future qualità di leadership si riduce, intenzionalmente e per progetto.

L'intera idea di "educazione" socialista è quella di ridurre il più possibile l'intelligenza al minimo, promuovendo la mediocrità. Naturalmente, questo non vale per i futuri leader che essi stessi hanno scelto tra i migliori e più brillanti socialisti e che vengono mandati alla "finishing school" di Oxford come studiosi di Rhodes. Un eccellente riferimento all'istruzione come mezzo per confondere comunismo e socialismo si trova nel Congressional Record, House, 26 giugno 1884, pagina 336, appendice:

> "Credo che l'intelligenza sia l'ancora della nostra forma di governo, per questo sono un forte sostenitore dell'educazione popolare. Daniel Webster espresse questo sentimento, la cui verità è stata dimostrata dalla storia, quando disse: "È l'intelligenza che ha innalzato le maestose colonne della nostra gloria nazionale, ed è l'intelligenza che può impedire che cadano in cenere". La diffusione dell'intelligence deve essere il governo - non sarà solo una protezione contro la centralizzazione del potere politico e finanziario da un lato, ma la nostra difesa sicura e certa contro il comunismo, il nichilismo e le tendenze

rivoluzionarie dall'altro".

"Ma con una popolazione densa, una ricchezza accumulata e un certo femminismo, stanno emergendo nuovi pericoli, e dobbiamo affidarci all'educazione e all'intelligenza per contrastarli il più possibile, perché 'ciò che semini, raccoglierai' vale per gli Stati come per gli uomini". Dopo la religione cristiana, il più grande civilizzatore dell'uomo è la scuola. Le scuole pubbliche, come tutto il resto, sono criticate, ma fino a quando non verrà escogitato qualcosa di meglio, sono favorevole al loro mantenimento e alla loro estensione..."

Questo grande discorso è stato pronunciato dall'onorevole James K. Jones dell'Arkansas. Jones, dell'Arkansas, e dimostra quanto i nostri rappresentanti fossero più avanzati nell'Ottocento rispetto a quelli che oggi siedono al Congresso. Mostra anche nel modo più chiaro possibile perché i socialisti si sentono obbligati a prendere il controllo dell'istruzione per i loro scopi sinistri, e perché sentono anche il bisogno di negare il cristianesimo. È chiaro che moralità, educazione e religione vanno di pari passo, e i socialisti lo sanno.

I socialisti riuscirono a far nominare uno dei loro più importanti protagonisti, Hugo Lafayette Black, alla Corte Suprema. Black, membro della Chiesa Unitaria (senza Dio) e massone, non avrebbe mai dovuto essere confermato, poiché violava tutte le regole del Senato. La grave situazione posta dalla nomina di Black è stata sollevata dai senatori William Borah (R.ID) e Warren Austin (R.NH). Hanno sottolineato che Black era costituzionalmente ineleggibile perché era un membro del Congresso quando quest'ultimo promulgò una legge che aumentava lo stipendio dei giudici della Corte Suprema e quindi non poteva essere promosso a una posizione che pagava più di quanto ricevesse come membro del Congresso.

La Costituzione è perfettamente chiara su questo punto:

"Nessun Senatore o Rappresentante potrà, durante il periodo per il quale è stato eletto, essere nominato ad alcuna carica civile sotto l'autorità degli Stati Uniti, che sia stata creata o i cui emolumenti siano stati aumentati durante tale periodo".

All'epoca della nomina di Black, egli riceveva uno stipendio di 109.000 dollari come membro del Congresso, mentre gli stipendi dei giudici venivano aumentati a 20.000 dollari all'anno. Eppure, nonostante questa chiara violazione della legge, il procuratore generale di Roosevelt, Homer Cummings, stabilì che la nomina di Black alla Corte Suprema era legale!

L'alleanza tra socialisti e massoni aveva bisogno di Black alla Corte Suprema perché sapevano che era solidale con la loro causa e che si sarebbe sempre pronunciato a loro favore nei casi di istruzione in base alla "clausola religiosa", e la loro fiducia in Black è stata ampiamente ricompensata. Black era in combutta con Samuel Untermeyer, Schofield, Gunnar Myrdal, i giudici Earl Warren e Louis D. Brandeis, Roosevelt e Florence Kelley, tutti impegnati a portare l'istruzione sotto il controllo del socialismo.

La legge suprema e organica del Paese è quella basata sugli insegnamenti della Bibbia cristiana. Non rispettandola, la Corte Suprema degli Stati Uniti è in trasgressione. L'educazione moderna, basata sulle decisioni della Corte Suprema, ha violato la legge biblica. Le scuole e le università sono diventate i luoghi più pericolosi in cui lasciare i nostri giovani senza sorveglianza e senza controllo. Uno dei modi in cui i socialisti hanno preso il sopravvento è stato il non riconoscimento delle scuole religiose e in particolare di quelle cattoliche.

In questo caso, i servizi del giudice Hugo Black, nominato illegalmente, sono stati preziosi per decidere le cause intentate dai nemici della Costituzione degli Stati Uniti in base alla cosiddetta "Clausola religiosa". Black, noto per il suo anticattolicesimo militante e per l'opposizione all'istruzione scolastica in generale, seguiva pedissequamente i "principi" massonici nelle sue sentenze; in effetti, la maggior parte di esse erano tratte direttamente dalla letteratura massonica. I "principi" più importanti su cui Black basò le sue decisioni furono i seguenti:

> Principio 1: "Istruzione pubblica per tutti i bambini di tutti i popoli".

> Principio 5: "La totale separazione tra Chiesa e Stato e l'opposizione a qualsiasi tentativo di appropriarsi di fondi pubblici, direttamente o indirettamente, per il sostegno di istituzioni settarie o private".

Come vedremo nei capitoli dedicati alla corruzione della

Costituzione, nel giro di due anni dalla nomina di Black, la Corte Suprema fece un'enorme svolta a sinistra e dichiarò incostituzionali i finanziamenti statali alle scuole religiose, basandosi sulla premessa totalmente falsa del Bill for Religious Freedom di Jefferson, che non era nella Costituzione, ma era riservato alla Virginia. Così è nato il "muro di separazione tra Stato e Chiesa", totalmente incostituzionale, basato su inganni e vere e proprie frodi.

La questione degli aiuti "federali" alle scuole religiose fu sollevata nuovamente dal rappresentante Graham Barden nel 1940. Barden era un massone socialista e, man mano che andremo avanti, vedremo come la massoneria e il socialismo si siano uniti per distruggere l'istruzione in America. L'intenzione del Barden Bill era quella di controllare le scuole in modo che il socialismo potesse essere insegnato liberamente. Ciò è stato confermato dal dottor Cloyd H. Marvin, presidente della George Washington University, in una lettera dell'11 maggio 1944 alla Commissione della Camera sui veterani della guerra mondiale. Quello che Burden stava cercando di fare era eliminare il diritto dei veterani di frequentare i seminari teologici, specialmente quelli cattolici, se lo desideravano. Barden aveva partecipato alla Conferenza Fabiana dei Rappresentanti delle Associazioni Educative nel 1941, che era uno strumento della Massoneria e del socialismo.

Secondo il dottor Marvin, non dovrebbero esistere scuole pubbliche, perché, secondo le sue parole, "non possiamo mantenere due sistemi che interferiscano con le regolari politiche educative". Questo è stato uno dei casi più chiari negli archivi della Massoneria come forza trainante della Conferenza dei Rappresentanti dell'Associazione Educativa. Anche se apparentemente la proposta di legge in discussione riguardava principalmente la legge sul reddito d'impresa, le sue ramificazioni erano comunque molto ampie, in quanto il rappresentante del governo ha dichiarato che la proposta di legge era stata presentata in un'altra occasione. Barden ha tentato di tenere le scuole religiose private fuori dalle mani dei veterani che frequentano il college grazie al G.I. bill.

Il dottor Marvin non era un educatore qualunque. È stato un socialista per tutta la vita e un massone di 33° grado. Alla George Washington University ha potuto esercitare una forte influenza grazie a una sovvenzione di 100.000 dollari ricevuta dal Rito scozzese della Massoneria. Marvin trovò un amico nel giudice Hugo Black, che doveva la sua posizione alla Corte Suprema ai massoni. Dopo la sua uscita dal Senato, i socialisti fecero in modo che il seggio di Black fosse occupato da Lister Hill, dell'Alabama, un regolare crociato socialista e un massone convinto. Per anni, Hill è riuscito a bloccare i finanziamenti federali per le scuole pubbliche, in particolare per quelle religiose. Hill è elencato nel Congressional Directory, 79th Congress, 1st session, agosto 1985, pagina 18, come massone di 32° grado.

In nessun altro luogo la pressione socialista sull'istruzione si è manifestata con maggior forza che nella National Education Association (NEA). Con l'approvazione del GI Bill, c'è stato un altro tentativo di eliminare i finanziamenti federali alle scuole pubbliche senza condizioni, con le condizioni ancora nelle mani della NEA. Il 10 gennaio 1945, il NEA sponsorizzò una nuova legislazione che non avrebbe permesso il finanziamento federale delle scuole pubbliche. La legislazione è stata redatta dal giudice Hugo Black. Lo scopo della misura era quello di raggiungere, per omissione piuttosto che per esclusione diretta, gli obiettivi desiderati della NEA. Si tratta di un atto legislativo abilmente redatto. La stessa abilità è stata dimostrata nel 1940, quando è stata redatta la cosiddetta legislazione sulla "separazione tra Stato e Chiesa".

Le decisioni dei giudici socialisti-unitari che hanno dominato la Corte Suprema dal 1935 al 1965 hanno di fatto vietato i programmi di educazione cristiana nelle scuole pubbliche. Nell'atmosfera di isteria bellica degli anni '40, nessuno ritenne opportuno sottolineare che qualsiasi interferenza del governo federale nell'istruzione era una chiara violazione del 10° Emendamento. La decisione di vasta portata della Corte sulla cosiddetta "separazione tra Stato e Chiesa" è totalmente illegale e non si trova nella Costituzione. Non esiste alcuna base costituzionale per la "separazione tra Stato e Chiesa" che è stata utilizzata per distruggere le basi dell'insegnamento religioso nelle scuole.

L'accettazione di questa legislazione distorta, un forte attacco ai diritti costituzionali di We the People, ha avuto un impatto diretto sulla qualità dell'istruzione americana, che è crollata immediatamente dopo questa decisione fraudolenta e incostituzionale. L'istruzione americana è stata poi invasa dall'insegnamento di ogni sorta di "diritti" che non esistevano, "diritti delle donne", "diritti civili" e "diritti dei gay". La messa al bando dell'educazione religiosa nelle scuole e l'introduzione dell'"umanesimo" da parte di John Dewey sono state seguite quasi immediatamente da un enorme aumento dei crimini violenti.

L'America, fondata sul cristianesimo, è stata rapita, riscattata, violentata, vittima della barbarie socialista, picchiata e ammaccata, e a malapena in grado di strisciare sulle ginocchia negli anni Novanta, più o meno lontano dal Paese che i Padri fondatori si erano prefissati. In questo assalto selvaggio alla giusta Repubblica degli Stati Uniti, il controllo socialista massonico dell'istruzione, fin dal primo anno, ha giocato il ruolo principale.

È stato dimostrato più volte che i bambini iniziano a imparare nelle classi elementari, prima, seconda e terza. Nelle case della classe media, dove l'apprendimento è più importante, i genitori aiutano i figli a leggere, ma nelle famiglie della classe bassa i genitori invariabilmente non aiutano i figli, con il risultato che i bambini che leggono male gravitano verso attività criminali. Ci sono sempre delle eccezioni, ma gli educatori che non sono accecati dalle "minoranze" riconoscono che quanto detto sopra è generalmente vero.

In una putrida cospirazione tra il socialista e il presidente Harry Truman, Plessy v. Ferguson, la dottrina dell'istruzione "separata ma uguale", è stata minata dal presidente Truman, pur affermando subdolamente di sostenerla. Il vero problema era che né Truman né nessun altro del governo federale aveva il diritto di interferire nelle questioni educative, poiché, come abbiamo detto altrove, il 10° Emendamento della Costituzione degli Stati Uniti riserva i poteri educativi agli Stati. Al governo federale è vietato interferire nell'istruzione, che appartiene esclusivamente agli Stati.

Una delle cause principali dell'orribile declino dell'istruzione nel nostro Paese è da ricercare nel caso storico di Everson v. Board of Education, portato davanti alla Corte Suprema del New Jersey il 5 ottobre 1943. Il caso nasce da questioni sollevate dal rappresentante Graham Barden nel 1940 in merito alle scuole religiose che ricevono sussidi governativi. Il caso Everson era una ripresa della proposta di legge fallita di Barden. Come ho notato in precedenza, i socialisti sono persistenti nei loro sforzi per rovesciare la Costituzione degli

Stati Uniti, che considerano il principale ostacolo al loro ardente desiderio di socializzare il popolo di questa nazione.

Il caso Everson riguardava lo Stato del New Jersey che permetteva alla città di Ewing di pagare il costo del trasporto (volontario, non obbligatorio) degli alunni a tutte le scuole, comprese quelle religiose. Il querelante, Arch Everson, si era opposto al finanziamento del trasporto dei bambini che frequentano le scuole religiose. In questo è stato sostenuto dai massoni e dall'American Civil Liberties Union (ACLU), anche se l'ACLU è rimasta fuori dal procedimento giudiziario statale. In apparenza, l'obiezione riguardava solo il sig. Everson in questo procedimento. I socialisti avevano bisogno di vincere la causa per usarla come pietra miliare per creare un precedente per i futuri attacchi programmati ai casi di "clausola religiosa" nel campo dell'istruzione che avevano intenzione di portare avanti se Everson avesse vinto.

Il caso è stato esaminato dalla Corte Suprema del New Jersey, che ha permesso alla città di Ewing di continuare a finanziare il trasporto dei bambini verso tutte le scuole. Sostenuto dalla schietta ACLU e dai massoni, Everson portò il suo caso alla Corte Suprema. Per Black è stata l'occasione della vita per dimostrare la sua ignoranza della Costituzione e il suo pregiudizio contro il cristianesimo, sferrando al contempo un colpo al socialismo. La Corte Suprema si è pronunciata contro lo Stato del New Jersey, con l'ACLU che si è schierata apertamente come "amico della corte". La memoria dell'ACLU era praticamente una copia carbone di una citazione di Elmer Rogers fatta da Mason diversi anni prima. Sovrapposto alla citazione di Mason, il documento dell'ACLU era quasi perfetto.

La decisione di maggioranza della Corte è stata scritta dal giudice Hugo Black. Piena di socialisti e massoni, la Corte difficilmente avrebbe potuto pronunciarsi contro i pregiudizi dei suoi membri, odiatori violentemente contrari all'insegnamento del credo cristiano nelle scuole che ricevono i cosiddetti aiuti "federali".

Prima del 1946, il "muro tra Chiesa e Stato" non era quasi mai stato usato in un'argomentazione giuridica. Dopo tutto, si trattava solo delle parole di Thomas Jefferson, una semplice frase che non si trova nella Costituzione. Ma dopo il caso Everson, in cui il giudice Hugo Black fu elevato alla Corte Suprema proprio per pronunciarsi a favore del querelante Everson, i tribunali scatenarono un fiume di insulti contro il cristianesimo in particolare e contro l'insegnamento religioso nelle scuole in generale.

I tribunali hanno bandito le preghiere nelle scuole, vietato le letture orali della Bibbia, dichiarato l'ateismo e l'umanesimo secolare religioni protette dal Primo Emendamento, e hanno bocciato l'usanza di permettere ai bambini di partecipare a funzioni di preghiera sul terreno della scuola, il tutto contro tradizioni e usanze di lunga data come i canti natalizi, hanno proibito l'insegnamento religioso da parte degli insegnanti e, come vedremo nei capitoli sul diritto, sono andati oltre la Costituzione. La Corte Suprema ha preso una frase pronunciata da Jefferson, "il muro di separazione tra Chiesa e Stato", che non ha alcun valore costituzionale, e l'ha inserita nella Costituzione, trasformando così gli Stati Uniti d'America in una società in cui la religione cristiana non può svolgere alcun ruolo negli affari di Stato, cosa che non era certo nelle intenzioni dei Padri fondatori.

Black era così palesemente prevenuto che i suoi colleghi giudici ebbero modo di scrivere di lui in termini poco lusinghieri. In una nota del 9 marzo 1948, Frankfurter scrisse che il giudice Harold O. Burton "non ha idea della malignità di uomini come Black e Douglas, che non solo possono essere, ma sono perversi". Ciò è stato evidente nel caso Everson, in cui Black ha dimostrato la sua determinazione prevenuta e odiosa nei confronti di Cristo, secondo cui la religione non dovrebbe avere alcun ruolo nella vita della nostra nazione. Il marciume è iniziato con Everson, è proseguito con Brown vs. Board of Education e, inevitabilmente, con Roe vs. Wade, che rimane a tutt'oggi la più grande vittoria e il più grande trionfo sulla Costituzione degli Stati Uniti e sul popolo americano mai ottenuto dai socialisti fabiani. La Corte Suprema è diventata corrotta con l'avvento di Black e da allora è rimasta tale.

Non c'è mai stato un caso più chiaro di violazione del 9° Emendamento della decisione Everson. Il Nono Emendamento proibisce ai giudici di incorporare le proprie idee in questioni di legge che non siano stabilite dalla Costituzione. Questo si chiama prelazione, ed è esattamente ciò che Black e i suoi colleghi hanno fatto in Everson. Hanno distorto e compresso la Costituzione per adattarla ai loro pregiudizi puzzolenti e si sono schierati con la massoneria socialista, contaminando completamente la

Costituzione.

I socialisti stanno per portare alla Corte Suprema il caso Brown v. School Board, Topeka, Kansas. Il giudice Vinson aveva detto a Truman che la causa Brown v. School Board sarebbe stata risolta e che l'istruzione "separata ma uguale" sarebbe rimasta in vigore. Vinson lo ha fatto sapendo benissimo che non era vero. Così, quando il Presidente della Corte Earl Warren, socialista e massone di 33° grado, lesse la decisione sul caso Brown v. School Board, il pubblico lanciò un grido di sorpresa, alcuni dei quali erano ben informati, essendo venuti a sentire la Corte confermare il caso Plessey v. Ferguson.

Pochi, in quell'aula di tribunale, potevano rendersi conto dell'enorme colpo inferto all'istruzione "standardizzata" e "socializzata", nella più palese violazione della Costituzione fino ad oggi. È vero che in passato sono stati fatti diversi tentativi di aggirare la Costituzione attraverso "azioni legislative", come proposto dalla socialista Florence Kelley (Weschnewetsky). Nel 1924 fu presentato un disegno di legge con l'intenzione e lo scopo di violare il 10° Emendamento della Costituzione degli Stati Uniti, in quanto mirava a creare un Dipartimento dell'Istruzione, che prendeva il titolo dal Dipartimento dell'Istruzione comunista della Russia bolscevica. L'idea era quella di "nazionalizzare", "standardizzare" e "federalizzare" l'istruzione negli Stati Uniti come nell'URSS.

La proposta di legge mirava a costringere tutti i bambini americani a leggere gli stessi libri di testo "standardizzati", che avrebbero incluso una sana dose di testi marxisti, socialisti e leninisti, in modo che i bambini sarebbero usciti dal sistema scolastico come buoni piccoli socialisti pronti a marciare verso il governo unico mondiale - il nuovo ordine mondiale. I principali socialisti della Fabian Society hanno sempre detto che la standardizzazione dell'istruzione è il modo più rapido per abbattere le barriere naturali al socialismo in America, dovute alle dimensioni, alla geografia, al clima, ai costumi locali, ai consigli scolastici locali. Webb aveva notato che la diversità era un problema per il socialismo, e in America la diversità esisteva in abbondanza, rendendo il Paese difficile da penetrare con il marxismo, il comunismo, il socialismo.

Ecco perché i nostri Padri Fondatori, nella loro lungimiranza e saggezza, hanno fatto in modo che le competenze in materia di istruzione rimanessero nelle mani degli Stati e fossero off-limits per il governo federale. Questo sistema educativo statale era una salvaguardia contro l'anarchia e il nichilismo della nazione. Anche se in questo caso hanno fallito, i socialisti non hanno mai rinunciato al tentativo di assumere il controllo dell'istruzione e la loro occasione si è presentata con il comportamento infido del presidente Jimmy Carter e dei sediziosi della Camera e del Senato, che hanno fatto approvare una legge che federalizza l'istruzione, in violazione del 10° Emendamento. Di conseguenza, è stato creato l'illegale Dipartimento dell'Istruzione degli Stati Uniti.

Carter passerà alla storia come un presidente che ha commesso tradimento e sedizione su vasta scala. "Non vi mentirò", disse Carter, e poi si mise a implementare una legislazione socialista che impediva agli Stati di prendere le proprie decisioni in materia di istruzione e negava al popolo della nazione il Canale di Panama. Il 13°, 14° e 15° Emendamento alla Costituzione degli Stati Uniti non sono mai stati ratificati, quindi qualsiasi legge approvata dal Congresso in base a questi emendamenti è al di fuori del controllo e della portata della Costituzione. Il dottor William H. Owen avrebbe amato Carter. Owen era il presidente del Chicago Normal College di Chicago, Illinois e presidente del NEA, scelto per rappresentare il NEA alla Conferenza mondiale sull'istruzione del 23 giugno 1923 a San Francisco. Nel suo discorso ha detto, tra l'altro:

> " ... Nonostante quello che scriviamo e diciamo, il mondo non crede che l'educazione, come forma di controllo sociale, sia paragonabile agli eserciti, alle marine e all'abilità statale... Dovremmo dedicare il nostro tempo e i nostri sforzi alla condivisione di un programma educativo costruttivo che dimostri ciò che l'educazione può fare come forma di controllo sociale paragonabile agli eserciti...".

Quanto sopra dimostra perché è così pericoloso lasciare l'istruzione alla mercé del governo federale, soprattutto con l'avvento del socialista Woodrow Wilson, la cui amministrazione ha assemblato socialisti a passi da gigante, fino ad arrivare oggi all'amministrazione Clinton piena di socialisti, che in effetti si differenzia poco dai governi socialisti del Partito Laburista in Inghilterra. I nostri Padri Fondatori erano abbastanza saggi da prevedere il momento in cui agenti socialisti come Wilson,

Kennedy, Johnson, Carter, Bush e Clinton, e socialisti come Owen, travestiti da "educatori", avrebbero cercato di indirizzare la nostra nazione verso la sinistra attraverso i loro sediziosi programmi di "educazione", e così si sono assicurati che i poteri dell'educazione fossero off limits per il governo federale.

Tuttavia, l'uso della Corte Suprema per aggirare la Costituzione è stato uno sviluppo pericoloso che i Padri Fondatori non potevano prevedere. Sapevano che ai loro tempi esistevano i traditori, ma non potevano sapere che sarebbe arrivato un uomo come il presidente della Corte Suprema Earl Warren a farsi beffe della Costituzione. Si dice che Warren abbia fatto in modo che il 14° emendamento della Costituzione degli Stati Uniti significhi "tutto e il contrario di tutto". È stato grazie a questo orribile sotterfugio, a emendamenti non ratificati e a una Corte Suprema soffocata da giudici che avevano in mente la sedizione, che l'odiosa decisione Brown v. Board of Education è diventata una "legge", che non è, ma che gli Stati sono comunque obbligati a rispettare.

Un altro brutto sotterfugio e vero e proprio inganno è stato l'uso da parte di Warren di dati sociologici totalmente pregiudizievoli portati alla luce dal dottor Gunnar Myrdal, un reprobo socialista le cui teorie economiche sono costate alla Svezia miliardi di dollari, e su questo bugiardo torneremo a tempo debito.

Il Dipartimento dell'Istruzione è stato creato per sottrarre il controllo dell'istruzione agli Stati e sostituire l'istruzione americana con un sistema che garantisse che i bambini crescessero secondo il modello socialista e diventassero leader politici, nel modo socialista di promuovere un nuovo ordine politico basato sul sistema sovietico, che porterà a un unico governo mondiale - il Nuovo Ordine Mondiale.

Quello che la Corte Warren ha cercato di fare nella causa Brown v. Board of Education, e che altri giudici della Corte Suprema hanno cercato di fare, è stato separare la prima sezione del 14° Emendamento dall'intera Costituzione, in modo che potesse significare qualsiasi cosa volessero leggervi - una classica predilezione vietata dal 9° Emendamento. Qualsiasi parte della Costituzione DEVE essere interpretata alla luce dell'intera Costituzione, che non può essere frammentata. Le decisioni di Slaughterhouse si fecero beffe di Brown v. Board of Education di

Warren, che, se l'avesse osservata, avrebbe mostrato a Warren l'errore dei suoi modi.

Il giudice Warren decise di non leggere la decisione sul mattatoio, quindi decise Brown v. Board of Education sulla base della legge sui diritti civili del 1964. Ne parliamo in modo più approfondito nei capitoli dedicati alla Costituzione. In Brown v. Board of Education, abbiamo la comunitarizzazione dell'istruzione negli Stati Uniti. Che differenza c'è tra il trasporto forzato di bambini fuori dalla loro località e il trasporto di prigionieri politici nei gulag della Siberia, o il trasporto di coloni in Inghilterra per essere processati, contro cui Thomas ha scatenato la sua furia?

Non c'è differenza! I bambini, bianchi e neri, vengono trasportati contro la loro volontà in altri luoghi. Si tratta di una violazione della vita, della libertà e della proprietà, oltre che del giusto processo, che Brown vs. Board of Education ha negato ai bambini e ai genitori. Solo per questo motivo, Brown vs. Board of Education è incostituzionale al 100%. Perché genitori e bambini dovrebbero subire una violazione dei loro diritti del Quinto Emendamento per realizzare i disegni socialisti degli educatori socialisti e dei loro amici in tribunale? I nostri bambini subiscono una "punizione crudele e inusuale" venendo trasportati fuori dalla loro zona in scuole magnetiche, scuole paritarie e simili, a causa della loro razza. Non ricevono un processo con giuria, né un giusto processo, ma vengono semplicemente ammassati su autobus in base a "leggi" totalitarie di stampo comunista.

I bambini e i loro genitori sono cittadini degli Stati, PRIMO: Articolo IV sezione 2, parte 1. I cittadini di ogni Stato avranno diritto a tutti i privilegi e le immunità dei cittadini dei vari Stati e dei cittadini americani, secondo. Il 14° emendamento è ancora una restrizione per il governo federale, anche se non è stato ratificato, quindi gli Stati hanno mantenuto la loro sovranità e non possono essere tassati dal governo federale sull'istruzione.

C'è un'enorme pressione sui giudici affinché si pronuncino a favore dell'American Civil Liberties Union (ACLU) nei casi che riguardano la religione nelle scuole. L'ACLU presenta 23 memorie di questo tipo e, nei casi esaminati dal giudice Felix Frankfurter, questi si pronuncia sempre a favore dell'ACLU. Uno degli alleati dell'ACLU è il pastore Davies della Chiesa Unitaria di cui fa parte il giudice Hugo Black. Ecco cosa ha detto Davies sui casi di scuola con "clausola religiosa":

> "Come la libertà di San Paolo, la libertà religiosa deve essere acquistata a caro prezzo. E per coloro che la esercitano più pienamente, insistendo sull'educazione religiosa per i loro figli, mescolata con la laicità nei termini della nostra Costituzione, il prezzo è maggiore di altri... Le religioni credenziali sono obsolete, la base delle loro rivendicazioni è scaduta con ieri".

Il giudice Hugo Black era al 100% favorevole a riempire la Corte Suprema degli Stati Uniti con giudici socialisti, cosa che Roosevelt e Truman hanno certamente fatto.

Il giudice Hugo Black era un massone convinto e si deve presumere che fosse appassionato di tende massoniche nell'istruzione:

> "Inoltre, la forma di una società letteraria colta è la più adatta ai nostri scopi, e se la Massoneria non fosse esistita, sarebbe stata utilizzata questa copertura, che può essere molto più di una copertura, può essere un potente motore nelle nostre mani. Fondando società di lettura e biblioteche a sottoscrizione, prendendole sotto la nostra direzione e alimentandole con il nostro lavoro, possiamo muovere la mente pubblica nella direzione che vogliamo... Dobbiamo conquistare la gente comune in ogni angolo. Lo otterremo soprattutto attraverso le scuole e un comportamento aperto e caloroso, la popolarità e la tolleranza dei loro pregiudizi, che nel tempo libero li estirpano e li dissipano... Dobbiamo acquisire la leadership dell'educazione e della gestione della chiesa - del pulpito professionale e dell'altare".

Ciò che è veramente sorprendente è che se prendiamo gli scritti di Beatrice e Sydney Webb e li sovrapponiamo alle visioni massoniche dell'educazione, scopriamo che sono quasi sempre identiche! L'assalto all'istruzione americana è stato condotto dal Tavistock Institute of Human Relations, il più importante istituto di lavaggio del cervello del mondo, e dai suoi "educatori", Kurt Lewin, Margaret Meade, H.V. Dicks, Richard Crossman e W.R. Bion. Questi nemici della Repubblica americana sono stati scatenati su un pubblico innocente e ignaro, con conseguenze disastrose per l'istruzione.

I loro progetti di "nuova scienza" per le scuole americane comprendevano lo studio della masturbazione, dell'omosessualità, del travestitismo, del lesbismo, della prostituzione, delle religioni esotiche, dei culti e del fondamentalismo religioso.

La cosiddetta "legge sui diritti civili" del 1870, che avrebbe dovuto far rispettare il 15° emendamento, mai ratificato, si applicava specificamente ai cinesi portati dai contrabbandieri di oppio e dai magnati delle ferrovie come gli Hariman, e non dovrebbe avere alcun impatto oggi, dato che il 15° emendamento non è mai stato ratificato. Implicare che la "uguale protezione delle leggi" nella Sezione 1 del 14° Emendamento significhi che ogni persona ha lo stesso livello di intelligenza - è più di quanto anche il peggior liberale dagli occhi stellati possa ritenere vero! Ma questo è esattamente ciò che Brown vs. Board of Education ha tentato di fare: livellare tutte le menti a un livello medio o mediocre. Questo è il cuore di Brown vs. Board of Education ed è l'egualitarismo in azione.

La sedizione nell'istruzione è una realtà tanto quanto il "controllo delle armi" quanto la sedizione praticata dal senatore Meztenbaum e dal rappresentante Schumer. Pervertendo l'istruzione, prima attraverso l'istituzione di un dipartimento governativo federale per l'istruzione e poi attraverso un'azione della Corte Suprema su ordine di Brown vs. Board of Education, si stanno verificando tradimento e sedizione. Distruggere il sistema educativo americano e sostituirlo con un sistema marxista/leninista/socialista porterà alla decomposizione della nazione dall'interno. Il giudice Warren, un umanista laico, si è reso colpevole di tradimento quando ha permesso che Brown v. Board of Education diventasse "legge".

La National Education Association (NEA) è un'organizzazione socialista-marxista al 100%. Il suo primo compito è stato quello di eliminare dalle scuole l'insegnamento corretto della storia, della geografia e dell'educazione civica per sostituirli con studi sociali filocomunisti. La NEA è un'organizzazione socialista che dagli anni '20 è attivamente impegnata a minare l'istruzione negli Stati Uniti. Erano indubbiamente all'avanguardia tra coloro che portarono avanti il caso Brown v. Board Education nel 1954, "organizzato" dal giudice Earl Warren, alla maniera di Abe Fortas.

Con la presa di controllo socialista delle scuole americane, sono stati introdotti nuovi programmi di studio, in cui ai bambini sono stati attribuiti corsi come le soap opera e "questioni ambientali" senza senso. "In tutto, il Tavistock Institute ha reclutato 4.000 nuovi scienziati sociali per lavorare al fine di allontanare l'istruzione americana dai valori tradizionali. Il risultato dei loro sforzi è visibile nell'enorme aumento della criminalità adolescenziale violenta, della criminalità scolastica e degli stupri. Queste statistiche riflettono il successo dei metodi del Tavistock Institute.

Tra gli "educatori" reclutati dai socialisti c'erano il socialista Gunnar Myrdal e sua moglie, provenienti dalla Svezia. I Myrdal hanno una lunga storia di fedeltà alle idee socialiste/marxiste. Myrdal aveva lavorato come assistente del socialista dichiarato Walt Whitman Rostow presso la Commissione economica per l'Europa delle Nazioni Unite a Ginevra. Le attività di tradimento di Rostow sono raccontate in altri capitoli di questo libro. Prima di entrare a far parte di Rostow, Myrdal aveva lavorato in Svezia come Ministro del Commercio, posizione nella quale aveva arrecato danni quasi irreparabili all'economia svedese, in pieno stile socialista.

Myrdal fu scelto dalla Fondazione socialista Carnegie per condurre uno studio sulle relazioni razziali negli Stati Uniti con una sovvenzione di 250.000 dollari. Si pensava che, poiché Myrdal non aveva esperienza con i neri, dato che in Svezia non ce n'erano, il suo studio sarebbe stato imparziale. Quello che non si capiva all'epoca era che l'intera faccenda era una messa in scena: Myrdal doveva produrre una serie di risultati che sarebbero stati utilizzati nel famoso caso Brown v. Board of Education. Myrdal produsse un rapporto pieno di scoperte socio-politiche totalmente fraudolente che sosteneva, in sostanza, che i neri erano stati penalizzati nell'istruzione. Le scoperte di Myrdal erano piene di buchi.

Inoltre, lungi dall'essere uno scienziato disinteressato, Myrdal era un nemico dichiarato della Costituzione statunitense, che descriveva come

> "un culto quasi feticistico... una Costituzione di 150 anni fa (che è) per molti versi impraticabile e inadatta alle condizioni moderne... Gli studi storici moderni rivelano che la Convenzione costituzionale non fu altro che un complotto contro il popolo... Fino a poco tempo fa, la Costituzione è stata usata per bloccare la volontà popolare".

Myrdal e sua moglie fecero un tour negli Stati Uniti sotto gli auspici del socialista Benjamin Malzberger. Tra le molte osservazioni sprezzanti fatte da Myrdal ce n'è una in cui descrive il popolo americano come "bianchi dalla mentalità ristretta, dominati dalla religione evangelica", e i bianchi del Sud come "poveri, non istruiti, maleducati e sporchi". È stato quest'uomo a scrivere il rapporto sociologico "imparziale" che si dice abbia permesso al giudice capo Earl Warren di decidere il caso Brown v. Board of Education.

Cosa c'era dietro la grande campagna socialista degli anni '20 e '50 per distruggere il sistema educativo americano? Si può riassumere in poche parole: l'idea centrale era quella di "fabbricare nuove menti", perché solo attraverso nuove menti l'umanità avrebbe potuto rifarsi - questo secondo uno dei sommi sacerdoti dell'educazione socialista, Eric Trist, che aggiungeva che la nuova mente avrebbe escluso la fede nella religione cristiana. E come disse Myrdal: "Quale posto migliore per iniziare se non la scuola? ".

Per portare Brown v. School Board alla Corte Suprema, la NAACP ha ricevuto 10 milioni di dollari da varie fonti, tra cui il Political Action Group, un'organizzazione di facciata socialista, e la massoneria. Gli avvocati della NAACP ricevettero istruzioni dettagliate da Florence Kelley e Mary White Ovington. Kelley fu l'ideatore dei "Brandeis Briefs", che consistevano in centinaia di pareri sociologici e spesso erano coperti da non più di due pagine di riferimenti legali. Il metodo dei Brandeis Briefs era il modo in cui la Corte Suprema avrebbe dovuto decidere tutti i futuri casi riguardanti questioni costituzionali.

I programmi scolastici americani, socialmente corrotti, non insegnano la Costituzione, perché se ai bambini venisse insegnata, bisognerebbe insegnare loro che la Costituzione è la prima difesa contro il governo federale e i presidenti come George Bush e Bill Clinton, che aspirerebbero a diventare tiranni, se non fossero sottoposti ai suoi vincoli. L'obiettivo degli educatori socialisti è quello di erodere gradualmente le tutele costituzionali che garantiscono la vita, la libertà e la proprietà di tutti i cittadini, sostituendole con un socialismo totalitario.

Solo un sistema educativo basato sulla Bibbia è buono. Tutti gli altri sistemi sono stati progettati dall'uomo e quindi devono necessariamente essere imperfetti. Le nostre scuole sono cadute nelle mani di persone profondamente influenti il cui scopo principale nella vita è trasformarle in un baluardo socialista. In questo sono sostenuti dalla magistratura. L'obiettivo è quello di muoversi lentamente, in vero stile socialista, verso un governo socialista/marxista, cambiando l'orientamento e la direzione di ciò che viene insegnato nelle scuole. Se i socialisti continueranno a progredire come hanno fatto negli ultimi tre decenni, entro il 2010 avremo una nazione di giovani adulti e cittadini di mezza età che non avranno alcun problema con l'agenda segreta del potere centralizzato in una dittatura socialista, sostenuta da una forza di polizia nazionale.

È chiaro che uno degli obiettivi già raggiunti dai socialisti è la mancanza di interesse per la lettura. I bambini americani si perderebbero completamente se fossero collocati, ad esempio, nella biblioteca del British Museum di Londra o del Louvre di Parigi. I grandi scrittori e artisti avrebbero poco da dire. I libri non sono più gli amici dei bambini come all'inizio della nostra storia. Il nostro sistema educativo se ne è accorto. Anche Dickens è uno sconosciuto per la maggior parte degli studenti americani.

La mancanza di una vera educazione porta i bambini e i giovani adulti a cercare ispirazione nei film, nella musica rock, che era prevista. L'unico modo per combattere questa paralisi insidiosa e strisciante è intervenire regolarmente e con forza. La cosiddetta "lotta ai pregiudizi razziali" degli anni '60 ha influenzato notevolmente le menti e gli atteggiamenti dei nostri giovani. La cosiddetta democratizzazione delle nostre scuole e università negli ultimi tre decenni è stata un attacco diretto alle loro strutture interne, con una perdita di direzione e di orientamento.

Il cosiddetto movimento "femminista" è un prodotto diretto del manifesto comunista del 1848 e del pensiero contorto di Gunnar Myrdal e degli scienziati della Nuova Scienza dell'Istituto Tavistock. Il risultato è che gli studenti mettono in dubbio il sesso biologico dato da Dio. Allo stesso modo, la distorsione della "storia" è molto viva negli anni Novanta. A un gruppo di scolari è stato chiesto chi fosse l'uomo più malvagio del mondo; senza esitazione, hanno risposto: "Hitler". Lo stesso gruppo non sapeva nulla di Stalin, certamente non che fosse il più grande macellaio dell'umanità di tutti i tempi, che ha ucciso dieci volte più persone di quante ne avrebbe uccise Hitler. Tale affermazione ha suscitato nei loro volti sguardi perplessi.

Gli eroi degli scolari e degli studenti non sono le grandi figure della storia; i loro "idoli" sono piuttosto le "pop star" decadenti, malvagie, sporche e drogate. Beethoven e Brahms non significano nulla per loro, ma mostrano subito un vero interesse quando i suoni orrendi della musica "rock" riempiono l'aria. D'altra parte, Marx è conosciuto dalla maggior parte degli studenti, ma non sanno bene cosa rappresenti. Nelle nostre scuole abbiamo raggiunto un punto in cui la "riforma" viene messa al di sopra dell'apprendimento. Negli anni '90, quasi tutte le questioni educative sono legate alla parola "riforma".

In nessun altro ambito si è verificata una trasformazione maggiore a causa delle "riforme" che in quello dell'educazione sessuale. I comunisti erano decisi a costringere anche gli alunni più piccoli a imparare il sesso. Madame Zinoviev fu responsabile del progetto nella Russia bolscevica, che cercò di trasferire negli Stati Uniti, ma che fu bloccato negli anni Venti da una Corte Suprema non ancora piena di giudici socialisti e dalla vigilanza delle Figlie della Rivoluzione americane. I prodotti dei "tribunali femministi" ora considerano il matrimonio come un mero contratto. Il sesso non è più mistico, quindi lo studente di oggi non vuole prendersi il tempo di formare una relazione emotiva prima di abbandonarsi al "libero amore". Sappiamo che queste idee sono state preparate nella Russia bolscevica da Madame Kollontay e poi trapiantate negli Stati Uniti.

Il nostro sistema educativo imperfetto produce ragazze che non sono adatte alla società, e le statistiche sulla criminalità che coinvolge le adolescenti confermano la verità di questa affermazione. La cultura della droga è profondamente radicata nella gioventù degli anni Novanta. Le questioni spirituali sono state eliminate dalle nostre scuole. Oggi i nostri giovani studenti sono sull'orlo dell'"illuminazione socialista", dove tutto è lecito se ci si sente bene.

Tra tutte le scienze, la scienza politica è la più antica e risale all'antica Grecia. La scienza politica comprende l'amore per la giustizia e spiega perché gli uomini vogliono governare. Ma la scienza politica non è insegnata correttamente nelle nostre istituzioni educative, che ora insegnano una forma perversa nota come socialismo. Se la scienza politica fosse stata insegnata in modo adeguato nelle nostre scuole e università, il giudice Warren non avrebbe avuto vita facile nell'infilarci in gola Brown vs Board of Education. Così, con l'astuzia, la furbizia e l'inganno, i socialisti si sono fatti strada nella fatidica decisione Brown vs. Board Education, che ha reindirizzato l'istruzione negli Stati Uniti verso canali socialisti/marxisti/comunisti.

Le Fondazioni Rockefeller e Carnegie hanno finanziato un gruppo di studio composto da Margaret Meade, antropologa delle nuove scienze, e Rensis Likert, per proporre una revisione di tutte le politiche educative regolate dalla legge biblica. La signora Meade ha utilizzato la tecnica di psicologia inversa del Tavistock Institute per superare quello che il rapporto descrive come un "problema di insegnamento". Il rapporto, che ha avuto un impatto devastante sull'istruzione negli Stati Uniti, rimane tuttora secretato. Uno dei risultati dello studio Meade-Likert è stata la nascita dei Laboratori Nazionali di Formazione (NTL), che contano oltre quattro milioni di membri. Uno dei suoi affiliati era la National Education Association (NEA), la più grande organizzazione di insegnanti del mondo.

Grazie agli sforzi di questa organizzazione e di centinaia di migliaia di insegnanti socialisti, l'educazione laica e umanista ha chiuso il cerchio dai suoi lenti inizi nel 1940. Negli anni '90, i socialisti hanno ottenuto così tante vittorie impressionanti alla Corte Suprema che non hanno più nascosto la loro intenzione di secolarizzare completamente l'istruzione. Questo nuovo progetto, che non è esattamente nuovo se non per la scelta del titolo, lascerà l'istruzione americana nella polvere e i nostri figli tra i più ignoranti del mondo.

Prima abbiamo menzionato il Tavistock Institute for Human Relations dell'Università del Sussex in Inghilterra e il ruolo cruciale che ha svolto nella vita economica, politica, religiosa ed educativa della nazione. Questa organizzazione era sconosciuta negli Stati Uniti fino a quando non ho pubblicato il mio lavoro su di essa negli anni Settanta. Il Tavistock è sotto il diretto controllo delle figure socialiste più potenti della Gran Bretagna ed è strettamente alleato con la Massoneria britannica. Ha i contatti più stretti con la National Education Association, il cui personale senior è stato formato nei National Training Laboratories. È a questo livello che la "geopolitica" è entrata nell'educazione a livello di insegnanti.

Il "nuovo" sistema si chiama "educazione basata sui risultati"

(OBE). L'OBE insegnerà ai nostri figli che non è necessario imparare a leggere e scrivere correttamente, che non è necessario eccellere nell'istruzione; ciò che conta è il modo in cui si comportano tra loro e con i bambini di altre razze.

Che cos'è l'OBE? È un sistema che punisce l'eccellenza e premia la mediocrità. L'OBE mira a trasformare i nostri figli in studenti di un solo livello, dove la norma dominante è la mediocrità. Perché sarebbe così desiderabile? La risposta ovvia è che una nazione in cui la stragrande maggioranza della popolazione è istruita al livello del minimo comune denominatore sarà facile da indirizzare verso una dittatura socialista. La base per l'OBE è stata stabilita con la causa Brown contro Board of Education, che in un senso molto reale ha "fissato" i livelli di istruzione al minimo comune denominatore.

L'OBE trasformerà i bambini americani cristiani in pagani, senza rispetto per i loro genitori e senza amore per il loro Paese, bambini che disprezzeranno l'identità nazionale e il patriottismo. L'amore per la patria viene trasformato in qualcosa di brutto, da evitare a tutti i costi. L'OBE insegna il concetto marxista che la vita familiare tradizionale è superata. Questo è esattamente ciò che Madame Kollontay ha cercato di imporre negli Stati Uniti negli anni '20; è ciò che i socialisti Bebel ed Engels hanno cercato di introdurre nell'educazione tradizionale in America. Oggi, le loro più rosee aspettative si stanno realizzando grazie all'OBE.

È strano, persino inquietante, come l'OBE riproduca gli scritti di Bebel, Engels, Kollontay e Marx - quasi una copia carbone dei nemici della vita familiare e della santità del matrimonio. È inquietante notare che il sistema proposto dall'OBE si trova quasi parola per parola nel Manifesto comunista del 1848. Possiamo solo dire che dopo gli straordinari successi di Evers e Brown vs. Board Education, la socializzazione dell'istruzione in America si è scatenata come un uragano e, a quanto pare, oggi non c'è più nulla che possa frenarla.

I giudici Black e Douglas sarebbero stati felici di essere ancora tra noi, così come Brandeis, Frankfurter e Earl Warren. L'OBE ha preso il controllo delle scuole. Ora, al posto degli insegnanti, abbiamo agenti di cambiamento che impongono l'accettazione di opinioni di gruppo, che loro, i facilitatori, lavano via dalle menti degli studenti. Le "riforme" guidate dai facilitatori mettono i bambini contro i loro genitori e i valori della famiglia. Il capogruppo in classe prende il posto del genitore. C'è sempre la nozione di "riforma interiore" o di "bisogni interiori" che devono essere soddisfatti, e questi "bisogni" significano tutto ciò che il leader del gruppo dice che significano.

La vecchia tecnica socialista di "educazione sessuale" viene portata ben oltre qualsiasi cosa sia stata fatta prima. Nell'OBE ci sono coppie di gruppo con un addestramento esplicito alla sensualità e la promiscuità è attivamente incoraggiata. Non c'è alcun tentativo di incoraggiare il senso della storia. Non si insegna nulla sui grandi leader del passato che hanno portato la civiltà nel mondo. L'enfasi è sul presente, sul "fallo ora" e sul "fallo se ti fa stare bene". L'OBE è responsabile dell'enorme aumento della criminalità giovanile. La generazione attuale e futura di giovani a cui vengono insegnati i metodi dell'OBE diventerà la folla di strada dell'odierna "Rivoluzione Francese", che verrà usata per lo stesso scopo, in un futuro non troppo lontano.

Non c'è dubbio che il progetto dell'OBE sia nato dal World Curriculum del 1986 e dal libro Brave New World di Aldous Huxley, in cui si sosteneva che il mondo perfetto sarebbe stato un mondo senza famiglie, senza bambini senza genitori, in cui le parole "padre" e "madre" sarebbero state detestate e disgustate, e in cui i bambini sarebbero stati accuditi da istituzioni sociali statali, bambini la cui fedeltà sarebbe stata unicamente allo Stato. La ricerca di una società di questo tipo risale a molto tempo fa, prima di "World Curriculum" e di Huxley. Il comunista Bebel scrisse la sua versione di come dovevano essere considerati i bambini, ovvero come protettori dello Stato. Marx, Engels e, in particolare, Madame Kollontay, il cui libro "Il comunismo e la famiglia" è stato la fonte di gran parte di "Brave New World" di Huxley.

I bambini sarebbero arrivati attraverso la provetta e i laboratori avrebbero abbinato gli spermatozoi per dare un livello di mentalità superiore, un'intelligenza media e un'intelligenza inferiore. Nella loro vita adulta, a questi esseri sarebbero stati assegnati vari ruoli in un mondo di schiavi, come ho descritto nel mio libro "Il Comitato dei 300".[7] Se questo sembra troppo difficile da accettare per il

---

[7] Si veda *The Hierarchy of Conspirators - A History of the Committee of 300*,

lettore, ricordate che i bambini in provetta sono già tra noi. Sono stati accettati dalla società, senza rendersi conto dello scopo sinistro che si cela dietro questo empio sviluppo. Il socialismo ha bisogno di una massa di idioti e di un piccolo numero di persone di intelligenza superiore. Le masse di idioti faranno il lavoro nel mondo socialista schiavista, perché la classe intelligente detiene il potere. In un mondo del genere avremo un "apartheid" tale che la versione sudafricana sembrerebbe un'epoca d'oro di buona volontà.

La reazione dei lettori a queste informazioni sarà, come prevedibile, di scetticismo. Tuttavia, dobbiamo guardare alla realtà, quindi vediamo fino a che punto l'OBE si è spinto per eguagliare Huxley, Kollontay, Engels e Bebel. Il disegno di legge HR 485 fa parte del programma socialista di "riforma" dell'istruzione. Il Presidente Clinton è stato scelto per portare a termine una vasta serie di riforme - e lo sta facendo con grande rapidità ed efficienza, sapendo che sarà un presidente di un solo mandato. Il piano socialista Parents as Teachers (PAT) è già in atto in 40 Stati. Il cosiddetto "programma di co-genitorialità" (COP) è iniziato con un programma pilota a St Louis, nel Missouri, nel 1981. Il vero intento della COP è quello di sostituire gli assistenti sociali della COP all'autorità parentale, preferibilmente nel periodo prenatale.

Ispirandosi ad Aldous Huxley, Laura Rogers ha scritto un libro intitolato "The Brave New Family in Missouri", in cui sostiene che ci sono voluti solo quattro anni perché la TAP fosse accettata dalla legislatura dello Stato del Missouri e che il concetto di TAP si è diffuso in Europa ed è in corso di attuazione in 40 Stati americani. È questa la realtà? È paragonabile a quello che abbiamo descritto in questo capitolo sulle "riforme" educative? I socialisti intendono "riformare" l'istruzione a tal punto da produrre il clima previsto da Brave New World di Huxley. E lo stanno facendo ora, proprio sotto i nostri occhi!

Sotto il TAP, un cosiddetto "educatore" si attacca a una famiglia - letteralmente - e inizia il processo di cambiamento degli atteggiamenti dei genitori e del bambino o dei bambini per

John Coleman, Omnia Veritas Ltd, www.omnia-veritas.com.

conformarsi agli ideali socialisti. Il modo in cui ciò avviene è spiegato da Rogers nel suo articolo "The Brave New Family in Missouri".

Primo passo. Il "genitore educatore" si reca nelle scuole e nelle case per "legare" con la famiglia, con il pretesto di promuovere l'educazione del bambino.

Secondo passo. Il bambino o i bambini ricevono un numero di identificazione informatica che sarà permanente.

Terzo passo. L'"agente di cambiamento" lavorerà per modificare il rapporto tra il bambino e i genitori attraverso un "programma di mentoring", come avviene all'Università socialista di Oxford.

Quarto passo. I "genitori educatori" sono tenuti a segnalare tutto ciò che considerano un "comportamento ostile" o un abuso chiamando una speciale "linea diretta" istituita a questo scopo.

Passo 5. I giudici decidono sui "casi limite" e se il bambino o i bambini sono considerati in pericolo, possono essere allontanati dalle cure dei genitori.

Passo 6. Se le raccomandazioni dell'"educatore dei genitori" per i servizi di salute mentale vengono rifiutate dai genitori, ad esempio per quanto riguarda i farmaci, lo Stato può allontanare il bambino o i bambini dalle cure dei genitori. Il/i bambino/i può/possono essere collocato/i in un centro di trattamento residenziale e ai genitori può essere ordinato dal tribunale di sottoporsi a "consulenza psicologica" per tutto il tempo che il "genitore educatore" ritiene necessario.

Quello che la PAT fa è porsi come giudice e giuria per decidere chi sono i genitori adatti e quelli non adatti! Per farlo, il TAP utilizza quelle che Rogers chiama le "definizioni dei fattori di rischio" che sono diventate lo standard per misurare l'idoneità o l'inadeguatezza dei genitori a crescere i figli, e ricorda che questi criteri sono attualmente utilizzati in 40 Stati:

> "Incapacità del genitore di far fronte a (ciò che non viene definito) un comportamento inappropriato del bambino (ad es. morsi gravi, comportamenti distruttivi, apatia)".

> "Genitori a basso funzionamento. Sono considerati genitori

potenzialmente violenti. In questa categoria, il genitore-insegnante ha un'ampia gamma di opzioni. Praticamente tutti i genitori possono rientrare nella categoria dei "genitori a basso funzionamento".

"Stress eccessivo che influisce negativamente sulle funzioni familiari". Questo dà al genitore insegnante un numero virtualmente illimitato di opzioni per citare i segnali di pericolo "abusivi", tra cui il basso reddito.

"Altro... Potrebbe trattarsi di un'ampia varietà di condizioni, come allergie, fumo pesante in casa (R.J. Reynolds lo sa?), storia familiare di perdita dell'udito...".

Da quanto detto sopra, è chiaro che il socialismo nell'istruzione è diventato maggiorenne in America. Ciò che Madame Kollontay, Engels, Bebel e Huxley ritenevano più auspicabile è stato ora realizzato. L'istruzione è il mezzo con cui il socialismo può essere sconfitto, come molti dei nostri statisti del 1800 hanno chiarito, ma nelle mani sbagliate è un'arma potente che il socialismo brandirà senza pietà per realizzare lo stato di schiavitù del tanto desiderato Nuovo Ordine Mondiale. Nulla di tutto ciò sarebbe stato possibile senza il tradimento e la perfidia della Corte Suprema e in particolare l'atteggiamento velenoso dei giudici Douglas e Black, che dovrebbero passare alla storia come due dei più vili traditori nella storia di questa nazione.

Capitolo 4

LA TRASFORMAZIONE DELLE DONNE

Nel corso della storia, le donne hanno svolto un ruolo decisivo. Prima del XX secolo, erano di solito in secondo piano, osservavano, davano consigli e incoraggiamenti, mai in modo ostentato e raramente, se non mai, in pubblico. Ma le cose cambiarono alla fine del XIX secolo e il veicolo del cambiamento fu la Fabian Society e il socialismo internazionale.

Quando l'occhialuto Sydney Webb incontra la statuaria Martha Beatrice Potter, iniziano a scoccare le scintille. (Entrambi riconoscono all'altro un particolare genio per l'organizzazione e la gestione degli affari quotidiani. Antonio e Cleopatra erano più affascinanti, la Regina di Saba e Salomone più maestosi, Hitler ed Eva Braun più drammatici, ma rispetto ai Webb il loro impatto sul mondo è stato minore. I danni causati dai Webb si ripercuotono ancora nel mondo, molto tempo dopo che gli altri due sono diventati semplici figure storiche.

Sydney Webb incontrò Beatrice Potter nel 1890. Era ben dotata, sia fisicamente che finanziariamente. Lui, invece, era piccolo, basso e non aveva soldi. Beatrice proveniva da una famiglia di magnati delle ferrovie canadesi e aveva una propria rendita dal padre. Forse ciò che ha unito Sydney e Beatrice è stata la loro vanità, che non si sono mai preoccupati di nascondere. Il rifiuto della sua offerta d'amore all'alto borghese Joseph Chamberlain aveva reso Beatrice arrabbiata e amareggiata, il che sembra essere il carburante per il suo "odio di classe". Webb lavorava come impiegato presso l'Ufficio coloniale britannico, una posizione considerata piuttosto bassa nella vita inglese vittoriana.

Nel 1898, Beatrice e il marito rivolsero la loro attenzione agli Stati

Uniti, compiendo un "grand tour" di tre settimane. Durante questo periodo, i Webb non incontrarono né i membri del sindacato né le donne che lavoravano duramente nel distretto dell'abbigliamento di New York. Invece, cercarono e furono accolti dall'élite del socialismo newyorkese, tra cui Miss Jane Addams e Prestonia Martin, entrambe del Social Register.

Era un modello che sarebbe stato seguito da tutti i leader socialisti/bolscevichi negli anni a venire. Nel 1900, grazie soprattutto al lavoro di Beatrice, la Commissione Reale dell'Università di Londra decretò che l'economia sarebbe stata d'ora in poi elevata a scienza. Beatrice non ha perso tempo per impressionare Granville Barker, un noto uomo di teatro, e il rappresentante personale del Presidente Wilson, Ray Stannard Baker, con questo grande risultato durante un pranzo organizzato da Beatrice e suo marito.

Il sodalizio Webb-Potter si trasformò in un matrimonio e diede inizio alla moda di una coppia di marito e moglie più dediti al socialismo che l'uno all'altro in privato, ma in superficie una coppia molto devota. Questo si è rivelato un vantaggio importante per attirare le donne nelle file delle cause sociali e della politica, e si può dire che sia stata la nascita del femminismo radicale. Clements Inn, sede della Fabian Society, è stata la fonte del Fabian News, pubblicato per la prima volta nel 1891. Beatrice era coautrice e il suo denaro ha pagato i costi di stampa.

Per Beatrice era naturale che il modo migliore per promuovere il loro ideale fosse attraverso l'élite del Paese. Se la gente comune è brava a fare i "comizi" alla Billy Graham, è l'élite che può ottenere risultati. A questo proposito, Beatrice non ha mai perso il suo snobismo. Per lei, l'élite doveva essere convertita per prima, il resto avrebbe seguito. Questo era il modello che i leader bolscevichi avrebbero poi adottato. Quando Kruscev visitò l'Inghilterra e altri Paesi dell'Europa occidentale, non lo si vide mai soggiornare in un cottage di portuali o incontrare le file dei sindacati. Era sempre l'élite a cui Kruscev prestava molta attenzione - Agnelli in Italia, Rockefeller negli Stati Uniti - e lo stesso valeva per tutti i leader socialisti.

Non sorprende che Beatrice abbia iniziato a concentrarsi sui figli dei ricchi e famosi dell'Università di Oxford. La qualità del suo lavoro può essere giudicata dal numero di traditori dell'alta società, prodotti di Oxford e Cambridge, che hanno volontariamente tradito l'Occidente per promuovere il loro obiettivo di una rivoluzione mondiale socialista, di cui Burgess, Mclean, Philby, Anthony Blunt, Roger Hollis sono i più noti, ma certamente non gli unici. Sotto il mantello della "riforma" sociale si nascondeva un cancro mortale e pericoloso che corrodeva gli ideali dell'Occidente cristiano, chiamato socialismo fabiano. Uno dei primi convertiti di rilievo fu Walter Lippmann, che Beatrice Webb "indusse" a unirsi alla Fabian Society.

Nel 1910, Beatrice e il suo denaro avevano creato diversi centri da cui veniva diffusa la propaganda fabiana. Scrittori, teatranti e politici dell'epoca iniziarono a gravitare nella sua cerchia. Secondo il New Statesman, l'opinione generale era che Beatrice fosse a capo di un movimento culturale liberale e solidale. La milionaria Charlotte Payne-Townshend divenne amica di Beatrice che le chiese di presentarle George Bernard Shaw, dopo di che Charlotte ne fece un uomo onesto. Ora i due leader maschi potevano permettersi di dedicare tutto il loro tempo alla promozione del socialismo, grazie ai soldi delle rispettive consorti.

Ciò che è stato spesso notato è che entrambe queste donne hanno trascorso la loro vita attaccando proprio il sistema che forniva i fondi per le loro attività. Beatrice Webb fu la forza trainante dell'acquisizione del Partito Laburista, proprio come un'altra socialista, Pamela Harriman, prese in seguito il controllo del Partito Democratico negli Stati Uniti e portò al potere un presidente il cui programma socialista era quello di portare il Paese in un unico governo socialista mondiale - il Nuovo Ordine Mondiale.

Certamente Beatrice Webb lavorò instancabilmente per distruggere le politiche economiche e smantellare l'ordine sociale ed economico di un'Inghilterra ordinata. Ciò che mi sorprende è che i Webb non siano stati arrestati per sedizione e tradimento, come il professore "rosso" Harold Laski. Se ciò fosse accaduto, avrebbe potuto salvare gli Stati Uniti dalle convulsioni di stampo socialista che continuano ancora oggi. Tra gli amici di Beatrice c'erano una contessa e molte famose signore della società londinese dell'epoca, tra cui la moglie di Sir Stafford Cripps. Queste femministe radicali hanno aperto le loro case a tea party e ritiri di fine settimana per cause socialiste.

Durante il suo lungo regno, Beatrice Webb non ha mai esitato a sostenere i bolscevichi, cosa che non sembrava disturbare la sua lunga lista di contatti nell'alta società, tra cui Sir William Beveridge, che avrebbe avuto un enorme impatto sulla politica in Inghilterra e negli Stati Uniti (il piano Beveridge divenne il modello per la sicurezza sociale negli Stati Uniti). Quando Beatrice morì nel 1943, i suoi servizi al socialismo vennero riconosciuti in un modo strano: le ceneri di Martha Beatrice Webb vennero sepolte nella Cattedrale di Westminster - un luogo strano per un'atea dichiarata!

La tigre del movimento femminista radicale, anti-matrimonio e anti-famiglia, introdotto nel mondo dai socialisti fabiani, era Madame Alexandra Kollontay. Non è noto se Beatrice Webb abbia incontrato Kollontay durante i suoi frequenti viaggi a Mosca. Chi era Madame Kollontay? A pagina 9972 delle pagine 9962-9977, Congressional Record, Senato del 31 maggio 1924, troviamo quanto segue:

> "La signora Kollontay è ora un ministro sovietico in Norvegia, dopo una carriera movimentata che ha incluso otto mariti, due incarichi di commissario del popolo, il primo come commissario del benessere, due visite negli Stati Uniti (1915 e 1916), un'agitazione socialista tedesca, dopo essere stata deportata da tre paesi europei nel 1914 come pericolosa rivoluzionaria..."

C'è poi un'altra presentazione di questa femminista radicale comunista rivoluzionaria mondiale e dura a pagina 4599 delle pagine 4582-4604 :

> "... Recentemente, l'ambasciatrice dell'Unione Sovietica, Alexandra Kollontay, è venuta in Messico. Si dice che sia stata una leader del movimento rivoluzionario mondiale per 28 anni, che sia stata arrestata in tre diversi Paesi per il suo impegno nel 1916 e che nel 1917 abbia visitato gli Stati Uniti parlando in tutto il Paese. Era sotto la guida di Ludwig Lore, oggi comunista di spicco negli Stati Uniti. L'oggetto e lo scopo della visita di Kollontay negli Stati Uniti nel 1916 e nel 1917 era quello di incitare i socialisti di questo Paese e di ostacolare le nostre attività nel caso in cui gli Stati Uniti fossero entrati in un sistema di resistenza a causa di quanto accaduto. Alexandra Kollontay è la più grande esponente mondiale del "libero amore" e della nazionalizzazione dei bambini. Si trova in Messico per questo scopo e non è di buon auspicio per il popolo degli Stati Uniti".

Il libro di Kollontay, "Il comunismo e la famiglia", è il più violento e selvaggio attacco al matrimonio e alla famiglia mai scritto, superando la malvagità decadente di "L'origine della famiglia" di Fredric Engels. I seguaci radicali del "libero amore" di Kollontay si facevano chiamare "Lega Internazionale per la Pace e la Libertà". Ma hanno subito una serie di cambiamenti di nome per nascondere il fatto che il loro programma è sempre lo stesso di Alexandra Kollontay: oggi si fanno chiamare "Lega nazionale delle donne votanti" e "Lega nazionale per i diritti dell'aborto" (NARL). Hanno anche l'audacia di definirsi "pro-choice", il che significa che possono scegliere se uccidere o meno i bambini non ancora nati.

Gli obiettivi delle "femministe liberali" marxiste/socialiste - meglio conosciute come femministe radicali - sono stati definiti negli anni '20-'30 e non sono cambiati. La richiesta di "diritti delle donne" è sinonimo di amore senza responsabilità, cioè di aborto su richiesta. Loro e i loro socialisti incendiari alla Camera e al Senato formano un'alleanza scellerata con gli sciacalli dei media, iniziata ai tempi di Florence Kelley.

Kollontay è stata la portabandiera delle femministe radicali di cui oggi il Paese è maledettamente pieno. Il Comitato Overman sul bolscevismo negli Stati Uniti ha riferito quanto segue:

> L'obiettivo apparente del governo bolscevico della Russia è quello di rendere i cittadini russi, soprattutto le donne e i bambini, dipendenti da quel governo... Ha distrutto l'ambizione naturale e reso impossibile l'adempimento dell'obbligo morale di prendersi cura del bambino e di proteggerlo adeguatamente dalle disgrazie dell'orfanità e della vedovanza... Promulgò decreti relativi al matrimonio e al divorzio che in pratica stabilivano il 'libero amore'". Documento del Senato pag. 61, 1a sessione, pagg. 36-37 Congressional Record.

Quanto sopra corrisponde perfettamente agli scopi e agli obiettivi del socialismo fabiano. Il femminismo radicale, che oggi dilaga e si scatena negli Stati Uniti, è un insegnamento socialista. Il modello socialista della Fabian Society permetteva, anzi incoraggiava, il femminismo radicale, nascondendolo sotto un velo di domesticità. Mentre Beatrice Webb e i suoi collaboratori non riuscirono a creare cliniche aperte per l'aborto, vale la pena di ricordare che la signora Harold Laski, moglie del professor Laski, uno dei grandi nomi dei circoli socialisti, fu la prima a promuovere l'idea di centri di consulenza per il controllo delle nascite in Inghilterra.

La dottoressa Annie Besant era ben nota a Beatrice Webb grazie agli ambienti del Partito Liberale a Londra. Besant era il successore di Madame Blavatsky e aveva ereditato la sua Società Teosofica, i cui aderenti erano tra i ricchi e famosi nei circoli di potere dell'Inghilterra vittoriana. Besant svolse un ruolo significativo nell'istigare l'agitazione attraverso i salotti; la sua prima iniziativa fu un attacco all'industria del Lancashire, un importante centro industriale dell'Inghilterra.

A capo della Co-Massoneria alleata con il KKK "Clarte" (nessun legame con il KKK negli USA) e con la Loggia delle Nove Sorelle del Grande Oriente di Parigi, la Besant fu molto attiva nel promuovere quella che chiamava "democrazia sociale", ma fu sempre sotto il controllo della Loggia del Grande Oriente di Parigi, dalla quale ricevette il titolo di Vicepresidente del Consiglio Supremo e di Gran Maestro del Consiglio Supremo per la Gran Bretagna. È qui che la convergenza tra Massoneria, Teosofia e Alleanza delle Religioni diventa chiaramente riconoscibile.

H.G. Wells credeva nelle idee di Besant, probabilmente perché, come lui, era un membro del KKK "Clarte", così come Inez Milholland. Entrambe le signore socialiste si impegnarono a fondo per la causa del suffragio femminile, che Sydney Webb vide in modo perspicace come l'onda del futuro quando si trattava di ottenere voti per i partiti laburista e liberale.

Ciò che Besant è diventata, lo deve a Madame Petrova Blavatsky, che a sua volta deve la sua rapida ascesa sociale a Herbert Burrows, che promosse i suoi "talenti" attraverso la Society for Physical Research, un club selezionato per i ricchi, gli aristocratici e i potenti politici dei circoli della Londra vittoriana. Questi circoli erano frequentati da H.G. Wells e Conan Doyle (poi Sir Arthur Conan Doyle). Wells descrisse la Blavatsky come "una delle più abili, ingegnose e interessanti imposture del mondo".

La Blavatsky fu iniziata alla Massoneria carbonara dal capo indiscusso di quella loggia in Italia, il grande Mazzini. Fu anche vicina a Garibaldi e fu con lui nelle battaglie di Viterbro e Mentana. Due uomini che influenzarono notevolmente la sua vita furono

Victor Migal e Riavli, entrambi massoni rivoluzionari della Loggia del Grande Oriente. Morì nel 1891, socialista incallita e confermata.

Susan Lawrence è stata una delle prime tre candidate del Partito Laburista elette in Parlamento grazie al lavoro del movimento delle suffragette, guidato dalle guerriere della Fabian Society Ellen Wilkinson ed Emily Pankhurst. La Lawrence è diventata famosa per la sua dichiarazione: "Non predico la guerra di classe, la vivo". Margaret Cole ha sviluppato il suo istinto per il femminismo radicale mentre lavorava come ricercatrice per la Fabian Society. Poté poi mettere a frutto quanto appreso lavorando al Ministero del Lavoro britannico, mentre il marito, G.D.H. Cole, saliva alla ribalta in una successione di governi laburisti. Come i Webb, i Cole mantennero un'apparenza di felicità domestica, ma il loro era un matrimonio di convenienza socialista.

Una delle studentesse di punta di Beatrice Webb fu Margaret Cole, che scrisse "The Story of Fabian Socialism", in cui gli obiettivi del femminismo radicale vengono addolciti per attirare le mosche. Cole è responsabile di gran parte della penetrazione e della permeazione del socialismo fabiano in America. I ricercatori socialisti fabiani ritengono che il rovesciamento del Rapporto Lusk con il veto del governatore di New York Al Smith si adatti perfettamente al dettame socialista fabiano: "Chiedi a un socialista di fare il lavoro sporco per te". Cole è stato membro della delegazione della Confederazione internazionale dei sindacati liberi presso le Nazioni Unite.

Negli Stati Uniti, una delle donne socialiste più importanti fu Florence Kelley. Il suo vero nome era Weschenewtsky. Nessuno sembrava sapere molto di lei, se non che Kelley aveva studiato Lenin e Marx in Svizzera, il rifugio internazionale dei rivoluzionari. Le piaceva definirsi una "marxista quacchera". Una cosa che i socialisti fabiani sapevano era che Kelley stava guidando la carica per la "riforma" negli Stati Uniti. A volte mise in ombra la sua amica più famosa, Eleanor Roosevelt, convincendo la Roosevelt ad aderire alla socialista National Consumers League (NCL) di cui era membro fondatore.

L'NCL, un'istituzione socialista convinta, era un'organizzazione determinata a far entrare il governo federale nei settori della sanità, dell'istruzione e dei poteri di polizia che appartenevano agli Stati in base al 10° emendamento della Costituzione degli Stati Uniti. Kelley si è dimostrato un genio in questo senso. A lei si attribuisce la formulazione della cosiddetta strategia del "Brandeis Brief", che consisteva nell'affogare un caso legale sottile in una massa di documenti irrilevanti, in modo che alla fine il caso sarebbe stato deciso non sulla base del diritto, ma sulla base di un "parere legale" sociologico ed economico di orientamento socialista. Poiché i giudici non avevano una formazione sociologica, non erano le persone adatte a giudicare i meriti della SOCIOLOGIA del caso che avevano di fronte, per cui questi casi venivano solitamente decisi a favore dei socialisti.

Elizabeth Glendower, una mondana estremamente ricca, ospitava spesso Kelley a casa sua, insieme a Brandeis e ai principali scrittori socialisti dell'epoca. Kelley è noto per aver stretto amicizia con Upton Sinclair, le cui prime opere letterarie consistevano in pacchi di "position paper" socialisti fabiani inviati a studenti universitari socialisti per la distribuzione nei campus di tutto il Paese. Nonostante le sue smentite, Kelley era un instancabile ricercatore di opportunità per promuovere la causa della rivoluzione mondiale.

La signora Robert Lovett, il cui marito era professore di inglese all'Università di Chicago, era una stretta alleata di Kelley. I Lovett, Kelley e Jane Addams gestiscono una casa di lavoro socialista chiamata Hull House, frequentata da Eleanor Roosevelt e Frances Perkins. Molti membri della Hull House si sono recati in Inghilterra per partecipare al programma estivo della Fabian Society. Kelley era bravo a far convertire al socialismo e fu un instancabile missionario del socialismo americano.

Le donne socialiste entrarono in scena negli Stati Uniti alla fine della guerra civile. I comunisti sono stati molto attivi nel periodo precedente e immediatamente successivo alla guerra, un fatto che non viene menzionato nei libri di storia dell'establishment, e queste "femministe" socialiste sono riuscite a penetrare e a permeare le organizzazioni legittime delle donne che si occupano del benessere delle loro famiglie.

Questo era relativamente facile per i socialisti di formazione fabiana, data l'abitudine dell'epoca di porre le donne su un piedistallo di rispetto, meritevoli della protezione degli uomini. Alcuni dei leader dei carpet bagger erano profondamente socialisti o comunisti. Quando la questione del suffragio femminile fu sollevata dalle donne socialiste, gli uomini ritennero che non fosse saggio esporre le donne alle difficoltà della politica, ma non conoscevano le loro donne socialiste.

Altre erano ben consapevoli di come socialisti e comunisti reclutassero donne militanti e aggressive e le addestrassero a contrastare il femminismo tradizionale. L'atteggiamento dell'epoca è ben espresso alle pagine 165-170 dell'appendice del Congressional Globe, "Suffrage Constitutional Amendment". L'onorevole J.A. Bayard disse del socialismo nel 1869:

> "La prossima eccezione è quella del sesso. Non discuterò questa posizione con i comunisti o i socialisti, né con il partito dei diritti della donna, perché la follia di questa specie di naticismo, sebbene abbia fatto grandi progressi negli ultimi tempi, non è così diffusa da richiedere un'elaborazione o una confutazione. La vanità smodata e l'amore per la notorietà possono aver tentato alcune donne di desessualizzarsi, sia nell'abbigliamento che nell'occupazione; ma il cuore delle donne e l'istinto di maternità le manterranno fedeli al più alto dei loro doveri nella vita, nella cultura e nella formazione del carattere della loro prole..."

Il fatto che questa fosse l'epoca della cavalleria, che è stata completamente distrutta da Hillary Rodham Clinton, Bella Abzug, Eleanor Smeal, Elizabeth Holtzman, Pat Schroeder, Barbara Boxer, Dianne Feinstein e i loro parenti, si trova a pagina 169 dell'appendice del Congressional Globes (il discorso del senatore Bayard):

> "Sono orgoglioso e felice che in questo Paese, la nostra America, ci sia una cavalleresca devozione al sesso che non è stata eguagliata in nessun altro Paese. Non cedo a nessuno nella mia deferenza verso il sesso e nel mio desiderio di assicurare e proteggere le donne in tutti i loro diritti; ma il suffragio non è un diritto...".

È interessante vedere fino a che punto i socialisti hanno usato le legittime preoccupazioni della società femminile e le hanno trasformate in un veicolo per le cause socialiste, con effetti deleteri. La naturale conseguenza di questa penetrazione e permeazione da parte di abili socialisti fabiani è che il Congresso degli Stati Uniti è diventato il campo di gioco di un gruppo di donne incallite e poco femminili che hanno stravolto lo spirito cavalleresco nel loro feroce desiderio di vedere il socialismo fabiano conquistare gli Stati Uniti.

Alcuni dei cosiddetti fronti socialisti "per i diritti delle donne" erano i seguenti:

> Federazione generale dei club femminili.

> Congresso Nazionale delle Madri e Associazione Genitori-Insegnanti.

> Lega nazionale delle donne votanti.

> Federazione nazionale delle donne d'affari e professioniste.

> Unione Cristiana della Temperanza.

> Associazione delle donne universitarie.

> Consiglio nazionale delle donne ebree.

> Lega delle donne votanti.

> Lega nazionale dei consumatori.

> Lega sindacale femminile.

> Lega Internazionale delle Donne.

> Società Amichevole delle Ragazze Americane.

Queste organizzazioni facevano parte di una causa intentata dalla signora Florence Kelley e da alcune importanti "femministe" (socialiste) nel luglio 1926. Stavano cercando di approvare una legge, il Maternity and Infancy Act, che violava il 10° Emendamento della Costituzione degli Stati Uniti, ma la Corte Suprema, libera dal controllo esercitato su di essa oggi (iniziato con l'era Roosevelt), salvò la nazione da un tentativo socialista di prendere il controllo totale degli Stati Uniti. Il presidente Carter ha preso gran parte del materiale dal libro della signora Kollontay, "Il comunismo e la famiglia", per la sua legge sull'istruzione.

I socialisti hanno sempre avuto l'intenzione di nazionalizzare i figli dell'America. La socialista Shirley Hufstedler, che un tempo dirigeva l'incostituzionale Dipartimento dell'Istruzione degli Stati Uniti, si è ispirata a Madame Lelina Zinoviev, moglie di Gregory

Zinoviev. Hufstedler ha cercato di "nazionalizzare" e "internazionalizzare" i bambini americani per prepararli al loro futuro ruolo di mescolatori di razze in un governo mondialista.

Questa era anche l'intenzione di Frances Perkins, un'assistente sociale di formazione che ha guidato per molti anni il cosiddetto "movimento femminista" negli Stati Uniti. Perkins era il commissario del lavoro dello Stato di New York del governatore Franklin D. Roosevelt. Annoverava Eleanor Roosevelt tra i suoi amici più cari e Kelley fu vicina a Roosevelt durante i tre mandati di quest'ultima alla Casa Bianca. Uno dei primi incarichi di Perkins fu quello di fondare l'Associazione Internazionale per la Legislazione del Lavoro con Eleanor Roosevelt e il suo protetto, Harry L. Hopkins, con il quale Perkins lavorò a stretto contatto per istituire un sistema di assistenza al lavoro per i disoccupati nello Stato di New York.

Il piano originale è stato elaborato da un gruppo socialista noto come Association for the Betterment of the Poor. Perkins e i suoi amici hanno premuto tutti i tasti giusti e hanno fatto di tutto per far approvare le loro "riforme" dalla legislatura dello Stato di New York. Centinaia di opuscoli e volantini sono stati distribuiti nelle scuole e nelle università per creare sostegno a questi "cambiamenti benefici", mentre i redattori senior hanno scritto articoli che sono stati ripresi dalla stampa scandalistica. Sono state condotte decine di "sondaggi" per creare un "sentimento popolare" a favore delle "riforme" del lavoro che potevano solo "giovare all'intero Paese".

Perkins indossava molti cappelli ed era noto per la sua instancabile energia e dedizione al movimento socialista fabiano negli Stati Uniti. Quando Roosevelt lasciò Albany per Washington, Perkins lo seguì. È stata la prima donna a essere nominata a un posto di gabinetto nella storia degli Stati Uniti. La sua influenza su Roosevelt fu solo leggermente inferiore a quella di Eleanor Roosevelt.

La Perkins rimase al fianco di Roosevelt dal primo all'ultimo giorno dei suoi tre mandati, durante i quali portò nel governo federale una vera e propria marea di avvocati, economisti, statistici e analisti socialisti. Quando John Maynard Keynes visitò Roosevelt e cercò di spiegare le sue teorie economiche senza molto successo, fu Perkins a venderle a Roosevelt. Perkins ingoiò la teoria del "moltiplicatore", facendo l'osservazione quasi immortale che "con il sistema (di

Keynes), con un dollaro si sono creati quattro dollari".

Perkins ideò il piano per truccare la convention democratica del 1940, che valse a Roosevelt il terzo mandato, anche se il "merito" va generalmente a Harry Hopkins. Durante i primi giorni di Roosevelt come governatore di New York, Perkins fu il lobbista della National Consumers League e del Women's Trade Council ad Albany, New York.

Si dice che i suoi contatti con i principali intellettuali socialisti dell'epoca fossero centinaia e che fosse la preferita di Felix Frankfurter. Un altro dei suoi sostenitori maschili era Harry Hopkins, che sarebbe salito alla ribalta nell'era Roosevelt e avrebbe arrecato notevoli danni agli Stati Uniti. La Perkins portò con sé a Washington una schiera di economisti socialisti e professori del lavoro, dai quali riversò un vero e proprio torrente di materiale socialista, gran parte del quale viene insegnato ancora oggi nelle università. Più di ogni altra donna - compresa Eleanor Roosevelt - Perkins influenzò Roosevelt a portare gli Stati Uniti nella Seconda Guerra Mondiale.

A Perkins si deve la stesura della legislazione nazionale sull'assicurazione contro la disoccupazione e sulla pensione di vecchiaia. Su richiesta del Presidente Roosevelt, Perkins lavorò dietro le quinte per realizzare questi due sogni socialisti, utilizzando come guida Prohibiting Poverty di Prestonia Martin. Perkins ricevette molto aiuto da John Maynard Keynes, che visitò gli Stati Uniti nel 1934 come ambasciatore di buona volontà del socialismo fabiano. Keynes e Perkins concordavano sul fatto che il socialismo aveva la preziosa opportunità di fare grandi passi avanti durante il mandato di Roosevelt.

Come quasi tutto il New Deal, tratto quasi alla lettera dall'omonimo libro di Graham Wallas, "Proibire la povertà" è stato ampiamente utilizzato per formulare un sistema di assicurazione sociale obbligatoria (Social Security). Perkins cercò e ottenne un importante contributo da Sydney e Beatrice Webb, che fecero notare a Perkins e Roosevelt che la Fabian Society aveva redatto il piano elettorale del 1918 del Partito Laburista ed era stata influente nella stesura del piano Beveridge, che divenne la base del welfare sociale britannico.

Così, il New Deal di Graham Wallas, il Piano Beveridge e le

proposte di Sydney Webb scritte per il Partito Laburista nel 1918, e i principi economici "tassa e spendi" di John Maynard Keynes della Fabian Society, costituirono, con piccoli adattamenti e aggiustamenti, la base del New Deal di Roosevelt. Il ruolo di Frances Perkins in questo processo non può essere sopravvalutato. Spesso le persone mi chiedono, con un profondo dubbio nella voce: "Come possono gli inglesi influenzare, per non parlare di gestire, un Paese come gli Stati Uniti come lei pensa che dovrebbero fare? "La legge sulla sicurezza sociale del 1936 fu opera di Sir William Beveridge, del professor Graham Wallas e del direttore della Fabian Society Sydney Webb, ritoccata e integrata da Frances Perkins. Uno studio di come ciò sia avvenuto e del ruolo svolto da Frances Perkins risponde alla domanda di tutti i tomisti dubbiosi molto meglio di qualsiasi parola che potrei mai usare.

Il Social Security Act del 1936 era puro socialismo fabiano in azione. È stato un evento senza precedenti nella storia degli Stati Uniti e anche incostituzionale al 100%. Ho passato molto tempo a cercare negli archivi del Congresso dal 1935 al 1940 e oltre per vedere se riuscivo a trovare qualcosa che rendesse costituzionale questo pezzo di legislazione socialista pura e semplice, ma senza alcun risultato.

Il modo in cui è stata portata avanti questa rapina socialista ai danni del popolo americano dimostra come i socialisti siano disposti a fare sforzi straordinari per far santificare dalla Corte Suprema le loro leggi palesemente assurde. Perkins, di fronte a questo dilemma, non vedeva vie d'uscita. Roosevelt aveva bisogno che il Social Security Act diventasse legge, in modo da poterlo usare per vincere la rielezione. Grazie all'intercessione di Harry Hopkins, Brandeis e Cardoza, Perkins si trovò seduto accanto al giudice socialista Harlan Stone, un liberale di primo piano, a una cena a Washington al culmine della crisi.

Il Segretario Perkins ha detto al giudice Harlan Stone che stava violando la Costituzione e che aveva bisogno di una soluzione per finanziare la Sicurezza Sociale che fosse accettata dalla Corte Suprema. In violazione del galateo giudiziario, se non addirittura della legge, il giudice Stone sussurrò all'orecchio di Perkins:

> "Il potere impositivo del governo federale, mia cara, il potere impositivo del governo federale è sufficiente per tutto ciò che

volete e di cui avete bisogno.

Perkins seguì il consiglio del giudice Harlan Stones, e così oggi abbiamo una sicurezza sociale socialista in una Repubblica confederata. Non c'è dubbio che il giudice Stone avrebbe dovuto essere sottoposto a impeachment, ma non è mai stata formulata alcuna accusa nei suoi confronti.

Perkins mantenne la fiducia del giudice, non dicendolo a nessuno tranne che a Roosevelt, che utilizzò immediatamente questo schema grossolanamente illegale per finanziare ciascuno dei suoi programmi socialisti del New Deal. In seguito, Harry Hopkins entrò nel segreto e fu autorizzato a prendersi il merito della frase "tassa e spendi, tassa e spendi".

Perkins era confidente e amico di Henry Morgenthau, del giudice Hugo Black e di Susan Lawrence, formidabile deputata e dirigente della Fabian Society. Perkins fu una delle figure chiave del tentativo di conquista socialista degli Stati Uniti negli anni '20 - un piano mortale basato sul libro "Philip Dru-Administrator" scritto dal colonnello Edward Mandel House.

Secondo quanto Susan Lawrence ha detto a Jane Addams, è da

> "In uno dei fenomeni più strani della storia, l'elaborato sistema di pesi e contrappesi ideato dalla Costituzione americana ha portato, almeno per il momento, alla completa ascesa personale di Franklin Roosevelt.

Tuttavia, una rapida occhiata a "Philip Dru-Administrator" mostra che non si tratta di una questione di fortuna, ma di un'elaborata pianificazione e di un'attenta cura della tecnica del Colonnello House che ha portato Roosevelt in testa, pronto a prendere il controllo del Partito Democratico.

Quando arrivò il momento, Frances Perkins rimase al fianco del suo ex datore di lavoro. Prodotto di Hull House, assistente sociale di professione, Perkins è stato descritto come l'opportunista socialista per eccellenza. Perkins si muoveva facilmente nei circoli "aristocratici" della Fabian Society britannica e imparò bene la lezione da Lilian Wald, Jane Addams ed Eleanor Roosevelt. Quando arrivò il momento di essere costruita, era pronta. Se ci fossero due principali cospiratrici negli anni Venti, sarebbero Kelley e Perkins.

La devozione di quest'ultimo al socialismo attirò l'attenzione di Mary Rumsey, sorella socialista di Averill Harriman.

Mary Harriman Rumsey è stata la prima di un gruppo di entusiasti sostenitori del New Deal, che hanno invocato l'adozione del piano della Fabian Society, adattato alle condizioni americane. Rumsey proveniva da una delle famiglie più elitarie degli Stati Uniti degli anni Trenta. La sua stretta collaborazione con Eleanor Roosevelt contribuì ad affinare il suo già profondo attivismo socialista. Rumsey era un lettore instancabile degli scritti di Sydney Webb, Shaw, Haldane, Muggeridge e Graham Wallas.

La sua amicizia con Frances Perkins si sviluppò dopo che si conobbero grazie a Eleanor Roosevelt e scoprirono presto la loro comune passione per le cause socialiste, che Rumsey insistette presto a seguire, come l'illustre fratello di lei, Averill Harriman, che divenne un fervente socialista e intimo di una successione di leader bolscevichi. Le attività socialiste di Rumsey la portarono in giro per gli Stati Uniti e l'Europa, e in Inghilterra fu accolta dai Webb e dall'aristocrazia di sangue blu della Fabian Society.

Ciò che è stato spesso osservato all'epoca è come questa donna, le cui buone maniere la contraddistinguevano chiaramente come proveniente dai piani alti della società, arrivasse a incitare le dirigenti sindacali femminili e a lavorare tra la base sindacale femminile, dove apparentemente era di casa. È evidente che il socialismo fabiano ha lasciato un segno indelebile nella vita di Mary Rumsey, considerata una delle cinque donne più ricche d'America.

La lunga amicizia di Mary Rumsey con l'elegante signorina Jane Addams, "signorile fino alla punta delle dita", come scrisse una volta un editorialista sociale di un giornale di New York, era un altro di quegli anacronismi che sembravano infrangere la classificazione convenzionale dei socialisti su entrambe le sponde dell'Atlantico. Addams fu la forza trainante di Hull House, il "think tank" socialista fabiano dove l'élite femminile dell'epoca veniva introdotta alle convinzioni socialiste. Quando Beatrice e Sydney Webb visitarono gli Stati Uniti nell'aprile del 1898, furono ospiti di Miss Addams. L'ex "impiegato dell'Ufficio Coloniale" sarebbe rimasto affascinato dalla padronanza della lingua inglese di Addams e dai suoi "bellissimi occhi scuri".

Scapolo da sempre, Addams godeva del rispetto di uomini come il colonnello Edward Mandel House e H.G. Wells. Arthur Conan Doyle e Sir Arthur Willert, un grande giornalista fabiano britannico.

Addams fu fortemente coinvolta nella fondazione della Chiesa del Governo Unico Mondiale, un compromesso socialista con la religione, destinato a diventare la "religione" ufficiale del Governo Unico Mondiale, la cui storia è descritta in dettaglio in altre parti di questo libro.

Addams era una vera "pacifista" socialista che vinse il Premio Nobel per i suoi sforzi di promuovere la "pace internazionale". Addams fondò la Women's International League insieme alla signora Pethwick Lawrence, membro dell'"alta società" britannica e figura di spicco della società londinese di fine secolo. Come Addams, era membro del KKK - "Clarte" e della massoneria. Notate i nomi dell'alta società, che non sono quelli che associamo agli anarchici e agli attentatori rivoluzionari. Tuttavia, i danni provocati negli Stati Uniti da queste importanti donne socialiste hanno in molti casi superato l'impatto dei radicali.

Addams fu ricevuta da due presidenti americani e fu un'entusiasta sostenitrice dei banchieri di Wall Street che avevano investito in Lenin e Trotsky, nonché azionista della Russian American Industrial Corporation di Lenin e della Communist Federation Press. Addams era legata alla Società americana per le relazioni culturali con la Russia, che distribuiva le pubblicazioni dell'Alleanza della Fede, soprattutto alle librerie specializzate in letteratura socialista/comunista.

La sua stretta amicizia con Rosika Schwimmer era importante, perché Schwimmer aveva l'orecchio del Conte Karloyi, l'uomo che consegnò l'Ungheria su un piatto insanguinato alla bestiaccia Bela Kuhn (vero nome Cohen) che uccise centinaia di migliaia di cristiani in Ungheria, prima che potesse essere espulso. Addams è il socialista che ha organizzato un tour di conferenze per il sanguinario e malvagio Conte Karloyi.

Le donne seguaci del socialismo fabiano erano ricche, potenti e avevano i giusti legami familiari, il che permise loro di garantire che le loro idee fortemente socialiste avessero un pubblico considerevole. L'impatto delle donne socialiste, come Webb,

Perkins, Rumsey e la signora Pethwick Lawrence, Addams, Besant, su una serie di eventi chiave negli Stati Uniti e in Gran Bretagna non è mai stato completamente descritto o adeguatamente compreso oggi. Queste signore dall'aspetto e dalla parlantina aristocratica avrebbero contrastato nettamente con le Boxer, le Feinstein, le Abzug e le Schroeder del movimento per i "diritti delle donne" negli Stati Uniti. Di tutte le donne in politica negli anni '80 e '90, solo Margaret Thatcher si sarebbe trovata a suo agio con Jane Addams, le cui frequenti visite a Londra, pur non facendole guadagnare un invito al numero 10 di Downing Street, la resero la beniamina della Fabian Society e dei suoi leader, Beatrice e Sydney Webb.

Le buone maniere e il linguaggio raffinato di Addams nascondevano un'interiorità dura come un chiodo e uno spirito che si rifiutava di arrendersi, anche contro le probabilità. Anche se non lo ammetterà mai, Addams fu colei che influenzò profondamente Robert Mors Lovett, l'uomo scelto per guidare la spinta socialista fabiana negli Stati Uniti. Era impossibile trovare un leader più improbabile per le cause socialiste. Riservata e distaccata, Lovett diventa incendiaria dopo aver incontrato Addams alla Hull House. Per molti versi, la campagna di Lovett per la socializzazione dell'America fu una delle battaglie più importanti mai combattute dai "grandi" socialisti. Harry Hopkins, l'uomo che più di ogni altro ha dato fuoco alle foreste del socialismo fabiano in America, deve la sua posizione ad Addams, che lo aveva fortemente raccomandato a Roosevelt nel 1932.

Addams è stata in cima alla lista delle donne socialiste e ha ricevuto il Premio Nobel per la pace per le sue attività di pacificazione a favore del programma socialista per gli Stati Uniti. Continuò la sua crociata socialista sotto l'egida della Women's International League for Peace, da lei fondata a Chicago, che divenne un fronte comunista per la "pace" auspicata dai leader bolscevichi. Addams studiò in dettaglio le pubblicazioni della Fabian Society, in particolare quelle distillate dai libri della signora Kollontay che attaccavano il matrimonio e la famiglia, e dedicò molto del suo tempo alle cause socialiste anti-familiari negli Stati Uniti.

Sebbene non siano mai state intime, Dorothy Whitney Straight (la signora Leonard Elmhurst) era un'ammiratrice della Addams. I Whitney-Straight, come gli Addams, provenivano direttamente dall'alta società americana. Il fratello di Dorothy Whitney-Straight era socio di J.P. Morgan, il che diede ai Whitney-Straight carta bianca per entrare nelle alte sfere dei circoli socialisti fabiani di Londra, New York e Washington. I Whitney-Straight finanziarono la pubblicazione socialista americana Fabian "New Republic" (Dorothy ne era la principale azionista), alla quale Walter Lippmann collaborava regolarmente, e i principali professori socialisti di Oxford e Harvard. Il professor Harold Laski era uno degli autori preferiti della New Republic. Dorothy Whitney Straight era un'entusiasta sostenitrice del presidente Woodrow Wilson.

Dopo il matrimonio con Leonard K. Elmhurst, Dorothy si trasferì dalla sua tenuta di Long Island a Dartinton Hall a Totnes, nel Devonshire, in Inghilterra, "dove si trova il suo cuore", come diceva agli amici, per essere più vicina al centro del potere socialista fabiano. Lì si è confrontata con i "grandi" del socialismo britannico, come Lord Eustis Perry, Sir Oswald Mosely e Grahame Haldane. Nel 1931, Dorothy e i Webb erano impegnati nei loro piani per introdurre il New Deal negli Stati Uniti, in previsione dell'arrivo di Franklin Roosevelt. Per non destare sospetti, su suggerimento di Dorothy, il piano fu chiamato "Pianificazione politica ed economica" (PEP), anche se Moses Sieff, uno dei membri originari, ebbe l'imprudenza di riferirsi al PEP come "il nostro New Deal" in un discorso ai socialisti fabiani a Londra nel 1934.

Fin dall'inizio, il PEP fu un'organizzazione sovversiva determinata a minare la Costituzione della Repubblica degli Stati Uniti, e nessun membro lavorò più instancabilmente a questo scopo di Dorothy Whitney Straight. Il deputato Louis T. McFadden ha commentato così il suo impegno:

> "Posso sottolineare che si tratta di un'organizzazione segreta con un enorme potere? La definizione della loro organizzazione è: un gruppo di persone che sono attivamente coinvolte nella produzione e distribuzione di servizi sociali, nella pianificazione territoriale, nella finanza, nell'istruzione, nella ricerca, nella persuasione e in varie altre funzioni chiave nel Regno Unito".

McFadden ha descritto il gruppo come un "gruppo di cervelli", che secondo lui

> "dovrebbe influenzare l'attuale politica degli Stati Uniti in

materia di tariffe commerciali". Né io né lei siamo particolarmente interessati a ciò che accade in Inghilterra, ma ciò che dovrebbe interessarci entrambi è che c'è una forte possibilità che alcuni membri del trust di cervelli intorno al nostro Presidente siano in contatto con questa organizzazione britannica, che lavora per introdurre un piano simile negli Stati Uniti Mi è stato assicurato da persone serie, che sono nella posizione di sapere che questa organizzazione controlla praticamente il governo britannico e che questo movimento altamente organizzato e ben finanziato è progettato per sovietizzare praticamente la razza di lingua inglese".

L'enorme danno arrecato alle barriere commerciali così saggiamente erette dai passati presidenti di questo Paese per proteggere il benessere dei cittadini è descritto in altre parti di questo libro. McFadden ha accusato la controparte americana del "brain trust" inglese di Dorothy Whitney Straight di essere composta dai professori Frankfurter, Tugwell e William C. Bullit (l'uomo che sabotò la quasi certa sconfitta dell'Armata Bianca Russa da parte dell'Armata Rossa Bolscevica). Di loro, McFadden ha detto:

"Penso che non ci siano dubbi sul fatto che questi uomini appartengano a questa particolare organizzazione con tendenze nettamente bolsceviche, e che questo piano sarà sviluppato negli Stati Uniti".

In questo caso, Dorothy Whitney Straight poteva contare sulla consulenza sempre disponibile di Felix Frankfurter, che era stato un assiduo frequentatore della sua tenuta di Long Island prima di trasferirsi nel Devonshire. La favolosa ricchezza della famiglia Whitney-Straight finanziava non solo il New Statesman, ma anche il PEP e molte altre organizzazioni di facciata della Fabian Society e le loro attività.

Dorothy teneva la sua corte nella sontuosa tenuta del Devonshire, come la famiglia reale di cui sognava di far parte. Oltre a Frankfurter, tra i visitatori abituali c'erano J.B. Priestly, scrittore di rilievo, Israel Moses Sieff, Richard Bailey e Sir Julian Huxley, Lord Melchett e Malcolm McDonald, figlio di Ramsay McDonald. Anche se questi nomi potrebbero non essere familiari agli americani, sono nomi di uomini che erano in cima alla scala socialista fabiana. Ma un americano che riconobbe questi nomi fu il deputato Louis T.

McFadden, presidente della Commissione bancaria della Camera.

McFadden sospetta da tempo che Dorothy Whitney-Straight sia una traditrice del suo Paese. Durante un discorso alla Camera, McFadden vuole sapere cosa Dorothy e il suo entourage stanno progettando e come influirà sugli Stati Uniti. Si chiede perché un certo Moses Sieff si riferisca al New Deal come al "nostro New Deal". McFadden rivelò gli stretti legami tra i socialisti fabiani britannici e i socialisti e comunisti americani, che sapeva stavano lavorando attivamente per la caduta della Repubblica degli Stati Uniti: "Il Piano Economico Politico (PEP) è ora segretamente operativo in Inghilterra". Qual era l'obiettivo del PEP di Dorothy Whitney Straight? Secondo McFadden, si trattava di qualcosa che le loro pubblicazioni segrete avevano rivelato ai suoi "addetti ai lavori":

> "Il metodo di lavoro consiste nel riunire in un gruppo un certo numero di persone professionalmente interessate all'uno o all'altro aspetto del problema (come infrangere la Costituzione degli Stati Uniti) in discussione, nonché alcuni non specialisti che possono porre le domande fondamentali che a volte sfuggono agli esperti.

> Questa tecnica permette al PEP di portare su un problema l'esperienza combinata di uomini e donne che lavorano in ambiti diversi, tra cui l'economia, la politica, i dipartimenti governativi e degli enti locali e le università..."

> "... I nomi di coloro che formano i gruppi non vengono resi noti... Questa regola è stata deliberatamente adottata fin dall'inizio e si è rivelata molto utile. Permette di servire persone che altrimenti non sarebbero in grado di farlo; garantisce che i membri possano contribuire liberamente alla discussione senza essere vincolati dalle opinioni ufficiali di un'organizzazione con cui possono essere identificati... L'anonimato è una condizione rigorosa per l'invio di questo foglio. È essenziale che il gruppo sia efficace come organizzazione non partitica che apporta contributi al di fuori della polemica personale e di parte... "

I contatti con l'intelligence mi hanno dimostrato che il 90% del personale del Congresso (Camera e Senato) lavora in questo modo. Le audizioni della Commissione del Senato sul giudice Clarence Thomas sono state una rivelazione sorprendente di come questa tattica socialista di "penetrazione e impregnazione" sia ancora ampiamente utilizzata in tutti i rami del governo degli Stati Uniti, nella Chiesa, nell'istruzione e nei luoghi in cui vengono prese decisioni di importanza vitale per il futuro degli Stati Uniti d'America.

La regola del segreto socialista di stampo fabiano riuscì a schermare le attività, spesso traditrici, della PEP dagli occhi dell'opinione pubblica americana. Fu attraverso il PEP e molte altre organizzazioni socialiste fabiane altamente segrete che il socialismo riuscì quasi a conquistare gli Stati Uniti negli anni Venti e Trenta. Modellata sul PEP della Fabian Society britannica, la versione americana fu chiamata National Planning Association (NPA) e Felix Frankfurter fu l'uomo scelto da Dorothy Whitney Straight Elmhurst per istituirla e gestirla negli Stati Uniti. Grazie a una Corte Suprema attenta e non ancora toccata, molti dei programmi dell'NPA sono stati respinti. Dorothy Whitney-Straight non si scompose e invitò i suoi compagni socialisti a non abbandonare mai il loro obiettivo: il rovesciamento degli Stati Uniti. Era davvero la più pericolosa delle femministe della Fabian Society.

Sebbene non sia un'amica personale di nessuna delle signore dell'alta società socialista fabiana, il nome di Laura Spellman deve essere menzionato qui, se non altro per sottolineare la straordinaria fortuna che il socialismo sembra sempre avere nell'ottenere accesso illimitato a fondi molto grandi. Il Laura Spellman Fund iniziò con un capitale di 10.000.000 di dollari, ma in pratica non c'era alcun fondo alla Spellman quando si trattava di promuovere programmi socialisti negli Stati Uniti. Questi programmi erano generalmente chiamati "riforme", in vero stile socialista fabiano.

Una di queste "riforme" è stata quella di minare la Costituzione degli Stati Uniti. Quando il senatore Joseph McCarthy era così vicino a far saltare il coperchio della penetrazione socialista e comunista nel governo degli Stati Uniti, il Laura Spellman Fund ha concesso sovvenzioni illimitate a coloro che facevano ricerche sul passato di Martin Dies e del senatore McCarthy e che erano in grado di trovare qualsiasi cosa che potesse screditarli. Così, il Fondo Spellman era indirettamente responsabile del pericoloso attacco alla Costituzione degli Stati Uniti che aveva raggiunto livelli spaventosi e che Dies e McCarthy minacciavano di denunciare.

La prostituta politica, il senatore William B. Benton, che guidò l'accusa contro McCarthy, ricevette tutto il sostegno che il denaro di Spellman poteva comprare quando chiese che il senatore McCarthy fosse espulso dal Senato. Il nome di Benton sarà per sempre sinonimo di Aaron Burr e di tradimento e sedizione. Benton era strettamente legato al New Deal socialista fabiano e la sua azienda, Benton and Bowles, ottenne lucrosi contratti dal governo laburista britannico. Benton era anche strettamente legato al Rockefeller National Bureau of Economic Research (che si dedicava alla promozione dello stato sociale economico di Laski) e a Owen Lattimore, uno dei peggiori traditori mai scoperti in questo Paese. Fu proprio Benton a chiedere incredulo a McCarthy se non si vergognasse della sua indagine sull'esercito, che mirava essenzialmente a scovare i traditori socialisti nel governo degli Stati Uniti.

In seguito, quando si fuse con il Rockefeller Brothers Fund, Spellman donò 3 milioni di dollari alla London School of Economics di Harold Laski, che aprì le porte al socialismo per entrare ai più alti livelli del governo statunitense. Il denaro di Laura Spellman è stato investito in un'intensa campagna per introdurre programmi "educativi" ed "economici" marxisti nelle scuole e nelle università americane. Milioni di dollari sono stati investiti in questi programmi socialisti, le cui conseguenze probabilmente non saremo mai in grado di misurare e che hanno cambiato per sempre la forma e la direzione dell'istruzione in questo Paese.

L'ossessione principale di queste donne socialiste era la distruzione della tradizione familiare americana. Come disse Sir Paul Dukes, uno dei principali studiosi del bolscevismo negli anni Venti:

> "La tragedia centrale del regime bolscevico in Russia è uno sforzo organizzato per sovvertire e corrompere le menti dei bambini... È sempre stato un principio bolscevico quello di combattere l'istituzione della famiglia.

Gli scritti della signora Kollontay non lasciano dubbi in merito, nemmeno agli scettici. L'idea era quella di sottrarre i bambini in tenera età alle cure dei genitori e di farli crescere in asili statali.

I danni causati da Eleanor Roosevelt sono stati raccontati molte volte e non è necessario ripeterli qui. Basti pensare che il cosiddetto movimento femminista, a cui l'autrice dedicò tanto tempo negli anni '20 e '30, è fiorente e non è mai stato così forte come negli Stati Uniti nel 1994. Eleanor fu la prima a sancire apertamente il lesbismo attraverso la sua relazione illecita con Lorena Hicock, le cui lettere d'amore si trovano nella casa dei Roosevelt a Hyde Park. Forse l'evento che ci ha mostrato quanto militante e potente fosse diventato questo gruppo di attivisti socialisti è stato lo scontro Anita Hill-Clarence Thomas davanti a un pubblico di milioni di persone. Vale la pena di notare il numero di organizzazioni cosiddette "per i diritti delle donne" e "femministe" che sono sorte e si sono moltiplicate dai tempi di Eleanor Roosevelt.

I nomi dei singoli leader socialisti e delle loro organizzazioni "femministe" sono numerosi, come i demoni citati nella Bibbia. Non intendo fare una menzione speciale di ciascuno di essi: ciò esula dallo scopo di questo libro. Sono quindi costretta a richiamare l'attenzione solo su quelle più in alto nella gerarchia socialista femminile, che hanno seguito la regola socialista, penetrare e permeare. Il sorprendente successo dei socialisti maschi nel penetrare in tutti i rami del governo degli Stati Uniti, nelle amministrazioni locali e statali, nelle istituzioni e nelle organizzazioni private, sarebbe stato lodato con orgoglio da Perkins, Kelley e Dorothy Whitney-Straight.

Avrebbero amato Barbara Streisand, un'"artista" dalla voce roca la cui consulenza si estende fino alla Casa Bianca di Clinton. Il fatto che la Streisand "dorma alla Casa Bianca" quando è in visita dimostra come gli Stati Uniti siano stati trascinati a livelli mai immaginati dai grandi statisti del passato - Washington, Jefferson, Jackson -. La Streisand e Bella Abzug sono come due piselli in un baccello. Stridenti, combattivi, profondamente impegnati negli ideali socialisti/marxisti, entrambi vivono nel lusso pur affermando di parlare a nome dei poveri.

La Abzug si è fatta nominare alla Camera dei Rappresentanti, soprattutto grazie al voto del blocco ebraico, e una volta lì ha iniziato a far sentire la sua voce stridula, soprattutto sulla questione del cosiddetto "diritto all'aborto", che, è bene precisarlo subito, non ha alcuna base giuridica in quanto esula dall'ambito della Costituzione ed è quindi nullo.

Abzug percorreva i corridoi del Congresso urlando letteralmente contro chiunque si opponesse al femminismo radicale del "libero amore". In questo è stata aiutata da una delle peggiori truffe del femminismo, Norma McCorvey, la "Jane Roe" di Roe v Wade. McCorvey non era nemmeno incinta quando è stato sollevato il problema. La Abzug l'ha definita una "grande studiosa", mentre in realtà si è laureata presso la non accreditata New College Law School di San Francisco, la stessa organizzazione femminista che ha dato la laurea in legge ad Anita Hill!

Alcune, ma non tutte, le organizzazioni femministe radicali sono le seguenti:

> Associazione degli avvocati di Margaret Bent

> L'Unione Americana per le Libertà Civili

> Centro nazionale di diritto delle donne

> Scuola di legge del New College

> Comitato ad hoc per l'educazione pubblica alle molestie sessuali

> Alleanza per la giustizia

> Centro per la legge e la politica speciale

> Organizzazione nazionale delle donne (NOW)

> Organizzazione per l'avanzamento delle donne

> Genitorialità pianificata

> Lega nazionale per i diritti all'aborto (NARL)

> Fondo di difesa legale delle donne

La maggior parte di queste organizzazioni radicali per i diritti delle donne vuole usare la Costituzione per proteggere le donne mentre è impegnata a socializzare gli Stati Uniti - un'eredità trasmessa loro da Felix Frankfurter. Di tanto in tanto pronunciano pie frasi sulla protezione dei diritti individuali, il novantanove per cento dei quali non si trova nella Costituzione, mentre sostengono il rovesciamento della stessa Costituzione che li protegge.

La legge socialista sulla maternità e l'infanzia introdotta da Florence Kelley, antenata di Bella Abzug, è tratta direttamente dal sistema bolscevico descritto da Madame Zinoviev per la nazionalizzazione mondiale dei bambini. Ciò che Bella Abzug e Pat Schroeder chiamano "diritti delle donne" non è altro che l'anarchia femminile e non è previsto dalla Costituzione degli Stati Uniti. Gran parte di ciò a cui aspirano queste donne socialiste proviene da "Comunismo e famiglia" di Alexandra Kollontay, "Donne e socialismo" di Bebel e "L'origine della famiglia" di Engel. I cosiddetti "diritti all'aborto" derivano da questa letteratura bolscevica.

Il Comitato Overman sul bolscevismo nel 1919 giunse alla seguente conclusione:

> L'obiettivo apparente del governo bolscevico è quello di rendere i cittadini russi, e in particolare le donne e i bambini, dipendenti da questo governo... Hanno emesso decreti sul matrimonio e sul divorzio che praticamente stabiliscono uno stato di "libero amore" (aborto). Il loro effetto è stato quello di fornire un veicolo per la legalizzazione della prostituzione, consentendo l'annullamento dei vincoli matrimoniali per volontà delle parti. Documento del Senato n. 61, 1a sessione, pagine 36-37, Congressional Record.

In Roe vs. Wade, i giudici della Corte Suprema degli Stati Uniti hanno violato la Costituzione grazie alla loro immaginazione iperattiva. I cosiddetti "attivisti per i diritti delle donne" non hanno lasciato nulla di intentato negli ultimi due decenni nel tentativo di inserire nella Costituzione "diritti" che semplicemente non ci sono.

Il caso Anita Hill-Clarence Thomas è stato una notevole dimostrazione del grande potere che questi gruppi per i diritti delle donne hanno acquisito dai tempi dell'amministrazione Roosevelt. Il Senato è pieno di socialisti della peggior specie, con Kennedy, Metzenbaum e Biden come portabandiera. C'è una percezione pubblica che deve essere corretta: Il Senato non ha potere giudiziario: non può citare in giudizio nessuno. I suoi poteri sono limitati a un ruolo investigativo. Non ha un ruolo di accusa. Esaminando il caso Anita Hill-Clarence Thomas, è apparso subito chiaro che il Senato aveva ovviamente dimenticato completamente questa restrizione dei suoi poteri.

La principale istigatrice dello scontro non è stata la stessa Hill, ma un gruppo di donne abrasive e aggressive che hanno visto l'opportunità di capitalizzare l'inflazionata questione delle "molestie sessuali", che era diventata la loro causa célèbre.[8] Il fatto che questo gruppo sia riuscito a convincere la commissione del Senato e un gran numero di legislatori che la Hill era vittima di "molestie sessuali", anche se aveva aspettato dieci anni prima di sporgere denuncia, dimostra quanto siano diventati potenti i sostenitori dei "diritti delle donne".

Se si potesse individuare una donna per questo deplorevole stato di cose, questa sarebbe Nan Aaron. Se si potesse individuare un uomo, sarebbe il giudice Warren Burger, il sogno socialista di un giudice su cui si può sempre contare per stravolgere e comprimere la Costituzione e aggiungere le proprie predilezioni, in totale disprezzo del 9° emendamento della Costituzione degli Stati Uniti.

Vale la pena ricordare che nessuno dei giudici socialisti che hanno danneggiato maggiormente la Costituzione ha avuto esperienza come giudice prima di essere nominato alla Corte Suprema. Louis Brandeis, John Marshall, Earl Warren, Byron White e William Rehnquist non erano giudici prima che le loro credenziali socialiste li elevassero alla Corte Suprema, da cui sono passati a servire i principali socialisti che infestano tutti i livelli di governo.

Ci sono voluti alcuni giorni per riunire le formidabili donne socialiste per un attacco, ma poi Kate Michelman, paladina dei diritti dell'aborto e dell'uccisione dei bambini, Nan Aaron, Judith Lichtman, Molly Yard, Eleanor Smeal, Patricia Schroeder, Barbara Boxer, Susan Hoerchner, Gail Lasiter, Dianne Feinstein, Susan Deller Ross e Nina Totenberg, una muckraker fumatrice di marijuana nella migliore tradizione delle muckraker socialiste fabiane degli anni Venti, erano in azione. Tra questi, forse il più feroce è stato Totenberg, che era già stato licenziato per plagio. Abituata a usare un linguaggio scurrile, Totenberg rappresenta il peggio delle cosiddette "femministe". In questo è abilmente sostenuta dal senatore Howard Metzenbaum, il miglior esempio di ciò che non va al Senato.

La prima aggressione a Thomas è avvenuta grazie a una fuga di

---

[8] In francese nell'originale.

notizie orchestrata da Aaron, Hoerchner e Lichtman, che hanno convinto Hill a mettere per iscritto la sua denuncia di molestie sessuali e a inviarla all'FBI. Hoerchner era stato il primo a chiamare Hill in Oklahoma, nonostante il fatto che i due non avessero contatti da più di sette anni. Hoerchner era come George Bernard Shaw: non aveva paura di avvicinarsi a nessuno, anche a sconosciuti che pensava potessero esserle utili.

Queste aggressive "femministe" temevano che Hill non si sarebbe fatta avanti volontariamente per affrontare il giudice Thomas. In questo caso, come si suol dire, "dovremo farla fuori" usando le tecniche apprese dalla lobby omosessuale ogni volta che uno dei suoi è riluttante ad ammettere di essere gay.

A quel punto, Thomas aveva già subito cinque giorni di interrogatorio, con Metzenbaum che faceva la sua solita trovata di ritardare la conferma per vedere se le sue squadre di diffamatori avrebbero prodotto qualche risultato. Alla fine, sotto le terribili pressioni di Catherine McKinnon, attivista femminista e "studiosa" di diritto, e soprattutto attraverso Lichtman, Hill crollò e fu costretta a fare le accuse che le donne radicali volevano, che furono immediatamente rese note.

Il resto è storia, un racconto affascinante della ferocia delle femministe socialiste, disposte a tutto pur di "uccidere", anche se in questo caso la loro preda, il giudice Clarence Thomas, potrebbe averle superate. L'intera operazione, dal momento in cui Hoerchner contattò Hill fino alla conferma di Thomas, fu condotta secondo i principi della psicopolitica, la strategia che aveva servito così bene il socialismo in Inghilterra.

Purtroppo il "femminismo" socialista radicale è qui per restare. Le attività di amazzoni come Patricia Schroeder e dei pesi massimi Boxer e Feinstein non si fermeranno. Vedremo questi legislatori femministi radicali introdurre ogni sorta di legge non conforme alla Costituzione. Abbiamo già visto come la Feinstein abbia fatto accettare al Senato il cosiddetto divieto sui "fucili d'assalto". Il fatto che la proposta di legge della Feinstein violasse la Costituzione in non meno di tre punti importanti non preoccupava questo gladiatore. Ciò che dobbiamo fare è formare i legislatori alla Costituzione, farli eleggere e poi insegnare loro a contrastare e annullare ogni ulteriore violazione delle nostre libertà, usando la Costituzione come arma principale. Per questo abbiamo bisogno di una fondazione simile alla Fabian Socialist Society.

Capitolo 5

SOVVERTIRE LA COSTITUZIONE ATTRAVERSO LA LEGISLAZIONE

Fu Florence Kelley (Weschenewsky)[9] a dichiarare che la Costituzione degli Stati Uniti avrebbe dovuto essere sovvertita da quella che lei chiamava "la via legislativa" e da allora la sua dichiarazione è stata sempre valida. I socialisti si sono affannati per attuare la sua direttiva. Questo dirottamento della Costituzione è arrivato a tal punto che nel 1994 non passa giorno senza che un giudice da qualche parte legga le sue previsioni nella Costituzione e prenda decisioni che sono al di fuori del quadro e della portata della Costituzione.

Alla fine degli anni Venti e all'inizio degli anni Trenta, i gruppi socialisti americani dichiararono che il ruolo interpretativo del potere giudiziario doveva essere utilizzato per aggirare le restrizioni della Costituzione. I socialisti hanno anche ideato gli "ordini esecutivi" come strumento di legislazione diretta quando non era possibile emanare leggi favorevoli alle cause socialiste.

Sebbene il Nono Emendamento della Costituzione degli Stati Uniti sia stato redatto con l'esplicito scopo di impedire ai giudici di trasformare in legge le loro previsioni, i giudici a tutti i livelli hanno ignorato questa restrizione e, sempre più spesso, stanno approvando leggi chiaramente incostituzionali. Le cosiddette leggi sul "controllo

---

[9] Il lettore avrà notato che la maggior parte degli attivisti citati che lavorano per sovvertire la Costituzione degli Stati Uniti - Feinstein, Schroeder, Metzenbaum, Totenberg, Lichtman, ecc - sono di origine ebraica. - sono di origine ebraica. Nde

delle armi" e le restrizioni ai gruppi di protesta anti-aborto ne sono un esempio.

Kelley è salita alla ribalta quando ha tradotto in inglese la "Condizione della classe operaia in Inghilterra nel 1844" del rabbioso socialista Engels.[10] Si tratta del solito attacco socialista al capitalismo. Engels scrisse diversi libri, tra cui un attacco virulento alla religione e un altro, "L'origine della famiglia", una diatriba contro la sacralità del matrimonio. Engels si recò in tournée negli Stati Uniti nel 1884 e non fece alcun tentativo di ascoltare l'avvertimento di Edward Bellamy di evitare confronti che proiettassero un'immagine del socialismo come casa di deviati sessuali, rivoluzionari e anarchici. A quanto pare, gli americani dell'Ottocento erano molto più informati sul socialismo rispetto a quelli degli anni Novanta.

Non è un caso che Kelley abbia scelto di ricevere la sua educazione socialista in Svizzera, da sempre patria di rivoluzionari, anarchici e deviati sessuali. Danton e Marat arrivarono dalla Svizzera per lanciare la Rivoluzione francese. Lenin trascorse molto tempo in questo Paese prima di avventurarsi a Londra. La Kelley iniziò la sua crociata per sovvertire la Costituzione degli Stati Uniti entrando a far parte del New York Nationalist Club, da dove lanciò la sua crociata per far approvare al governo federale leggi che controllassero i salari e le condizioni nelle fabbriche.

Per perseguire questo obiettivo, Kelley creò le proprie facciate o si unì a quelle esistenti, come la National Consumers League, alla quale cercò di dare un'impronta marxista. Kelley si definiva "marxista-quacchera" ed era anche una socialista americana di stampo fabiano. Nei capitoli successivi si parlerà di Kelley. Divenne amica intima del professor Brandeis di Harvard, dal quale apprese molto sulla metodologia di aggirare la Costituzione, attraverso "mezzi legislativi".

Kelley lavorò energicamente per spianare la strada al "Brandeis Brief", che sarebbe diventato il marchio di fabbrica dei giudici

---

[10] *La condizione della classe operaia in Inghilterra nel 1844.*

socialisti. Il "Brandeis Brief" era essenzialmente uno o due fogli di pareri legali allegati a enormi pacchetti di propaganda socialista accuratamente selezionata su questioni economiche e sociali. Inutile dire che né Brandeis né i suoi colleghi giudici erano minimamente qualificati per interpretare queste dottrine socialiste di parte, che venivano quindi semplicemente accettate come fatti e scritte nelle decisioni dei giudici. Intorno al 1915, i ricercatori di Kelley viaggiarono in tutto il mondo per raccogliere informazioni pro-socialiste, che costituirono la maggior parte dei documenti che compongono il "dossier Brandeis". Si trattava di un'opera mastodontica, abilmente portata a termine, che avrebbe cambiato il modo di lavorare della giurisprudenza americana.

"Brandeis Briefs" fu un grande trionfo per Kelley e il suo "percorso legislativo" per emendare e aggirare la Costituzione. Su istruzioni di Mandel House, il presidente Woodrow Wilson, nominato di comune accordo, doveva assicurarsi il sostegno del "repubblicano progressista" Brandeis per l'imminente coinvolgimento degli Stati Uniti nella Seconda Guerra Mondiale. Vale la pena ripetere ciò che è già stato detto, ovvero che "progressisti" e "moderati" repubblicani significano che la persona che usa queste etichette è un ardente socialista.

Le leggi Lusk di New York sono un'altra pietra miliare nella storia dei trionfi socialisti sul sistema legale statunitense. I cosiddetti "immigrati" dall'Europa dell'Est affluirono a New York nell'Ottocento, portando con sé atteggiamenti combattivi e molta esperienza rivoluzionaria. Molti di questi nuovi arrivati lavoravano nel settore dell'abbigliamento. Fu per indagare sul comportamento anarchico rivoluzionario di questo folto gruppo proveniente dall'Europa orientale che nel 1919 la legislatura dello Stato di New York nominò il senatore Clayton R. Lusk a capo di un'indagine speciale su questo problema. Lusk a capo di una commissione d'inchiesta.

Uno dei centri più potenti di sostegno agli "immigrati" era la Rand School. Bastione dei socialisti fabiani americani, la Rand fornì supporto legale al Garment Workers' Union e a una serie di altri sindacati che la Rand aveva contribuito a fondare. I docenti e gli istruttori della Rand School sembrano un Who's Who del socialismo fabiano. Lusk si recò alla Rand, armato di mandati di perquisizione e scortato dalla polizia di Stato, e confiscò file e registri.

La reazione della fraternità giuridica socialista non si è fatta attendere. Un importante avvocato, Samuel Untermeyer - che nel 1933 aveva dichiarato guerra a Hitler - e che aveva una grande influenza sui circoli interni della Casa Bianca, chiese e ottenne un'ingiunzione contro Lusk, che fu costretto a restituire i file e i documenti che aveva sequestrato. Questa fu una prima dimostrazione dell'impressionante potenza del socialismo negli Stati Uniti. Tuttavia, in seguito al rapporto del senatore Lusk, la legislatura di New York approvò le cosiddette Leggi Lusk, che imponevano a tutte le scuole dello Stato di New York di ottenere una licenza. Lo scopo dell'esercitazione era quello di chiudere la Rand School.

Ma i legislatori dello Stato di New York non ci sarebbero riusciti. Negli anni Venti e Trenta, pochi conoscevano il socialismo come una malattia virulenta che poteva colpire quando e dove voleva. L'importante avvocato socialista Morris Hillquit suscitò un'agitazione così violenta contro la legge Lusk tra i potenti lavoratori dell'abbigliamento e altri sindacati dominati dai socialisti che il governatore Al Smith pose il veto. Da questo inizio nacque una potente alleanza politica che avrebbe portato il socialista Franklin Delano Roosevelt alla Casa Bianca.

Ancora una volta, i socialisti dimostrarono che la loro politica furtiva, sinistra e spregiudicata di infiltrare i loro seguaci scelti come consiglieri di chi è al potere era la strada da seguire. Anni dopo si scoprì che il governatore Smith, un cattolico convinto, era stato "consigliato su questioni di giustizia sociale" da padre John Augustin Ryan, un socialista dichiarato, infiltrato nell'ufficio di Smith dal National Catholic Welfare Council, dominato dai socialisti. È stato su consiglio di Ryan che Smith ha posto il veto alla legge Lusk.

Seguace appassionato di Sydney Webb, Ryan divenne in seguito noto come "il padre del New Deal". Nel 1939, i giudici William O. Douglas, Felix Frankfurter e Henry A. Morgenthau parteciparono a una cena in suo onore (nessuno dei membri delle file dei lavoratori dell'abbigliamento e di altri sindacati fu invitato). La Rand School ha continuato a operare senza interruzioni, anche se non aveva la licenza.

Ciò che preoccupava i socialisti negli anni Venti, quando cercavano di prendere il controllo virtuale degli Stati Uniti, era che il governo federale non aveva un potere assoluto. Solo i re hanno potere assoluto ed emettono proclami. Il Presidente Lincoln non ha liberato gli schiavi con il Proclama di Emancipazione. Sapeva che era incostituzionale. Il libro "Blackstone's Commentaries With Notes" del grande studioso di diritto costituzionale St. George Tucker, professore di legge all'Università di William e Mary che ha servito nella Rivoluzione Americana, afferma la posizione molto chiaramente:

> "Il diritto di emettere proclami è una delle prerogative della Corona d'Inghilterra. Non essendo tale potere espressamente concesso dalla Costituzione federale, in una particolare occasione è stato messo in dubbio che il Presidente possieda tale autorità in base ad essa...".

I socialisti hanno deciso che in futuro i proclami si chiameranno "ordini esecutivi", ma rimarranno leggi di imperio, vietate dalla Costituzione degli Stati Uniti.

I primi dieci emendamenti della Costituzione degli Stati Uniti sono una restrizione al governo federale, con forse una piccola eccezione contenuta nel quinto emendamento. L'articolo 1, sezione 9 della Costituzione non consente al governo federale di legiferare al di fuori dei poteri delegati contenuti nei poteri primari del Congresso.

Frustrati dalle restrizioni del Bill of Rights sui poteri del governo federale, i socialisti passarono all'offensiva "attraverso la legislazione". Ciò che non sono riusciti a ottenere alla Camera e al Senato, lo hanno ottenuto nei tribunali, ed è per questo che abbiamo così tante leggi incostituzionali sui libri. Non c'è dubbio che se i socialisti non fossero stati bloccati dalla Costituzione, avrebbero travolto il Paese tra il 1920 e il 1930.

Purtroppo, a partire dagli anni '70, il Congresso e il Presidente hanno scelto di implementare ogni anno più programmi sociali. Un esempio è il disegno di legge "A Bill to Establish National Voter Registration" proposto dal leader della minoranza del Senato Robert Dole. La legge di Dole è incostituzionale al 100% ed è un giorno triste per gli Stati Uniti vedere il leader della minoranza del Senato degli Stati Uniti agire in modo così irresponsabile. I dettagli della proposta di legge di Dole si trovano alle pagine S5012 - D5018, Congressional Record, 24 aprile 1991, n. 61, Vol. 137.

La proposta di legge di Dole è sbagliata perché viola l'articolo 1, sezione 4, parte 1 della Costituzione degli Stati Uniti, che recita:

> "L'ora, il luogo e le modalità di svolgimento delle elezioni dei senatori e dei rappresentanti saranno prescritte in ogni Stato dai legislatori dello stesso; ma il Congresso potrà in qualsiasi momento, per legge, emanare o modificare tali norme, tranne che per quanto riguarda i luoghi di elezione dei senatori".

I dibattiti su questo tema risalgono ai primi giorni della nostra Repubblica confederata.

La parola "può" non significa "deve". Il termine "modo" si riferisce semplicemente al tipo di scheda utilizzata. Le parole "alterare" e "regolare" non significano che il governo federale controlla le elezioni statali, cosa che Dole dovrebbe sapere se ha letto i Congressional Globes e gli Annals of Congress. Dole sta cercando di coinvolgere il governo federale in questioni che sono riservate agli Stati. Questo è un espediente comune a tutti i socialisti.

Wilson ha dato il via a questo tipo di marciume, e il suo indebolimento è stato ripreso da Roosevelt, Kennedy, Johnson Eisenhower, Bush e ora Clinton. Come se in tandem, la Corte Suprema si è spinta così a sinistra che ci si chiede perché non si chiami Corte Suprema Socialista degli Stati Uniti. Uno dei principali divulgatori delle dottrine socialiste fu il giudice Harlan Stone, che consigliò il macellaio costituzionale Roosevelt sul modo migliore per finanziare i programmi socialisti, attraverso Frances Perkins.

All'epoca, i principali cospiratori che lavoravano per smantellare la Costituzione degli Stati Uniti erano senza dubbio il colonnello House, il giudice Brandeis, il giudice Felix Frankfurter, Bernard Baruch, Florence Kelley e Sidney Hillman.[11] I Brandeis Briefs sono stati i principali responsabili dell'orientamento della Corte Suprema nella direzione sbagliata. Come spiegato altrove, i Brandeis Briefs erano una massa di pronunciamenti sociologici altamente favorevoli

---

[11] Anche in questo caso, tutti ebrei. Nde.

alle cause socialiste, coperti da pareri giuridici molto inconsistenti. Così è nata la "legge sociologica", che da quando è stata istituita nel 1915 è una maledizione e una maledizione al collo del popolo americano.

Oltre ad attaccare la Costituzione attraverso i tribunali, i socialisti hanno usato la strategia di inviare i loro "consiglieri" a fare da portavoce della politica estera degli Stati Uniti, anche se non sono funzionari del governo o eletti dal popolo. Il colonnello House e George Maynard Keynes sono due esempi classici di come i socialisti americani abbiano violato la Costituzione con apparente impunità, esercitando "sfere di influenza".

House era apertamente per la distruzione totale della Costituzione degli Stati Uniti e Brandeis espresse le sue "riforme" socialiste della Costituzione nel suo libro "Wealth of the Commonwealth". Per poter cospirare, complottare e colludere per abbattere la Costituzione, House abitava a due isolati da Roosevelt ed entrambi erano a portata d'orecchio di Sir William Wiseman, capo della stazione MI6 dei servizi segreti britannici per il Nord America.

L'ACLU è stata la più attiva di tutte le organizzazioni socialiste nell'attaccare la Costituzione. La crescita della sua sinistra influenza è testimoniata dal numero di capitoli nella sola California e dal fatto che è stata in grado di sfidare il McCarran Homeland Security Act.

Capitolo 6

LE STELLE PIÙ BRILLANTI DEL FIRMAMENTO SOCIALISTA AMERICANO

C ome suggerisce il titolo di questo capitolo, citeremo alcune delle stelle più brillanti della costellazione socialista americana tra le migliaia e migliaia di leader socialisti che compongono il socialismo. Tra loro ci sono alcuni dei più pericolosi sovversivi mai conosciuti nella storia di questo Paese. Ci è sempre stato detto di guardarci dai "comunisti" di Washington, e questo è riuscito a distogliere la nostra attenzione dalla vera causa di preoccupazione: i socialisti.

I ranghi socialisti sono pieni di educatori di spicco, tra cui professori e presidenti di università. Sono nel servizio diplomatico, nel Dipartimento di Stato americano, nella Camera dei Rappresentanti e nel Senato. Il Dipartimento di Giustizia è pieno di persone che farebbero di tutto per promuovere il socialismo. I posti chiave nel settore bancario sono occupati da loro, controllano il denaro della nazione e altre migliaia di persone occupano posizioni chiave nell'esercito. Alcune delle più potenti società internazionali agiscono come agenti di cambiamento per il socialismo fabiano.

I socialisti fabiani sono nel settore della comunicazione, ricoprendo posizioni chiave, e allo stesso modo nei media, sia cartacei che elettronici. Modellano l'opinione pubblica in base agli eventi del giorno, seducendo il pubblico e creando opinioni che il pubblico è stato condizionato ad accettare come proprie. In breve, il socialismo è talmente radicato negli Stati Uniti d'America che sarà difficile scardinarlo se prima non otterrà il sostegno del popolo in generale. I socialisti fabiani hanno talmente penetrato e permeato la Chiesa cristiana da renderla del tutto irriconoscibile rispetto all'intento di Cristo. I socialisti fabiani sono giudici della Corte Suprema e usano le loro predilezioni per aggirare le garanzie costituzionali; sono massoni. Il sistema di polizia è pieno di socialisti, soprattutto nella classe degli ufficiali superiori.

Forse i più noti tra i giudici della Corte Suprema che in passato hanno aiutato molto le cause dei socialisti fabiani sono i giudici Harlan Stone, Felix Frankfurter, William O. Douglas, Hugo Black, Louis Brandeis, Abe Fortas, Warren Burger e Earl Warren, e su queste stelle del firmamento socialista torneremo a tempo debito. In altre aree altrettanto importanti, una schiera di professori ha agito come consulenti dei presidenti degli Stati Uniti; altri hanno trasformato il sistema americano di economia politica da quello che i Padri Fondatori intendevano essere in un sistema babilonese che ha illegalmente messo i cordoni della borsa della nazione nelle mani di stranieri socialisti.

Un gruppo più selezionato di socialisti fabiani è diventato il controllore di cinque presidenti degli Stati Uniti; una situazione non prevista dai Padri Fondatori e che, di conseguenza, ha creato una camarilla particolarmente pericolosa che ha gradualmente portato alla penetrazione e alla permeazione della più alta carica politica della nazione, con la conseguente grande corruzione che oggi vediamo in pieno nella presidenza Clinton.

Il nome che viene più facilmente alla mente in questo contesto, e che caratterizza il socialismo in America nella mente di ricercatori seri, è quello del colonnello Edward Mandel House. "Colonnello" era un titolo onorifico, concessogli dal governatore "riformista" Hogg come ricompensa per la sua elezione a governatore del Texas. House incontrò Woodrow Wilson, il primo futuro presidente degli Stati Uniti apertamente socialista, nel 1911. Fu House a far sì che Wilson ottenesse la nomination alla convention democratica di Baltimora un anno dopo.

Come già menzionato altrove, c'è il forte sospetto che House fosse in realtà ebreo, di origine olandese. Suo padre, Thomas William House, era l'agente londinese dei Rothschild. House Sr. fu l'unico in Texas a uscire dalla Guerra Civile con un'enorme fortuna, grazie, secondo alcuni storici, ai suoi legami con i Rothschild e Kuhn, Loeb. Il nome "Mandel" - un nome tipicamente olandese - fu dato a Edward perché uno dei Kuhn aveva il nome "Mandel".

Il giovane Edward fu mandato a scuola in Inghilterra, dove fu influenzato dai ricchi pensatori liberali dell'epoca, a loro volta fortemente influenzati dagli insegnanti della Fabian Society britannica. Uno di coloro che strinsero amicizia con il giovane House fu il fabianista George Lansbury. Alla morte del padre, House si trovò ad avere una ricchezza indipendente che gli permise di dedicarsi completamente agli studi socialisti, in particolare al "gradualismo" o "affrettarsi lentamente".

A causa della grande influenza dei ricchi e dei potenti nei circoli della Fabian Society, House imparò bene la lezione e andò a prendere il controllo del Partito Democratico negli Stati Uniti dall'alto verso il basso. L'ascesa di House come personaggio chiave negli affari americani fu indubbiamente dovuta alle raccomandazioni dell'élite della Fabian Society e di Sir William Wiseman, capo della stazione nordamericana del servizio segreto britannico MI6. Per tutta la durata della presidenza Wilson, Wiseman e i servizi segreti britannici monitorarono attentamente il presidente, sempre grazie ai buoni uffici di House.

La comunicazione in codice tra House e Wilson - nota solo ai due uomini - come confermato dal professor Charles Seymour, presidente di Yale, è stata fornita per gentile concessione dell'MI6. Secondo documenti riservati che ho visto in diverse sedi a Londra, Wiseman ascolta costantemente le conversazioni tra House e Wilson, come si addice al suo status di controllore finale di Wilson.

Sappiamo che lo stesso "modello" di grande successo fu poi utilizzato da Bruce Lockhart, l'agente britannico dell'MI6 scelto da Lord Milner per essere il controllore di Lenin e Trotsky nella supervisione della rivoluzione bolscevica nell'interesse del libero commercio e delle banche britanniche. La strategia dell'MI6 per gli Stati Uniti utilizzava i principi hegeliani per convincere i leader della Fabian Society a contribuire alla realizzazione del "libero scambio" con gli Stati Uniti, che era stato vietato, prima dal presidente George Washington nel luglio 1789, e mantenuto dai presidenti Lincoln, Garfield e McKinley.

William Jennings Bryan fu preso in considerazione dall'MI6 come possibile candidato al libero scambio, ma fu scartato perché si riteneva che le sue dichiarazioni radicali non sarebbero state accettate dagli elettori americani come potenziale presidente, una valutazione che si rivelò molto accurata. Wiseman aveva fornito a House un profilo dettagliato della carriera di Wilson, prima come professore a Princeton dal 1902 al 1910 e poi come governatore del New Jersey. Wiseman riteneva che Wilson fosse esattamente l'uomo di cui House aveva bisogno per portare avanti le politiche socialiste fabiane negli Stati Uniti. Una volta effettuati tutti i controlli, House ricevette l'ordine di incontrare Wilson al Gotham Hotel di New York nel novembre 1911.

Da quel momento in poi, tutto era pronto per il trasferimento di House in locali in affitto senza pretese in una zona un po' degradata della Trentacinquesima Strada Est di New York. L'ufficio di House cominciò ad assomigliare a un centro di comando, con un centralino e una linea diretta con Sir William Wiseman, che occupava un appartamento proprio sopra di esso. Dopo l'elezione di Wilson alla Casa Bianca con un voto di minoranza (6.286.000 contro i 7.700.000 di Taft e Roosevelt), il centralino della House-Wiseman ebbe accesso diretto al nuovo presidente attraverso un collegamento telefonico codificato.

Molti ospiti socialisti di spicco frequentarono l'ufficio della Casa, tra cui Bernard Baruch, al quale l'MI6 consegnò le lettere incriminate di Peck, che furono poi utilizzate per ricattare Wilson affinché cambiasse la sua posizione contro la Prima guerra mondiale. Wiseman era un favorito del Presidente e divenne uno dei messaggeri "confidenziali" di Wilson tra Londra, Parigi e Washington, il che dimostra in qualche misura che Wilson non capiva fino a che punto fosse sotto il controllo di agenti di un governo straniero.

Wilson fu scelto dall'MI6 per abbattere le barriere statunitensi al "libero scambio". Il suo mentore, il colonnello House, aveva insegnato a Wilson a vedere le barriere tariffarie come un ostacolo al buon andamento degli affari mondiali e come una delle principali cause dei prezzi elevati, insieme alla cosiddetta "inflazione", che è mera propaganda socialista. House passò ore interminabili a informare Wilson sui "mali insiti nelle barriere tariffarie che avvantaggiano solo i ricchi e i potenti interessi speciali a spese dei lavoratori". Poi Wilson era pronto a fare le sue false affermazioni:

> "... Stavamo vivendo sotto una tariffa che era stata deliberatamente progettata per conferire favori privati a coloro

che cooperavano per mantenere il partito che la sosteneva al potere...".

L'amministrazione Clinton avrebbe usato gli stessi argomenti spuri per abbattere l'ultimo muro tariffario che aveva protetto la giovane nazione per così tanto tempo e reso il suo commercio e la sua industria, il suo tenore di vita, l'invidia del mondo. All'indomani dell'insediamento di Wilson, nel marzo 1913, si scatenò la battaglia per abbattere le barriere commerciali americane. Eppure, persino uno dei principali professori di economia di Harvard ha liquidato come infondata la presunzione che le barriere commerciali siano negative per la gente comune.

House aveva fatto bene il suo lavoro: non per niente i suoi amici lo definirono "un radicale dichiarato il cui socialismo ha aperto la porta al comunismo", in riferimento al ruolo di House nell'assicurare il rilascio di Trotsky dopo che Wiseman era intervenuto a favore del complottista rivoluzionario filo-bolscevico, Lord Alfred Milner. House era, a suo dire, un ardente ammiratore di Karl Marx e un detrattore della Costituzione degli Stati Uniti.

Uno degli incarichi più difficili affidati ad House da Wiseman riguardava la posizione "neutrale" assunta dall'amministrazione Wilson nei confronti della guerra che infuriava in Europa. Presunti "pacifisti", i socialisti fabiani furono usati dall'MI6 per far cambiare idea a Wilson, attraverso il ricatto (le lettere di Peck), e fu creato un clima di guerra grazie a vere e proprie bugie raccontate al popolo americano. In questo tentativo, l'MI6 ha cooptato i servizi di Walter Lippmann, su cui torneremo.

Quando la Prima guerra mondiale si avvicinava alla fine, House fu scelto dal suo controllore britannico dell'MI6 e del Partito socialista fabiano, Sydney Webb, come portavoce di Wilson alla Conferenza di pace di Parigi, presumibilmente sulla base del magistrale rapporto di House prodotto prontamente dopo soli due giorni di "isolamento" a Magnolia, la sua casa estiva nel Massachusetts. Ma i fatti parlano diversamente. Quelli che sarebbero diventati noti come i "Quattordici punti di Wilson", che avrebbero dovuto istituire un unico governo mondiale, la Società delle Nazioni, "per prendere in carico tutte le nazioni e scavalcare la loro sovranità" (compresi gli Stati Uniti), erano in realtà un documento della Fabian Society scritto nel 1915 dal leader socialista britannico Leonard Woolf.

Intitolato "Governo internazionale", il trattato della Fabian Society fu presentato al governo britannico per essere accettato. Il governo britannico lo passò poi a Wilson, che non si preoccupò di aprirlo prima di passarlo a House nel Massachusetts. Si tratta dei "Quattordici punti" che House avrebbe redatto con l'aiuto del professor David Miller. Questo incidente evidenzia la stretta relazione di controllo tra il governo britannico, House e Wilson.

Wilson presentò il suo "Piano in quattordici punti" alla Conferenza di pace di Parigi, che lo respinse rapidamente. Wilson, amaramente ferito, tornò negli Stati Uniti, mentre l'amicizia di lunga data tra lui e House cominciava a sgretolarsi. Fu un trionfo per la Costituzione: né House né Wilson l'avevano violata a Parigi. In seguito, i due uomini si allontanarono e la loro amicizia, apparentemente indissolubile, andò in frantumi a causa della Costituzione degli Stati Uniti d'America.

In linea con gli insegnamenti della Fabian Society, House è sempre stato un visionario. Nel 1915, la sua attenzione era stata attirata da Franklin D. Roosevelt, assistente del Segretario alla Marina di Wilson. House ha fatto in modo che una copia di "Philip Dru" finisse nelle mani dell'affascinante Roosevelt. Si dice che il libro abbia avuto un effetto profondo sul già convinto socialista Roosevelt, destinato a succedere a Wilson. Nel 1920, House disse agli amici: "Sono sicuro che lui (Roosevelt) sarà il prossimo presidente degli Stati Uniti". I risultati ottenuti da Roosevelt come governatore di New York e i programmi innovativi (socialisti) da lui introdotti non lasciavano dubbi sulla direzione che avrebbe preso l'America se fosse stato eletto alla Casa Bianca. Da questo punto di vista, l'ex governatore dell'Arkansas Clinton è una copia carbone di Roosevelt in termini di metodologia socialista.

Quando Roosevelt fu eletto, l'evento fu salutato dai socialisti grandi e piccoli di entrambe le sponde dell'Atlantico come un atto di "provvidenza". Come di solito accade, tali atti di "provvidenza" non reggono all'esame, e questo non fa eccezione. Ancora una volta, le astute osservazioni politiche del colonnello House stavano per dare i loro frutti. Roosevelt avrebbe lanciato e spinto il socialismo a nuove vette in America, un degno successore del presidente Wilson. Il fatto che Roosevelt dovesse la sua presidenza a House non è mai stato messo in discussione; è stato solo tenuto nascosto all'opinione pubblica, per evitare che il tempestivo atto della "provvidenza" avesse un volto umano.

Amico della madre di Roosevelt, House non tardò a sottolineare le buone leggi socialiste approvate dal governatore dello Stato di New York. L'amicizia che si sviluppò fu anche in parte opera di Frances Perkins. House aveva raccomandato Roosevelt a Wilson per la posizione di Assistente Segretario della Marina nell'amministrazione Wilson, e trasmise a Roosevelt l'approccio radiofonico della "chiacchierata al caminetto" per conquistare il popolo americano e istruì Roosevelt su come creare "ordini esecutivi" incostituzionali, cioè proclami che solo i re e le regine sono autorizzati a emettere.

House passerà alla storia come l'uomo che ha cambiato il modo in cui i presidenti prendono le decisioni e le portano a termine, circondandoli di consiglieri informali che, non essendo funzionari pubblici, sono difficili da controllare. Il viscido sistema socialista di consiglieri informali ha fatto più danni alla nazione di quanto il popolo possa immaginare. Questo aspetto, più di ogni altro dei risultati ottenuti da House, lo ha distinto come il principale guerriero del socialismo nel primo quarto del XX secolo.

Roosevelt fu presentato agli americani come affabile, amichevole e molto competente, con un "sorriso meraviglioso" ecc. ecc. Quanto c'era di vero in questa propaganda? A quanto pare non molto. Nel 1926, quando House pensava che Roosevelt sarebbe stato il prossimo presidente, l'uomo dal "sorriso meraviglioso" non era nemmeno in grado di guadagnare abbastanza per mantenere la sua famiglia. Roosevelt si candidò al Senato di New York con la lista del Ku Klux Klan. La sua tanto pubblicizzata "polio" era in realtà un'encefalomielite, che fu tenuta nascosta al pubblico. Gli specialisti della propaganda utilizzano la sua "paralisi infantile" come un vantaggio, presentando Roosevelt come un uomo di grande coraggio, determinato a non lasciare che la "polio" fermi la sua carriera. L'unico problema? Era tutto completamente falso.

Forse nulla è più identificato con Roosevelt del New Deal e di Harry Hopkins. Il programma socialista del New Deal fu abilmente presentato come un "programma per aiutare i lavoratori colpiti dalla depressione". In realtà, il New Deal fu il libro A New Deal, scritto da Stuart Chase, un membro britannico della Fabian Society, che non attirò molta attenzione, anche se Florence Kelley, che amava Chase e i suoi ideali socialisti, lo considerò un libro importante.

Chase propose ai socialisti americani di compiere tre passi importanti:

1. Per evitare inflazioni e deflazioni accidentali, il dollaro doveva essere "gestito".

2. Il reddito nazionale deve essere forzatamente ridistribuito aumentando le imposte sul reddito e sulla successione,

3. Doveva essere attuato un vasto programma di lavori pubblici, tra cui l'elettrificazione (sul modello sovietico) e progetti abitativi su larga scala.

Roosevelt adottò il piano in-toto e questo divenne il "New Deal" che fu adottato come programma elettorale dei Democratici nel 1932. Il New Deal fu concepito nell'oscurità e un'opinione pubblica in preda al panico, che lo vedeva come la propria salvezza, diede ai Democratici una vittoria elettorale schiacciante nel 1932.

Roosevelt divenne presto vulnerabile nei confronti di consiglieri non eletti come i Rockefeller, la cui controversa presenza era solitamente nascosta da personaggi come Drew Pearson e Walter Winchell, tra gli altri. In seguito, quando i Rockefeller divennero più audaci, Roosevelt nominò Nelson Rockefeller coordinatore degli affari interamericani. Durante il suo mandato, Nelson ha sperperato più di 6 milioni di dollari di denaro dei contribuenti in imprese strettamente Rockefeller in America Latina.

Quando Roosevelt andò alla Casa Bianca, portò con sé un'intera schiera di consiglieri senza nome, tra cui molti più professori di quelli di cui si era circondato Wilson. Il ragionamento era che l'opinione pubblica americana era meno propensa a sospettare dei "socialisti" che si nascondevano dietro le facciate accademiche rispetto ai funzionari nominati, cosa che si rivelò vera nei primi anni del mandato di Roosevelt. A tal fine, e tenendo presente che la pianificazione a lungo termine era un elemento chiave tra i socialisti fabiani, Harold Stassen fu impiantato all'Università della Pennsylvania, Edward Stettinus all'Università della Virginia e il generale Dwight Eisenhower alla Columbia University.

I "consiglieri" segreti furono anche responsabili di convincere

Roosevelt a recuperare i beni della Standard Oil sequestrati dai giapponesi utilizzando le truppe statunitensi per farlo, la cosiddetta Dottrina Stimson. Questa dottrina è stata ripresa dal Presidente George Bush nella Guerra del Golfo, finalizzata al recupero dei beni della British Petroleum sequestrati dall'Iraq. Il modo in cui Alger Hiss fu introdotto nell'amministrazione Roosevelt è un classico esempio di manuale socialista fabiano. Nel 1936, Hiss fu invitato a prestare servizio presso il Dipartimento di Stato dal professor Francis Sayre, genero di Wilson. Sayre era da tempo riconosciuto come un socialista di valore.

Sayre aiutò a preparare i documenti legali per la difesa di Sacco e Vanzetti, due importanti socialisti accusati di omicidio. Con Sayre collaborarono il professor Arthur M. Schlesinger, il professor Felix J. Frankfurter, Roscoe Pound, preside della Harvard Law School e Louis Brandeis. Arthur Schlesinger Jr. frequentò l'Università di Cambridge nel 1938, dove fu accolto con calore e a braccia aperte dalla Fabian Society. Questo avveniva in un momento in cui tutti gli sforzi delle forze dell'ordine e del Congresso per arrestare ed espellere un'ondata di anarchici giunti negli Stati Uniti negli anni Novanta del XIX secolo venivano derisoriamente definiti "una reazione eccessiva alla paura rossa".

Sayre fu uno di coloro che difesero Hiss, molto tempo dopo che fu chiaro che Hiss era profondamente coinvolto nello spionaggio contro il suo Paese. Quando Adolph Berle del Dipartimento di Stato cercò di avvertire Roosevelt delle attività di Hiss, gli fu detto bruscamente di farsi gli affari suoi. Allo stesso modo, Roosevelt si rifiutò di ascoltare i rapporti dell'intelligence sulle attività di Owen Lattimore e insistette per nominarlo consigliere personale di Chiang Kai Shek, il che lasciò Lattimore nell'invidiabile posizione di poter facilmente tradire i nazionalisti ai comunisti. Le forze nazionaliste cinesi furono tradite anche da Lauchlin Currie, nominato da Roosevelt, che ordinò di gettare nell'Oceano Indiano i rifornimenti militari per le forze nazionaliste di Chiang Kai Shek.

Harry Hopkins divenne per Roosevelt quello che Edward Mandel House era stato per Wilson. Protégé di Frances Perkins, Hopkins iniziò la sua carriera come assistente sociale. Si avvicinò a Roosevelt attraverso la moglie Eleanor e gli viene erroneamente attribuito lo slogan del New Deal "tassa e spendi, tassa e spendi".

Hopkins si distinse durante la Depressione per essere stato incaricato da Roosevelt di distribuire i cosiddetti aiuti "federali", cioè il welfare. Spaventapasseri con i vestiti che gli penzolano dal naso e totalmente privo di eleganza sociale, Hopkins sarebbe stato fuori posto in una stanza con John Maynard Keynes. Quello che Hopkins sapeva era il mais. Il suo più grande vantaggio era quello di scegliere persone "influenti" e di insinuarsi nei loro circoli.

Grazie a questo talento, Roosevelt mise Hopkins a capo della convention democratica del 1940. Hopkins, nonostante il suo aspetto sfortunato, riuscì a conquistare l'appoggio dei politici più potenti dell'epoca. Roosevelt è noto per aver appoggiato personalmente un articolo di Arthur M. Schlesinger Jr. pubblicato sulla Partisan Review in cui Schlesinger attaccava coloro che indagavano sulle vere cause della Guerra Civile. Questo non dovrebbe sorprendere i ben informati. Come abbiamo già detto, il comunismo e il socialismo erano molto più diffusi nel periodo precedente la guerra, e ancora di più durante e subito dopo la guerra civile, di quanto la storia ortodossa non permetta. Questo fatto era ritenuto indesiderabile da Schlesinger e dai suoi colleghi socialisti, che volevano che il pubblico credesse al resoconto degli storici affermati sulle cause della guerra - che, senza eccezioni, non menzionavano il ruolo svolto dal comunismo e dal socialismo.

Era Arthur J. Schlesinger Jr. che definì gli anarchici Sacco e Vanzetti "due oscuri immigrati di cui nessuno si interessava". Arthur Schlesinger Jr. ha lavorato a lungo per l'ACLU a favore di questi due anarchici. Schlesinger continuò a scrivere numerosi articoli per il Fabian News, in cui difendeva le idee socialiste. In uno di questi articoli, pubblicato sulla Fabian International Review, Schlesinger dichiara apertamente che i socialisti americani intendono assumere il controllo completo della politica militare ed estera degli Stati Uniti.

I giudici che hanno stravolto e compresso la Costituzione per adattarla alle loro predilezioni agli obiettivi desiderati dai socialisti e che hanno visto i loro piani bloccati dall'immutabile Costituzione sono le stelle più brillanti del firmamento socialista, perché senza la loro disponibilità a corrompersi e a violare i loro giuramenti, nessuna delle "riforme" socialiste "popolari" di vasta portata che sono state così importanti nel cambiare il corso e la direzione dei potenti Stati Uniti avrebbe avuto successo.

Il processo di elezione di buoni e solidi giudici fabian-socialisti alla Corte Suprema degli Stati Uniti iniziò seriamente con l'amministrazione Wilson e la nomina del giudice Louis D. Brandeis come uno dei membri più importanti dei fabian-socialisti. Come rivela un esame del curriculum di Brandeis, la gerarchia socialista fabiana, in patria e all'estero, ha fatto una scelta saggia. Brandeis fece di più per minare la Costituzione e far passare intorno a sé una dura legislazione socialista di quanto Florence Kelley stessa avrebbe potuto sperare.

Il professor Louis Dembitz Brandeis (1856-1941) si adattava perfettamente all'idea socialista di un giudice che avrebbe accolto una "nuova costituzione" secondo la definizione di Edward Bellamy. Fu Bellamy a proporre una "nuova dichiarazione di indipendenza" basata su un'interpretazione evolutiva della Costituzione degli Stati Uniti con un potere giudiziario che avrebbe introdotto "cambiamenti radicali" e posto fine all'ostacolo della separazione dei poteri dei tre rami del governo. Bellamy ha definito la Costituzione, quella progettata dai benintenzionati Padri Fondatori, tristemente superata.

Lo stesso Presidente Wilson era molto favorevole allo smantellamento della Costituzione degli Stati Uniti che aveva fedelmente giurato di difendere, e in Brandeis aveva trovato uno spirito affine. Brandeis si era seduto ai piedi del filosofo della Fabian Society John Atkins Hobson, considerato l'autore del "Brandeis Brief", anche se Kelley ne ha sempre rivendicato il merito. Hopkins è stato certamente l'ideatore della strategia futura di circondare i futuri presidenti degli Stati Uniti con consiglieri socialisti, una strategia che ha funzionato molto bene nella guerra socialista alla Costituzione iniziata da Felix Frankfurter, Louis Brandeis, Harold Laski e John Maynard Keynes. Questi quattro socialisti fabiani hanno cambiato il corso e la direzione degli Stati Uniti a totale discapito di Noi il Popolo, in modi che superano di gran lunga ciò che Hitler, Stalin e Ho Chi Minh avrebbero mai potuto ottenere.

All'inizio della sua carriera legale, Brandeis collaborò con la formidabile Florence Kelley, senza il cui aiuto non sarebbe stato in grado di utilizzare uno stratagemma ideato nei think tank della Fabian Society di Londra e perfezionato dal socialista britannico

Hobson, che in seguito divenne noto come "Brandeis Briefs". La Kelley, con la sua devozione alla causa socialista di aggirare la Costituzione attraverso quella che chiamava "la via legislativa", fu la levatrice del neonato "Brandeis Brief baby", che avrebbe quasi realizzato il suo sogno di controllo socialista totale degli Stati Uniti.

Brandeis aveva una nipote di nome Josephine Goldmark, che fu la biografa di Kelley e che spiegò come fu preparato il libro di memorie nel 1907. Non è stato un processo complicato, ma ha richiesto molto tempo ed energia. Ogni sorta di dati sociologici sono stati raccolti e allegati a una pagina e mezza di argomentazioni giuridiche. Come dicevano i sergenti dell'esercito britannico, "le stronzate sconcertano il cervello" ed è esattamente ciò che fecero i Brandeis Briefs quando furono presentati alla Corte Suprema nel 1909.

Un altro noto socialista, Felix Frankfurter, definì il nuovo sistema "il concetto più maestoso di tutto il nostro sistema costituzionale", che consentiva ai giudici di leggere le proprie predilezioni nella Costituzione nei casi sottoposti alla loro attenzione, cioè predilezioni vietate dal 9° Emendamento della Costituzione statunitense. Ciononostante, questo metodo è diventato una pratica comune, che contribuisce a spiegare perché così tante decisioni della Corte Suprema sono state, in molti casi, "errori senza nome".[12]

Frankfurter partecipò alla Conferenza di pace di Parigi, ma tornò in patria quando si rese conto che il nuovo ordine mondiale non sarebbe stato stabilito immediatamente. Compatriota del professor Harold Laski nelle cospirazioni di stampo socialista, Frankfurter ha preso tempo, alla maniera dei socialisti fabiani, e ha colpito duro al momento opportuno. Tra tutti i socialisti americani che ammiravano Graham Wallas, il professore socialista fabiano britannico della London School of Economics, Frankfurter era in cima alla lista.

Il fallimento della concretizzazione del Nuovo Ordine Mondiale alla Conferenza di pace di Parigi fu in gran parte dovuto all'opinione pubblica americana, disgustata dall'ondata di radicali emersa con

---

[12] "Stronzate " nell'originale.

l'arrivo dell'amministrazione Wilson. Al popolo americano va riconosciuto il merito di aver avuto una buona dose di buon senso in quel periodo. Questo non vuol dire che oggi le cose siano tanto diverse. Ma dobbiamo tenere conto della composizione della popolazione dell'epoca, in gran parte di origine europea occidentale, unita dalla lingua inglese, dalla religione cristiana e dalla comprensione della Rivoluzione americana e delle sue profonde conseguenze per l'unità nazionale, che è stata completamente distorta dalle politiche socialiste.

Inoltre, nel 1919 non c'era un uso illimitato dei sondaggi d'opinione per decidere per loro cosa pensasse la gente. L'America degli anni '90 presenta un quadro totalmente diverso: un cambiamento radicale nella composizione della popolazione, che passa da una schiacciante maggioranza di cristiani dell'Europa occidentale a un miscuglio di tutte le razze del mondo, cinesi, indiani dell'Est, vietnamiti, europei dell'Est, ispanici, ecc. Nel 1919, un popolo unito chiedeva un'azione contro gli elementi sovversivi nel panorama americano, e la ottenne nel 1919-1920, quando il procuratore generale Mitchell Palmer ordinò una serie di incursioni per sradicare i centri di sedizione.

Brandeis dimostrò immediatamente la sua simpatia per i socialisti che stavano cercando di rovesciare la Costituzione degli Stati Uniti, unendosi a una memoria presentata da Frankfurter e Walter Lippmann che chiedeva un'ingiunzione contro le perquisizioni di centinaia di centri socialisti sovversivi. Gli agenti di polizia incaricati delle incursioni furono maltrattati verbalmente da Lippmann, che si presentò sul luogo di alcune incursioni con un'intera banda di scrittori socialisti.

Brandeis non ebbe vita facile nel processo di conferma da parte del Senato. Poiché i senatori del 1915 avevano molta più familiarità con la Costituzione degli Stati Uniti rispetto a quelli di oggi, la scelta di Wilson per la Corte Suprema fu molto contestata, ma senza successo. La maggioranza del Partito Democratico si è assicurata la nomina di questo pericoloso e appassionato rivoluzionario. Il danno arrecato alla Costituzione degli Stati Uniti da questo ardente e appassionato socialista è ancora in fase di calcolo. Né Hitler né Stalin avrebbero mai potuto creare un simile caos.

Brandeis fu uno dei primi giudici ad essere coinvolto nella politica del New Deal. L'amica Florence Kelley gli regalò una copia di un libro di Stuart Chase, intitolato semplicemente "A New Deal", che Chase riteneva utile per il futuro dei piani socialisti britannici e americani, opinione con la quale Sydney Webb e la gerarchia della Fabian Society concordavano. Su insistenza di Brandeis e Kelley, "A New Deal" sostituì presto la forma piatta dei Democratici del 1932 e divenne, nel 1933, il "New Deal" di Franklin D. Roosevelt.

È interessante notare le opinioni di Chase, che non si opponeva all'anarchia violenta e all'azione rivoluzionaria socialista:

> "Un giorno potrebbe essere necessaria (la rivoluzione). Non sono seriamente allarmato dalle sofferenze della classe creditrice, dai problemi che la Chiesa sicuramente incontrerà, dalle restrizioni di alcune libertà che potrebbero derivarne, e nemmeno dallo spargimento di sangue del periodo di transizione. Un ordine economico migliore vale un piccolo spargimento di sangue...".

Ma Stuart Chase alla fine si arrese quando vide che il popolo americano non poteva, non voleva, essere ingannato per partecipare a una rivoluzione in stile bolscevico, presumibilmente per il suo bene. Egli sosteneva invece un tipo di governo collettivo attraverso il controllo nazionale da parte di un governo centrale, sulla falsariga di "Labour and the New Social Order" di Webb. Chase era un radicale mite ma molto pericoloso, le cui idee sono in gran parte incorporate nella struttura di un governo mondialista - il Nuovo Ordine Mondiale - che sta per essere istituito.

Le organizzazioni e le personalità che hanno pagato e sponsorizzato il libro di Chase erano strettamente legate all'ambasciatore d'ufficio di Mosca, Ludwig Martens. Martens era molto vicino alla rivista socialista di estrema sinistra "The Nation" e a Edward A. Filene, che si dice abbia sottoscritto i costi di stampa del libro negli Stati Uniti attraverso il Twentieth Century Fund, un angelo finanziario fabiano-socialista. Chase era buon amico di Kelley e Brandeis e una volta descrisse la rivoluzione bolscevica come "assolutamente necessaria". Quando Franklin Delano Roosevelt entrò alla Casa Bianca, "A New Deal" divenne il "New Deal", una delle più ambiziose legislazioni socialiste di stampo fabiano mai apparse sulle pagine della storia americana.

Il percorso di Roosevelt verso la Casa Bianca fu reso notevolmente più agevole da Felix Frankfurter. Nato a Vienna, in Austria, questo bambino quasi nano con la testa a cupola fu portato negli Stati Uniti all'età di dodici anni. Frankfurter sfruttò la sua evidente intelligenza per sostenere tutte le cause socialiste che andavano contro la concezione degli Stati Uniti dei Padri Fondatori. Una delle vie di accesso alla socializzazione degli Stati Uniti è stata l'American Civil Liberties Union (ACLU), di cui Frankfurter, Rose Schneiderman e Roger Baldwin sono stati fondatori, e che è stata creata al solo scopo di fare un uso malevolo della Costituzione per difendere i nemici socialisti della Costituzione.

L'ACLU è stata fondata con l'intento dichiarato di "stravolgere" la Costituzione per proteggere i nemici degli Stati Uniti decisi a distruggerla. Non c'è dubbio che la pratica perversa di usare la Costituzione a vantaggio dei nemici della Repubblica sia nata dalla mente di Frankfurter. Dalla mente di questo "gnomo di corte" nacque la convinzione, propagata da personaggi come Lippmann, Schlesinger e una schiera di professori di legge di Harvard, che fosse in qualche modo antipatriottico difendere gli Stati Uniti contro i loro nemici socialisti dichiarati, di cui Frankfurter era il leader.

Leader dei nemici socialisti dell'America, Frankfurter riteneva pubblicamente accettabile proteggere il futuro unto alla Casa Bianca. Su istigazione della Fabian Society, Frankfurter istituì un gruppo di riflessione composto da importanti socialisti per consigliare e assistere Roosevelt nel superare gli ostacoli e le insidie sulla strada socialista verso la Casa Bianca. Ansioso che il "New Deal di Roosevelt" facesse le cose giuste al momento giusto, Frankfurter incontrò Roosevelt in un incontro privato subito dopo l'insediamento di quest'ultimo.

In questa impresa, Frankfurter fu molto aiutato da Harold Ickes, che mise in piedi un nutrito gruppo di spie per coprire Washington e altre grandi città. Questo gruppo divenne noto come "Gestapo di Harold", anche se il termine "Cheka" sarebbe stato più appropriato, poiché fu in grado di esercitare enormi pressioni sui funzionari locali e nazionali affinché votassero per Roosevelt. Ickes rimase uno stretto confidente di Roosevelt e fu responsabile della violazione della legge non scritta stabilita dal presidente George Washington, secondo la quale i presidenti avrebbero dovuto svolgere solo due mandati.

Era presente anche il socialista fabiano Fred C. Howe, il cui nome sarebbe diventato in seguito una parola familiare nei circoli socialisti di entrambe le sponde dell'Atlantico. Insieme hanno selezionato il personale per le posizioni chiave dell'amministrazione Roosevelt, compreso il Dipartimento di Stato. Hanno stabilito un modello che sarebbe diventato parte dell'arredamento, sia che nello Studio Ovale sedesse un repubblicano o un democratico. Ad esempio, nell'amministrazione Reagan, 3.000 posizioni chiave sono state occupate da candidati della Heritage Foundation. Apparentemente un think tank "conservatore", la Heritage Foundation era gestita dietro le quinte da Sir Peter Vickers Hall, membro di spicco della Fabian Society e socialista convinto.

Sebbene Cordell Hull fosse il Segretario di Stato nominale dell'amministrazione Roosevelt, erano "Felix e i suoi ragazzi", tra cui il traditore Alger Hiss, a comandare, una situazione che Hull ha tollerato per 12 anni. Come Frankfurter ammetterà in seguito, la sua idea proveniva dal sistema britannico del Privy Council, il consiglio dei consiglieri del primo ministro britannico. In ogni caso, due anni dopo l'ingresso di Roosevelt nello Studio Ovale, Ickes, Wallace, Hopkins e Frankfurter erano i promotori della Rand School of Social Sciences, proprio quella che le autorità di New York avevano cercato di far fallire come centro di sovversione socialista e comunista contro gli Stati Uniti.

Frankfurter, leader nel campo della socializzazione statunitense, dimostrò il suo valore spostando i servizi pubblici nelle mani dei comuni, portando al progetto della Tennessee Valley Authority (TVA). Presentata come misura anti-depressione, la TVA fu in realtà uno dei primi passi verso progetti di socializzazione di questa portata - una grande vittoria per i socialisti americani e i loro controllori britannici. Come ha scritto Mark Starr:

> "Man mano che il collettivismo socialista, la proprietà pubblica e il controllo diventano necessari negli Stati Uniti, saranno adottati in casi e istanze specifiche. Possono essere chiamati con altri nomi, ma, come nel caso della Tennessee Valley Authority, la proprietà pubblica sarà applicata...".

Frankfurter continuò a incoraggiare la penetrazione della sinistra nel governo e una delle tante organizzazioni di facciata che sponsorizzò fu il Movimento del Congresso Mondiale della Gioventù. Alcune persone associate a questa impresa socialista fabiana sono state descritte come pericolosi sovversivi comunisti da una sottocommissione del Senato sulla sicurezza interna. Ma forse la mossa più dannosa fu il sostegno che diede al suo protetto e amico di sempre, Dean Acheson, che insinuò nella cerchia dei consiglieri di Johnson.

Il Comitato Dies che indagava sul comunismo negli Stati Uniti dichiarò che il professor Harold Laski, John Maynard Keynes e Felix Frankfurter erano il terribile cartello del socialismo americano, un'idea che fu derisa da Roosevelt quando fu portata alla sua attenzione. Ma non c'è dubbio che il linguaggio giuridico di tutta la legislazione del New Deal sia stato scritto da Frankfurter. Non va dimenticato che fu Frankfurter a raccomandare a Roosevelt Dean Acheson e Oliver Wendell Holmes, e che sarebbe stato impossibile trovare due sovversivi più infidi, uno al Dipartimento di Stato, l'altro alla Corte Suprema.

Più di ogni altro socialista, passato o presente, sia in Inghilterra che negli Stati Uniti, si concorda sul fatto che il più grande di tutti coloro che hanno spianato la strada alla socializzazione dell'America è stato senza dubbio il quasi-naino con la testa a cupola, Felix Frankfurter. Si può dire che abbia fatto tutto il possibile per abbattere le tariffe protettive erette da Washington, per guidare la Federal Reserve nella sua posizione e per spingere Wilson a impegnarsi nella prima guerra mondiale in Inghilterra.

Stretto collaboratore di Walter Lippmann, Paul Warburg, Thomas W. Lamont e dei principali leader socialisti dell'epoca, Frankfurter si trovava in una posizione ideale per portare a termine il suo spaventoso tradimento degli Stati Uniti, che avevano dato asilo a lui e alla sua famiglia quando erano stati praticamente cacciati dall'Europa. Se mai c'è stato un candidato ideale per soddisfare l'adagio "ha morso la mano che lo ha nutrito", quel candidato è stato il giudice Felix Frankfurter, che quasi da solo ha pervertito la Costituzione e ha quasi trasformato quel grande documento in un foglio bianco.

Frankfurter scrisse la maggior parte delle trasmissioni radiofoniche di Roosevelt, le "fireside chats", uno dei più efficaci strumenti di penetrazione e impregnazione mai ideati. Ha avuto un ruolo nella decisione di Roosevelt di inviare Harry L. Hopkins in Inghilterra per gettare le basi della più grande rapina del pianeta: il LendLease Act. Ma forse il danno maggiore che Frankfurter avrebbe causato fu la sua graduale intrusione (in vero stile fabiano) della Corte nel ramo legislativo del governo, iniziando così l'insidiosa pratica di diminuire gradualmente i poteri del Congresso e di aumentare quelli della Corte Suprema e del Presidente. Frankfurter è l'uomo che ha quasi realizzato il sogno del professor Laski di rompere e distruggere la separazione dei poteri.

Il fatto che ciò fosse incostituzionale al 100% non sembrava preoccupare il piccolo gnomo della Corte. Così, grazie al tradimento e alla sedizione di Frankfurter, che perseguì per il resto della sua vita, la Fabian Society britannica cominciava finalmente a vedere un po' di luce nel tunnel buio che stava costruendo sotto le mura della separazione dei poteri, identificata da Laski come il più grave ostacolo al progresso del socialismo negli Stati Uniti. Frankfurter mantenne stretti contatti con il demolitore delle economie occidentali, John Maynard Keynes, e organizzò la pubblicazione di "The Economic Consequences of Peace" (Le conseguenze economiche della pace)[13] in cui Keynes prevedeva che il capitalismo in Europa stava morendo.

Mentre Frankfurter scrisse articoli vigorosi che esprimevano dissenso e denunciavano le incursioni della polizia del procuratore generale Mitchell Palmer contro i movimenti sediziosi negli Stati Uniti, fu Lippmann a portare avanti gli attacchi "in loco". Lippmann era un membro di spicco del gruppo dei "cervelloni" di Roosevelt che bombardavano il Presidente con proposte socialiste. Il deputato McFadden accusa Frankfurter di essere uno dei formulatori originali del National Industrial Recovery Act. McFadden ha dichiarato:

> "Ci sono voluti 15 anni di strenui sforzi da parte del signor Baruch e dei suoi collaboratori (uno di loro era Frankfurter) per imporre questa legge al popolo americano, e solo attraverso le sofferenze di un periodo di grande stress è stato in grado di

---

[13] *Le conseguenze economiche della pace*, Ndt.

farlo...".

"... Tuttavia, Baruch, Johnson, Tugwell, Frankfurter e tutti gli altri sembrano essere i più sfacciati nei loro sforzi (in nome del socialismo) in questo Paese. Frankfurter ha fornito la maggior parte dei cervelli legali di questo gruppo... Hanno cercato di costringere e intimidire gli interessi commerciali di questo Paese a stipulare contratti privati, in modo da avere il potere di esigere che gli interessi commerciali della nazione facciano ciò che vogliono, senza tener conto della Costituzione. Gli avvocati del New Deal non esitano ad andare in tribunale e a sostenere che i cittadini possono contrattare i loro diritti costituzionali. Questo è il metodo con cui hanno abbattuto i confini degli Stati...".

È risaputo che Frankfurter ha praticamente assunto il ruolo di agenzia di collocamento per l'amministrazione Roosevelt. Tra i socialisti più pericolosi raccomandati a Roosevelt da Frankfurter c'erano il famigerato Rexford Tugwell e il governatore di New York Al Smith.

Lo stretto legame tra Frankfurter e Harold Laski suscitò grande interesse nei circoli socialisti di Londra e Washington. Laski era regolarmente ospite a casa di Frankfurter a Boston e a Washington. Come compagni socialisti, i due uomini ebbero un profondo effetto l'uno sull'altro ed entrambi lavorarono instancabilmente per indebolire la separazione dei poteri imposta dalla Costituzione. Le loro lettere si intitolavano "Carissimo Felix" e "Carissimo Harold". Essendo nel cuore del socialismo fabiano a Londra, Laski era in grado di tenere il suo "carissimo Felix" pienamente informato delle ultime riflessioni socialiste, che Frankfurter passava poi a Roosevelt, la cui porta era sempre aperta per lui. I due "consiglieri privati" divennero gli architetti più influenti della politica socialista di Roosevelt durante i suoi tre mandati.

Il fattore decisivo del Trattato delle Nazioni Unite è stato Frankfurter, Laski e Keynes, anche se redatto da altri, e ha rappresentato un altro mattone rimosso dal muro di separazione dei poteri costituzionali. Gli storici del periodo 1942-1946 sostengono che il trattato ONU è stato il primo di una lunga serie di grandi spostamenti dall'esecutivo al legislativo, una tendenza sconvolgente che continua a crescere a passi da gigante con la presidenza Clinton. Keynes si recò da Roosevelt nel 1934 e descrisse il suo "moltiplicatore", ormai ben sfatato, che presupponeva che ogni dollaro speso dal governo federale per il welfare fosse un dollaro dato al dettagliante, al macellaio, al panettiere, all'agricoltore e al fabbricante di candele - il che non è come funzionava in pratica.

> "Lenin aveva certamente ragione. Non c'è modo più sottile e più efficace per rovesciare le basi esistenti della società che corrompere la moneta. Il processo impegna tutte le altre forze nascoste della legge economica dalla parte della distruzione e lo fa in un modo che nessun uomo su un milione è in grado di diagnosticare...". John Maynard Keynes.

Sebbene la teoria del "moltiplicatore" sia attribuita a Keynes, essa appartiene a uno dei suoi studenti, R.F. Kahn, che la inventò mentre era studente al Kings College. Nell'estate del 1934, i socialisti fabiani decisero di trasferire il loro "genio economico" Keynes negli Stati Uniti. Il suo libro, The General Theory of Money, era stato letto da Roosevelt, ma non compreso, come Roosevelt ammise a Frances Perkins, responsabile della presentazione dei due uomini: "Non capivo tutti i suoi discorsi sui numeri", confidò Roosevelt a Perkins. Indebitarsi per far uscire il Paese dalla recessione era la teoria alla base della filosofia economica keynesiana, che può spiegare la sua popolarità presso i successivi governi socialisti in Inghilterra e il Partito Democratico negli Stati Uniti.

Keynes era considerato con ammirazione, come se lo stesso rispetto fosse accordato a un mistico le cui previsioni sul futuro erano sempre giuste. Eppure la verità è che Keynes, se gli abbagliati avessero solo indagato sulle sue affermazioni, si sbagliava almeno l'85% delle volte. Keynes aveva i modi di un gentiluomo inglese nel vestire, nell'abbigliamento e nel parlare. Si dice che fosse in grado di incantare qualsiasi donna per portarla a letto, se lo voleva. Forse è stata la sua educazione a Eton e il periodo trascorso al Kings College di Cambridge a conferirgli quelle maniere che piacciono tanto a entrambi i sessi.

Keynes ottenne da R.F. Kahn il segreto alchimistico che avrebbe permesso alla carta moneta di moltiplicarsi all'infinito; se fosse stato lasciato a Kahn, nessuno gli avrebbe dato il minimo credito. Ma nelle mani di un preside di Cambridge alto, bello, pulito e con una sorprendente conoscenza dell'arte, del cibo e del vino, la scoperta del "moltiplicatore" divenne una grande notizia. Ciononostante, ci si chiede come mai, pur essendo stato istruito dai professori Marshall e Pigou, Keynes sia riuscito a classificarsi solo al 12° posto - in fondo alla sua piccola classe di economia. Nel 1911 Keynes divenne redattore dell'Economic Journal e un anno dopo segretario della Royal Economic Society della Fabian Society. Quando penso a Keynes, non posso fare a meno di pensare alla filosofia concreta, saggia e rustica del mio sergente istruttore dell'esercito regolare britannico, che merita di essere ripetuta:

"Le stronzate sconcertano il cervello".

Questa è davvero l'essenza dell'economia keynesiana: il denaro si moltiplicherebbe semplicemente all'infinito, come una sorta di lettera a catena che promette un'enorme ricompensa per un piccolo sforzo. A chi si chiedeva cosa sarebbe successo alla fine della catena di lettere, Keynes rispose: "un giorno moriremo tutti". Per quanto possa sembrare incredibile a posteriori, è il "sistema economico" di Keynes, che in realtà è un'assurdità, ad essere stato accettato dai banchieri internazionali e dai principali politici del mondo occidentale.

Keynes era una sorta di Nostradamus, un Gregory Rasputin, o era davvero sincero nei suoi principi economici? È possibile che, oltre a ciò di cui era dotato per natura, anche il padre, Neville Keynes, professore di Cambridge il cui forte era quello di sferrare attacchi costanti al sistema della libera impresa, abbia contribuito al successo sfrenato del figlio, facendo di John Maynard Keynes un milionario, con un seggio alla Camera dei Lord?

John Maynard Keynes iniziò la sua carriera come funzionario pubblico, alla maniera di Sydney Webb, ma mentre il grande Lord Bertrand Russell si riferiva spesso a Webb come a un "impiegato del Colonial Office", non applicò mai questa osservazione a Keynes. Forse perché Keynes faceva parte della cerchia ristretta di Russell all'università, a riprova del fatto che i socialisti sono altrettanto attenti alle classi e snob di qualsiasi altro gruppo.

Fin dai suoi esordi con George Bernard Shaw e i socialisti fabiani, Keynes era ben considerato, soprattutto perché era colui che "aveva scoperto il bluff morale del capitalismo" secondo Sydney e Beatrice Webb, i fondatori del socialismo fabiano. Pur essendo un membro del Partito Liberale, Keynes godeva di un enorme rispetto sia da parte dei Conservatori che dei Laburisti perché era in grado di vedere il futuro, dal punto di vista finanziario. "Un vero lettore di oracoli", come scrisse il Fabian News. Forse è stata la sua "capacità di leggere gli oracoli" che ha portato Keynes a promuovere la creazione del Fondo Monetario Internazionale (FMI), nel quale ha svolto un ruolo importante.

Come molte altre istituzioni del Governo Unico Mondiale (Nuovo Ordine Mondiale), il FMI era semplicemente un mezzo per drenare denaro dall'economia statunitense e consegnarlo a Paesi che avevano eccellenti risorse naturali come garanzia. Ciò che gli incauti governi non sapevano, e in realtà non avevano modo di sapere, è che il FMI non solo si sarebbe impadronito delle loro risorse naturali, ma avrebbe anche controllato e poi distrutto la loro sovranità nazionale. La Rhodesia, le Filippine, l'Angola, il Brasile sono buoni esempi di ciò che accade quando si lascia entrare il FMI.

Nel 1919, Keynes riuscì a conquistare la fiducia del colonnello Mandel House, del generale Pershing e di Walter Lippmann. Keynes intervenne con forza, dichiarando che "il capitalismo in Europa è morto". Questi contatti gli valsero una posizione di una certa importanza presso House e, in seguito, presso Harry Hopkins, un'alleanza che portò alla fondazione del Council on Foreign Relations (CFR), inizialmente noto come Institute of International Affairs, in realtà un ramo della Fabian Society. Secondo il Congressional Record, House, 12 ottobre 1932, pagina 22120, Keynes presentò agli Stati Uniti il suo libro "The Economic Consequences of Peace" (Le conseguenze economiche della pace) come tentativo di destabilizzare e rendere popolari le teorie economiche marxiste.

Roosevelt accolse con favore le idee keynesiane, che gli fornirono una base per ottenere dal Congresso 4 miliardi di dollari per i cosiddetti progetti di "lavori pubblici", in realtà lavori di comodo che non "moltiplicavano" i dollari federali come Keynes aveva promesso. Keynes strinse amicizia con Henry Cantwell Wallace, entrambi favorevoli all'eliminazione del contenuto aureo del dollaro e a una "moneta amministrata". Keynes continuò a farsi notare ad Harvard, dove era spesso in compagnia di Frankfurter e Laski. Mentre Frankfurter forniva il legalese per il New Deal socialista, Keynes forniva la base economica, come sempre, una chimera totale che, portata alla sua logica conclusione, avrebbe distrutto l'economia di qualsiasi nazione.

I "socialisti inglesi", come gli indovini del sacerdozio faraonico, avevano effettivamente tessuto la rete dei loro misteri intorno al Presidente Roosevelt, che rimase sotto la loro influenza fino alla sua morte. Se si dovesse cercare il sommo sacerdote dell'era del New Deal, John Maynard Keynes sarebbe certamente la scelta naturale. La sua capacità di gestire la lingua inglese era notevole, in quanto riusciva a far credere anche ai grandi elettori che due più due fa cinque.

L'arrivo di Keynes sul palcoscenico di Washington fu preceduto da un annuncio a tutta pagina sul *New York Times* del 31 dicembre 1933, che assumeva la forma di una lettera aperta al Presidente Roosevelt, piena di idee totalmente estranee agli economisti americani. Tuttavia, la propaganda di Madison Avenue ebbe il suo effetto e probabilmente spianò la strada alla sua visita negli Stati Uniti nel 1934. La lunga amicizia con Lippmann e con altre grandi stelle socialiste del firmamento statunitense aprì a Keynes tutte le porte.

Sebbene Roosevelt non comprendesse le implicazioni di ciò che stava facendo, su consiglio di Keynes la sua amministrazione decise di ritirare gli Stati Uniti dal gold standard, in linea con una mossa simile del governo britannico. La teoria del "moltiplicatore" di Keynes fu adottata da Roosevelt, dopo che Keynes gli disse di non preoccuparsi di "quel grossolano errore economico noto come teoria della quantità di denaro". Questa era musica per le orecchie dei New Dealers, che sentivano di aver ricevuto il via libera dal più grande economista del mondo per imbarcarsi in un programma di spesa sconsiderato, come se non ci fosse alcuna responsabilità per il domani.

Così, con la pubblicazione nel 1936 della "Teoria generale dell'occupazione", Keynes cercò di garantire la continuazione della spesa pubblica sulla base della convinzione che il governo è responsabile della piena occupazione e che, se la piena occupazione non viene raggiunta, dovrebbe subentrare il welfare. Keynes era il principale sostenitore della spesa in deficit e Roosevelt fu felice di assecondarlo. Nonostante ciò, Roosevelt non riuscì a uscire dalla depressione con la spesa.

Per quanto riguarda il pubblico americano in generale, era tutto sopra le loro teste. "Lasciate fare agli esperti", hanno detto in coro i media, "è troppo complicato per noi". Ed è proprio così che i socialisti sono riusciti a farla franca con la grande frode della spesa in deficit basata sul falso "moltiplicatore" che non ha mai funzionato. Stiamo ancora misurando i danni inestimabili causati negli Stati Uniti da questo leader economico socialista di stampo fabiano. "Le persone si riconoscono dalle compagnie che frequentano" è una vecchia massima, ormai collaudata e vera. Tra i suoi amici, Keynes annoverava alcuni dei peggiori traditori della storia della nazione: Lauchlin Currie, Felix Frankfurter, Walter Lippmann, Bernard Baruch, il colonnello House, Dean Acheson, Walt Whitman Rostow, Fancis Perkins, Abe Fortiss, Eleanor Roosevelt, le cui nefandezze sono numerose come le stelle del cielo notturno, troppo numerose per essere esaurientemente trattate in questo libro.

Il grande deputato Louis T. McFadden non prestò molta attenzione all'economia keynesiana quando chiamò Marriner Eccles, presidente della Federal Reserve, a testimoniare davanti alla commissione bancaria della Camera di cui era presidente.

McFadden, da sempre oppositore del socialismo fabiano, attaccò Frankfurter e Keynes per i loro legami, in particolare attraverso la Foreign Policy Association di New York, facendo notare che Paul M. Warburg era uno dei suoi fondatori. Inoltre, ha giustamente rimproverato Henry A. Wallas, nominato da Roosevelt Segretario all'Agricoltura su raccomandazione di Frances Perkins, per la sua appartenenza al sedizioso Freedom Planning Group, sponsor fabianista della New York Foreign Policy Association. McFadden ha identificato correttamente Moses Israel Sieff con il gruppo, citando il consiglio di Sieff: "Prendiamola con calma per un po' e aspettiamo di vedere come si svolge il nostro piano in America". Sieff dirigeva la catena di negozi britannica Marks and Spencer ed era un socialista multimilionario.

Il "nostro" piano a cui Sieff si riferiva era un piano elaborato dai socialisti fabiani di Londra che avrebbe portato tutta la terra e l'agricoltura sotto il controllo del governo, cosa che il professor Rexford Tugwell aveva già sostenuto. Tugwell era il terzo membro del "terribile trio" composto da Stuart Chase e Raymond Moley, un insegnante della famigerata e sediziosa Rand School of Social Science. Tutti e tre erano confidenti di Henry Wallace che, con l'aiuto di Tugwell, distrusse la fiorente industria agricola che stava appena iniziando a svilupparsi nel 1936, con una politica di aratura dei raccolti e di macellazione del bestiame.

Tugwell era un ardente ammiratore della rivoluzione bolscevica, che secondo lui si stava "divertendo a rifare il mondo". Formatosi alla Columbia University, Tugwell fu il primo socialista ad applicare le teorie socialiste fabiane alla pratica del governo. Tugwell mise il dito in tutte le torte del New Deal preparate dall'amministrazione Roosevelt. Uno dei suoi impegni principali fu quello di annullare la protezione tariffaria contro le merci importate.

Il piano del New Deal fu accolto con entusiasmo da Roosevelt, che disse:

> "Se guardiamo a questa cosa da un punto di vista nazionale ampio, ne faremo una politica nazionale, anche se ci vorranno 50 anni... I tempi sono ormai maturi per una pianificazione che eviti in futuro gli errori del passato e porti le nostre idee sociali (socialiste) ed economiche alla Nazione".

Uno di coloro che furono felici di seguire questa ingiunzione fu Arthur Schlesinger Jr, la cui vasta gamma di attività socialiste, che includevano la gestione di Adlai Simpson, il primo presidente nazionale di Americans for Democratic Action (ADA), una delle più importanti organizzazioni socialiste anarchiche, sediziose e sovversive degli Stati Uniti, per la quale scrisse la maggior parte del materiale di propaganda. Schlesinger fu responsabile della presentazione di John F. Kennedy come candidato socialista, un'impresa non da poco, dato che i membri puramente socialisti dell'ADA dovevano essere convinti a votare per qualcuno che rappresentava tutto ciò a cui si opponevano.

Star della "penetrazione e dell'impregnazione", il ruolo di Schlesinger nella sovversione segreta e nella promozione delle cause dell'ADA da parte di Lyndon Johnson negli anni Cinquanta era un grande fiore all'occhiello. La storia completa di come Schlesinger abbia impedito a membri chiave dell'ADA di candidarsi dopo che Kennedy aveva annunciato Johnson come suo compagno di corsa alla convention democratica del 1960 potrebbe riempire un libro. Si può immaginare la costernazione del principale socialista dell'ADA David Dubinsky quando apprese che Johnson, che aveva odiato per tutta la sua vita politica, sarebbe stato il compagno di corsa di Kennedy.

Se Schlesinger non avesse avuto successo, è molto probabile che Johnson avrebbe rifiutato l'offerta di Kennedy. In realtà, si trattava di una questione di feeling, poiché Johnson preferiva la posizione di leader della maggioranza del Senato. A quanto pare, fu solo dopo che Schlesinger rivelò a Dubinsky come aveva trasformato Johnson in un socialista represso negli anni Cinquanta che Dubinsky raccolse il sostegno dell'ADA per la candidatura. I successi di Schlesinger continuarono durante la presidenza di Johnson, anche se non faceva parte del "gabinetto superiore" di Johnson (consiglieri non nominati - consiglieri privati). Arthur Schlesinger è stato uno dei più pericolosi nemici invisibili che questo Paese abbia mai avuto.

Dean Acheson incarnava la pratica scaltra, penetrante e sediziosa di definizione degli standard di un socialista ben addestrato. Acheson proviene dallo studio legale Covington, Burling e Rublee del Comitato dei 300, che funge da avvocato per i grandi contabili del Comitato dei 300, Price, Waterhouse. Faceva anche parte della cerchia ristretta di J.P. Morgan, Andrew Mellon, Tommy Lamont (l'uomo che fece pressione per il riconoscimento da parte degli Stati Uniti del regime bolscevico di sanguinari macellai), la famiglia Kuhn Loeb e Felix Frankfurter. Acheson era il tipico avvocato socialista, sedizioso e ben collegato a Wall Street, che divenne Sottosegretario al Tesoro e Segretario di Stato sotto il Presidente Roosevelt.

Fu Frankfurter a raccomandare Dean Acheson per una posizione nel Dipartimento di Stato americano. Tra gli atti più pubblici di Acheson di tradimento e sedizione contro il suo Paese al servizio del socialismo c'è stata la sua lotta senza quartiere per assicurare tutti gli aiuti possibili al regime bolscevico nel momento in cui le armate della Russia Bianca stavano sconfiggendo e mettendo in fuga l'Armata Rossa bolscevica, che è descritta in dettaglio nel mio libro "Diplomacy By Deception". Durante la Seconda guerra mondiale, Acheson insistette affinché non venisse intrapresa alcuna azione contro Stalin per l'occupazione degli Stati baltici. Il suo tradimento della Cina nazionalista è già noto e non è necessario raccontarlo qui.

A coronamento della sua carriera di traditore e sedizione, il sostegno di Acheson alle forze nordcoreane e cinesi durante la guerra di Corea fu un atto di aperto tradimento. Ma invece di essere arrestato, accusato di tradimento e impiccato, ricevette i più alti onori.

I compatrioti di Dean Acheson nel crimine socialista erano Dean Rusk e Walt Whitman Rostow, che avevano appreso il loro socialismo come studiosi Rhodes a Oxford, la "scuola di perfezionamento" per i futuri leader socialisti mondiali. Rusk era l'opposto di Keynes nell'aspetto: dalla faccia rotonda, grassoccio e calvo, sembrava più un funzionario bolscevico di basso livello che il Segretario di Stato delle amministrazioni Kennedy/Johnson. Eppure il suo aspetto smentiva il suo carattere ferocemente socialista e il suo instancabile impegno a favore della Cina rossa e di Stalin attraverso l'Institute for Pacific Relations (IPR) e, direttamente, attraverso molte agenzie del Dipartimento di Stato.

Fu Rusk a creare il "santuario privato", l'area di raccolta delle truppe rosse cinesi in Manciuria, in collusione con il governo britannico. Al generale Douglas McArthur fu vietato di attaccare il santuario, dove si stavano ammassando le truppe cinesi, prima di attraversare il fiume Yalu per attaccare le forze americane. Quando MacArthur presentò un piano elaborato dal suo staff e dal generale George E. Stratemeyer dell'aeronautica statunitense che avrebbe distrutto le capacità di combattimento della Cina e l'avrebbe fatta arretrare di decenni, Rusk convocò in tutta fretta il presidente Truman per una conferenza alla Blair House di Washington.

Il 6 novembre 1950, le forze cinesi stavano avanzando rapidamente sullo Yalu. Gli aerei di Stratemeyer erano stati bombardati e pronti a partire. Ma a Washington, Rusk disse a Truman che non poteva ordinare a MacArthur di colpire le truppe rosse cinesi. Secondo i documenti che ho visto, Rusks ha detto:

> "Abbiamo preso l'impegno con gli inglesi di non intraprendere alcuna azione che possa comportare attacchi sul lato Manciù del fiume contro i cinesi SENZA CONSULTARLI".

Rusk aveva anche chiesto una riunione d'emergenza del Consiglio di Sicurezza delle Nazioni Unite, apparentemente per ottenere una risoluzione dell'ONU che ordinasse alla Cina di ritirare le sue truppe. In realtà, si trattava di un infido e perfido stratagemma di

Rusk per dare alle truppe rosse cinesi il tempo di attraversare il fiume Yalu, ritardando al contempo i previsti attacchi cruciali di MacArthur. Se mai c'è stato un uomo sedizioso e traditore che non si è fatto scrupoli a tradire il proprio Paese, quello è stato il socialista Dean Rusk.

Il terzo partner di questo trio di sedizione era Walt Whitman Rostow, che una volta disse:

> "È un legittimo obiettivo nazionale americano quello di vedere la fine della nazione così come è stata storicamente definita". (Rostow, "Gli Stati Uniti nell'arena mondiale").

Nonostante fosse stato dichiarato un grave rischio per la sicurezza dall'Agenzia di Intelligence del Dipartimento di Stato e dall'Agenzia di Intelligence dell'Aeronautica, Rostow rimase in una posizione di grande potere come rappresentante non eletto dei socialisti americani, con una porta aperta a Eisenhower, Kennedy e Johnson. Rostow era stato assegnato al Massachusetts Institute of Technology dal Comitato dei 300, da dove sviluppò e pianificò la strategia che secondo lui avrebbe portato alla "fine della nazione" per gli Stati Uniti.

Il fatto che questo mostruoso traditore abbia avuto mano libera a Washington dovrebbe mettere a tacere per sempre coloro che credono che il socialismo sia solo un'istituzione benevola pensata per aiutare i bisognosi, i disoccupati e i poveri. Nel dicembre 1960, Rostow si recò a Mosca per incontrare Vasily Kuznetsov, viceministro degli Esteri dell'URSS. Kuznetsov si era lamentato con Acheson e Rusk del fatto che gli Stati Uniti stavano costruendo una capacità di attacco diretta al suo Paese.

Rostow gli disse di non preoccuparsi, che la situazione sarebbe stata corretta. E così è stato. Grazie all'intervento di Robert Strange McNamara, allora Segretario alla Difesa, quasi tutta la produzione dei missili Skybolt, Pluto, X-20 Dynasoar, Bomarc-A, del sistema di difesa Nike Zeus e del bombardiere nucleare B-70 fu significativamente ridotta o eliminata. Non c'è stata una riduzione corrispondente da parte russa. A parte tutto, il tradimento di McNamara è costato agli Stati Uniti 5,4 miliardi di dollari. Sarebbe difficile trovare un grado più alto di tradimento, e in una lista di tradimenti e sedizione socialista, McNamara sarebbe nella top 10.

Come ricompensa per la sua perfidia, Rostow fu nominato dal Presidente Johnson membro del Consiglio di Sicurezza Nazionale nel 1964. Al momento della nomina di Rostow, Johnson elogiò il malvagio sedizioneio, dichiarando che "ha il lavoro più importante alla Casa Bianca, al di fuori del Presidente". Si trattava dello stesso Rostow che non aveva mai vacillato nel suo obiettivo di porre un giorno fine alla nazione degli Stati Uniti.

Rostow è stato responsabile dell'invio di forze di terra statunitensi in Vietnam, dopo aver esercitato intense pressioni affinché le nostre truppe andassero nel Delta del Mekong. Ma lo Stato Maggiore disse al Presidente che le truppe di terra non dovevano essere impegnate nel Vietnam del Sud, perché si sarebbero sicuramente impantanate e alla fine non sarebbero state in grado di uscire dall'area. Come tutti i membri della camarilla socialista di Washington, Rostow non rinunciò al suo piano e continuò a premere per un impegno di truppe.

Rostow si servì del generale Maxwell Taylor per avere accesso diretto a John Kennedy. Purtroppo, un Kennedy inesperto accettò il copione di Rostow e nel gennaio 1960 furono inviati in Vietnam diecimila soldati americani. Attraverso il tradimento di Walt Whitman Rostow, il metodo di penetrazione e impregnazione del socialismo fabiano aveva infettato la più alta carica del Paese.

Non c'è mai stata una guerra come quella del Vietnam, dove i nostri soldati hanno cercato di combattere con entrambe le mani ammanettate dietro la schiena, le chiavi tenute da Robert Strange McNamara, Walt Whitman Rostow e Dean Rusk. I militari di nessuna nazione hanno dovuto combattere secondo le regole stabilite da un noto traditore, Robert Strange McNamara. Quest'uomo dovrebbe essere processato da tempo per tradimento e impiccato. Secondo le "regole di ingaggio" di McNamara, i nostri soldati dovevano aspettare di essere circondati e colpiti prima di poter reagire.

C'è mai stato un tradimento del genere? Il senatore Barry Goldwater definì le regole di ingaggio di McNamara "strati di restrizioni illogiche e irrazionali" che impedivano anche ai nostri piloti di bombardieri di attaccare obiettivi strategici chiaramente visibili. Invece, i nostri bombardieri dovevano scaricare tonnellate e tonnellate di bombe in "corse di rifornimento" che non potevano nemmeno vedere e che non facevano assolutamente alcun danno agli obiettivi strategici, nella maggior parte dei casi a centinaia di chilometri di distanza. È stato un esercizio completamente inutile e uno scioccante spreco di denaro.

In patria, i socialisti che controllano i media sono impegnati in una feroce battaglia per conquistare l'opinione pubblica - dalla parte del regime comunista nordvietnamita. I soldati americani erano i "cattivi", mentre i Viet Cong non potevano sbagliare. Spero e prego ardentemente che questi tre nemici degli Stati Uniti, Rostow, Rusk e McNamara, vengano in qualche modo assicurati alla giustizia per tradimento. L'impiccagione è troppo bella per loro.

Se mi venisse chiesto di esprimere la mia opinione sulle star socialiste che più hanno danneggiato la Costituzione e i concetti di una grande Repubblica americana, dovrei pensarci a lungo, perché c'è una vera e propria folla tra cui scegliere. Alla fine, però, dovrei mettere in cima Walter Lippmann, che si unì alla Fabian Society di Londra nel 1909, diventando così il più vecchio socialista americano.

Nel 1917, Lippmann fu scelto dal servizio segreto britannico MI6 per visitare il Colonel House ogni quindici giorni e consigliarlo su come far rieleggere Wilson e allontanarlo dalla neutralità; queste "opinioni" apparivano spesso sulla rivista socialista "New Republic", di cui Lippmann era membro del consiglio di amministrazione. Non era noto a tutti che Lippmann fosse a capo di un gruppo informale che definì la politica di guerra di Wilson e sviluppò la sua strategia postbellica. Questo gruppo era guidato dal dottor Sydney Mezes.

Lippmann perseguì attivamente una politica di ottenimento di donazioni private per promuovere i 14 punti di Wilson, che si sperava avrebbero portato alla fondazione del Nuovo Ordine Mondiale attraverso la Società delle Nazioni. Lippmann riuscì ad assicurarsi i servizi di 150 professori socialisti per propagandare e raccogliere denaro e dati per l'imminente Conferenza di pace di Parigi, tra cui il noto socialista, il reverendo Norman Thomas. Infatti, grazie a questi professori e all'astuzia di Lippmann, le loro idee furono espresse con fervore da Woodrow Wilson, che non sembrò preoccuparsi di essere il portavoce del socialismo internazionale.

Lippmann divenne strettamente legato al "Radical Red" John Reed, le cui idee bolsceviche per l'America dovettero essere attenuate, finché Reed alla fine fuggì per unirsi ai bolscevichi a Mosca, ma non prima di aver fondato con Lippmann l'Harvard Socialist Club. Reed è stato oggetto di un film molto fantasioso di Holly Wood che glorificava il bolscevismo e sottolineava quanto fosse un onore per Reed essere sepolto vicino al muro del Cremlino dopo il suo lungo servizio al comunismo.

Come Felix Frankfurter e Louis Brandeis, Walter Lippmann è cresciuto in circostanze agiate. La sua carriera ad Harvard è stata giustamente descritta come "brillante", ma per ammissione dello stesso Lippmann, la sua adesione alla Fabian Society nel 1909 ha significato più di qualsiasi altro risultato ottenuto ad Harvard. Quindi, come in molti altri casi, è chiaro che i buoni socialisti non si fanno, ma nascono tali. I Fabiani di Londra avevano seguito la carriera di Lippmann ad Harvard e, secondo le parole di Harold Laski, "era un grande socialista",

> "Era il candidato ideale per portare avanti la nostra politica di penetrazione e permeazione degli Stati Uniti a tutti i livelli".

Dal 1932 al 1939, ha dedicato il suo tempo e le sue energie a penetrare e permeare le principali aziende, gli studi legali e i circoli bancari americani. Fu Lippmann a creare una nuova classe, i repubblicani "moderati", che avrebbero servito Clinton in modo decisivo nel condurre gli Stati Uniti sulla strada socialista verso la schiavitù sotto un unico governo mondiale - il Nuovo Ordine Mondiale - la Nuova Era Oscura.

Il termine "repubblicano moderato" aiutava coloro che erano disposti a commettere tradimento e sedizione alla Camera e al Senato a non essere etichettati come socialisti, marxisti o comunisti. Tra i più efficaci di questi camaleonti machiavellici c'erano i senatori Roth, Cohen, Kassenbaum, Chaffee, Danforth, che resero possibile l'incorporazione del Manifesto comunista del 1848, sotto forma di "Crime bill", nella legislazione statunitense.

Lippmann fu il primo americano ad adottare la psicologia applicata alle situazioni politiche, una tattica appresa al Tavistock Institute for Human Relations nel Sussex, in Inghilterra. Il suo incrollabile sostegno al socialismo fu caratterizzato dalla stretta amicizia con

Thomas "Tommy" Lamont, il banchiere di J. P. Morgan che fu determinante nel convincere il governo statunitense a riconoscere e stabilire relazioni con i sanguinari macellai bolscevichi di Mosca. Lippman ha acquisito un potere immenso grazie alle sue rubriche sindacali, che sono state riprese da tutti i principali giornali e riviste.

Lippmann divenne un amico intimo e un confidente dei presidenti Kennedy e Johnson, e la sua socializzazione con loro portò all'adozione di programmi socialisti, la Nuova Frontiera e la Grande Società, tratti direttamente da libri scritti da socialisti e adottati quasi in toto dal Partito Democratico. A Lippmann si attribuisce il merito di aver attuato negli Stati Uniti la politica del "fai presto e rallenta" dei socialisti fabiani:

> "In generale, il nostro obiettivo era trasformare i reazionari in conservatori, i conservatori in liberali, i liberali in radicali e i radicali in socialisti. In altre parole, abbiamo cercato di far salire tutti di livello. Preferiamo che l'intera massa si muova un po', piuttosto che alcuni siano completamente fuori dalla vista". (Fonte: Congressional Record 12 ottobre 1962).

Questa illuminante visione del funzionamento del "gradualismo" socialista dovrebbe essere studiata da tutti coloro che hanno a cuore il futuro degli Stati Uniti e dobbiamo creare scuole che insegnino a combattere questa minaccia strisciante che, se non viene fermata, finirà per paralizzare la nostra nazione. Il successo di queste tattiche può essere visto durante la presidenza Clinton, dove un'importante legislazione socialista dopo l'altra è stata imposta grazie alla graduale conversione degli oppositori di Clinton in sostenitori del suo programma.

Il NAFTA socialista di Clinton, il disegno di legge sulla criminalità e quello che impone al popolo americano il più grande aumento delle tasse al mondo sono esempi perfetti di come funziona questa paralisi strisciante, e anche di quanto sia importante avere traditori nelle file repubblicane che sono completamente a favore del socialismo, ma che vengono etichettati come "repubblicani moderati". Con il metodo Lippmann, l'approccio psicologico alla politica appreso all'Istituto Tavistock per le Relazioni Umane, il popolo americano viene condotto, lentamente ma inesorabilmente, un passo alla volta, come una passeggiata onirica, ad accettare senza un mormorio i cambiamenti più radicali e odiosi nell'istruzione, nell'economia, nella religione e nella politica degli Stati Uniti, senza sembrare consapevole dei terribili cambiamenti che sono stati fatti e che vengono fatti.

L'applicazione della psicologia sociale di Lippmann accelerò notevolmente l'accettazione della socializzazione degli Stati Uniti da parte del New Deal di Roosevelt, proseguita dalla Nuova Frontiera socialista e dalla Grande Società di Kennedy e Johnson. Lippmann è stato il più abile di una lunga serie di seguaci del socialismo che hanno usato la parola "democrazia" ogni volta che è stato possibile introdurla, senza suggerire che nel linguaggio socialista "democrazia" significava in realtà le crescenti incursioni del socialismo nella vita educativa, economica e politica della nazione attraverso la regolamentazione degli affari del governo. La "democrazia reale", cioè il socialismo sfrenato, è stata introdotta senza che la popolazione ne fosse consapevole. Vediamo questa politica in pieno svolgimento nell'amministrazione Clinton, con la maggioranza della popolazione ancora ignara del fatto che la "democrazia" che Clinton ha in mente è socialismo duro.

Il mandato di Lippmann come presidente della Intercollegiate Socialist Society fondata ad Harvard nel 1909 fu la migliore base per il suo futuro nel socialismo che il denaro potesse comprare, e gli fu di grande aiuto quando fondò la rivista socialista "New Republic", in cui in seguito avrebbe espresso le sue opinioni sulla guerra del Vietnam. Lippmann e altri scrittori socialisti dissero al popolo americano, attraverso articoli di giornale, che se gli Stati Uniti avessero cercato di conquistare la Corea, si sarebbero scontrati con la Cina e sarebbero stati sconfitti.

Si trattava di una menzogna calcolata, perché la Cina non era in alcun modo in grado di muovere guerra agli Stati Uniti e se fosse scoppiata una guerra tra le due nazioni, la Cina sarebbe stata sonoramente sconfitta, un fatto comunicato a Truman e al Pentagono dal generale Douglas McArthur e dal generale Stratemeyer. Le menzogne sull'invincibilità della Cina sono continuate con il conflitto in Vietnam, che Henry Kissinger e Dean Rusk hanno portato avanti per almeno altri due anni dopo che i vietnamiti avevano dichiarato di volerlo concludere. In questo modo si realizzò pienamente l'obiettivo socialista di prosciugare le casse degli Stati Uniti per un ammontare di 5 milioni di dollari al giorno, senza contare le 50.000 perdite subite dalle forze armate statunitensi.

Il socialismo è stato attuato dai consiglieri politici che hanno circondato Kennedy, Johnson e Nixon, consiglieri del tipo Dean Rusk - Robert McNamara che hanno condotto gli Stati Uniti sulla strada della sconfitta in Corea e in Vietnam, e i cui sostituti di oggi, del tipo che circonda il Presidente Clinton, non esiteranno a fare esattamente lo stesso se si tratta di una guerra contro un nemico futuro.

Una delle future stelle del firmamento socialista americano, che Lippmann incontrò all'Università di Harvard, era Robert Strange McNamara. Prodotto del metodo di penetrazione e permeazione socialista di John Maynard Keynes, che installò le dottrine fabiane nel dipartimento di economia di Harvard, McNamara insegnò alla Business School come professore assistente di amministrazione aziendale dal 1940 al 1943. In seguito è stato distaccato all'Aeronautica e poi alla Ford Motor Company. Dopo un mandato quasi disastroso alla Ford, fu promosso a una posizione di nuova creazione come capo del Dipartimento della Difesa.

McNamara fu impressionato dal nuovo vangelo socialista che si stava diffondendo nei campus delle università americane. L'economia politica americana, le collaudate e vere politiche economiche definite nel sistema economico americano di protezione tariffaria e di moneta solida basata sul bimetallismo, venivano rapidamente eliminate e sostituite dalle sciocchezze economiche di John Maynard Keynes e Harold Laski. Nessun leader socialista era più desideroso di McNamara di implementare queste teorie socialiste antiamericane di economia e di economia politica. L'unica cosa che emerse da questa folle corsa alla soppressione del modello economico americano fu che il modello keynesiano era pericolosamente vicino alle teorie economiche di Karl Marx, un'osservazione che non fu mai permesso di menzionare sulla stampa, alla radio o in televisione.

Più di questo. McNamara era ansioso di svendere le forze armate e lo fece sfruttando la nefasta influenza che aveva sul presidente Johnson. Non c'è mai stato un momento più pericoloso per la sicurezza degli Stati Uniti di quando la star socialista Robert S. McNamara si aggirava per le sale del Pentagono, cancellando un programma dopo l'altro fino a quando gli Stati Uniti non furono ben al di sotto dell'Unione Sovietica. McNamara riuscì persino a convincere Johnson a cancellare la produzione di plutonio per il programma nucleare attraverso un ordine esecutivo illegale.

Illegale, nel senso che solo i re e le regine possono emettere proclami, che è quello che è un ordine esecutivo. In un momento precedente della storia della nazione, sia McNamara che Johnson sarebbero stati processati e condannati per tradimento, come avrebbero dovuto.

Nel 1964, in un momento cruciale della lotta per mettere in riga Stalin, McNamara cancellò i piani di battaglia nucleare della NATO, senza il vostro permesso e senza mai consultare gli alleati della NATO. Di questa sorprendente impresa delle forze armate sovietiche si dice che i generali sovietici bevvero vodka e festeggiarono tutta la notte al Cremlino increduli della loro fortuna. I leader della destra francese ribadiscono la saggezza di De Gaulle, che si ritirò dalla NATO e istituì un deterrente nucleare indipendente per la nazione francese. I francesi hanno rinnovato la loro promessa di non essere mai ingannati e disarmati dagli Stati Uniti, come sarebbe successo se la Francia non avesse lasciato la NATO.

È sorprendente che il piccolo Partito Comunista Americano e un Partito Socialista nominalmente inesistente siano stati in grado di ottenere una vittoria così massiccia per il socialismo fabiano. Gli storici del futuro si sfregheranno sicuramente gli occhi per lo stupore, chiedendosi che fine abbiano fatto gli antenati di coloro che gettarono il tè nel porto di Boston e che fine abbiano fatto i discendenti di Andrew Jackson, un uomo che non solo riconobbe chiaramente la minaccia socialista, ma la combatté attivamente con le unghie e con i denti per tutta la vita.

Che cosa è successo al popolo americano tra la fondazione di questa nazione e l'arrivo al potere dei socialisti? La vera risposta sta nella mescolanza della popolazione, che era ormai così adulterata da assomigliare poco ai coloni originari. In una rivoluzione silenziosa, i socialisti fecero a pezzi il Paese da un capo all'altro e lo demoralizzarono a tal punto da renderlo facile preda delle forze che aspettavano la sua caduta fin dalla Guerra del 1812.

Guardando costantemente alla Fabian Society britannica come fonte di ispirazione per i suoi slogan e programmi, il Partito Democratico è diventato di fatto il partito socialista/marxista/comunista degli Stati Uniti. La "guerra alla povertà" di Johnson, ad esempio, è stata originariamente scritta dal primo ministro del partito laburista Harold Wilson. Nel suo discorso ai socialisti internazionali, Harold Wilson ha chiarito che l'intenzione dei socialisti in Gran Bretagna e negli Stati Uniti era quella di dirottare i fondi per la difesa verso quelli per l'eliminazione della povertà. Il disarmo, disse Wilson, era il punto di partenza per bandire il "desiderio" dalla terra.

L'importante socialista Michael Harrington, membro del Socialist Party of America, dieci anni dopo riprese il pamphlet di Wilson e produsse un libro intitolato "L'altra America: la povertà negli Stati Uniti". Il libro di Harrington ha avuto un successo immediato, con copertura di stampa, radio e televisione. I socialisti lo adorano. Nessuno ha notato che Harrington ha semplicemente ripreso le osservazioni di Harold Wilson e le ha applicate alla scena americana. John F. Kennedy ricevette una copia del libro e scrisse ad Harrington di esserne rimasto profondamente colpito.

Sono quelle stelle del firmamento socialista sopra gli Stati Uniti che hanno portato più scompiglio di quanto qualsiasi esercito invasore possa sperare di fare. Sono i socialisti che hanno prostituito e distorto il nostro sistema elettorale, tanto che oggi è impossibile dire quanta frode e quanti inganni ci siano nel conteggio finale dei voti. In questo campo, il Partito Democratico è superiore al Partito Repubblicano.

Siamo arrivati a questo punto: quello che dicono i candidati è quasi irrilevante al giorno d'oggi; ciò che conta è chi attira il maggior numero di elettori. Quando un candidato repubblicano affronta un candidato democratico, la stampa internazionale inizia a seguire il candidato come se stesse correndo in Inghilterra, Italia, Francia, Germania, Polonia e nei Paesi scandinavi. Sorprendentemente, la stampa socialista di questi Paesi si schiera dietro il candidato democratico, quasi senza eccezioni.

Peggio ancora, le pressioni e le minacce che accompagnano le elezioni rendono praticamente impossibile un risultato equo. I democratici sono molto bravi in questo. Le imprese vengono intimidite, i contratti minacciati, i fondi vengono trattenuti dai programmi di quartiere; il processo elettorale odierno non si basa tanto sul numero di elettori che si registrano e votano, ma su chi può avere più peso, chi può intimidire e ricattare con più successo, chi può mentire di più al popolo americano senza essere scoperto.

Per farlo, vengono assunti a caro prezzo personaggi di Madison Avenue. Se un presidente fa un passo falso e dice una cosa sbagliata, i faccendieri intervengono e assicurano agli elettori che sono stati loro a non aver sentito bene. Alla fine del XX secolo, l'onestà non esiste più in politica. Come spiegò Walter Lippmann in un raro momento di candore dopo le elezioni del 1964:

> "Perché il vero compito della campagna non era quello di tracciare una rotta per il futuro. Si trattava di sconfiggere e schiacciare la ribellione contro la linea consolidata di politica interna ed estera che è stata definita (dai socialisti) nella generazione successiva alla Grande Depressione e alla Seconda Guerra Mondiale".

Ci sono molte altre stelle brillanti nel firmamento socialista, passate e presenti, e nella sezione Note ne citiamo i nomi, ma non in modo così completo come avremmo voluto. Per fare un salto indietro nel tempo fino al presente, forse la stella più luminosa di tutte nel firmamento socialista, mentre ci avviciniamo alla fine del XX secolo, è il presidente William Jefferson Clinton.

Come molti dei suoi predecessori, Clinton è stato spinto sulla scena politica americana per penetrare e infiltrarsi e gettare le basi per la sua presidenza. Pochi immaginavano che un politico relativamente piccolo di uno Stato relativamente piccolo sarebbe stato il miglior agente di cambiamento che il socialismo fabiano potesse trovare finora. Tralasceremo i dettagli formali e noti di Clinton e cercheremo invece di andare oltre le informazioni convenzionali su di lui che non hanno bisogno di essere ripetute.

Cercheremo invece di fornire ai nostri lettori alcune delle informazioni che sono state tenute segrete e che non hanno ancora visto la luce, nonostante la moltitudine di potenti detrattori di Clinton che non vorrebbero altro che cacciarlo da Washington.

Con l'eccezione di un periodo trascorso a Londra, dove ha agito come leader dell'agitazione socialista contro la guerra del Vietnam, e di un periodo presso la scuola di perfezionamento socialista (Università di Oxford), Clinton ha avuto poca esperienza in politica al di fuori dell'Arkansas. Ciononostante, riuscì a mantenere una notevole presa sullo Stato dell'Arkansas.

In questo compito fu abilmente assistito dai suoi amici Tyson e Stephens, due degli uomini più ricchi dello Stato. Clinton fu raccomandato per la promozione e consigliato a Jay Rockefeller e Pamela Harriman da 'King' Stevens. Harriman e Rockefeller sono i leader del Partito Socialista degli Stati Uniti, meglio conosciuto come Partito Democratico. La signora Harriman vide in Clinton un uomo con un certo potenziale e Clinton fu mandato ad essere addestrato dai Bilderberg come futuro leader socialista mondiale. Harriman e Rockefeller non rimasero delusi: Clinton si comportò in modo impressionante e, al suo ritorno negli Stati Uniti, fu nominato dal Partito Democratico come candidato prescelto per le elezioni presidenziali del 1992.

C'era preoccupazione per gli scheletri nell'armadio di Clinton, ma si pensava che il suo bell'aspetto da ragazzo e la sua prontezza di spirito fossero sufficienti a superare i rozzi tentativi di farvi riferimento. Così, il 20 gennaio 1993, Clinton divenne il 42° Presidente degli Stati Uniti. Il fatto che una personalità più improbabile della sua avesse assunto il controllo della nazione più grande e potente del mondo stupì i suoi detrattori - e c'erano centinaia di detrattori nelle più alte sfere del potere del Paese - che tendevano a trascurare la mente eccezionalmente acuta di Clinton e a soffermarsi sulle sue umili origini, per non parlare delle accuse di cattiva condotta sessuale che iniziarono a emergere.

I socialisti erano esultanti. La loro scelta era arrivata alla Casa Bianca; ora i programmi socialisti potevano essere accelerati e il Paese non avrebbe avuto il tempo di riprendersi da una crisi prima dell'arrivo della successiva. Stava per iniziare una nuova era di abuso del potere statale, la grande rapina socialista stava per entrare nel vivo. La gerarchia socialista aveva fissato un calendario di quattro anni per la scadenza del mandato di Clinton. Clinton sarebbe stato un presidente per un solo mandato, ma i programmi che sarebbe stato chiamato a far passare al Congresso avrebbero avuto le conseguenze più terrificanti per gli Stati Uniti nei prossimi 1000 anni.

Il modo in cui i piani ben pianificati di William Clinton sono quasi falliti non è mai stato rivelato, se non nei rapporti di World In Review (WIR). Era così: La Clinton era ormai più che disillusa dal marito, a causa delle sue abitudini da donnaiolo e delle numerose relazioni extraconiugali. Essendo la migliore socialista "femminista", la signora Clinton, che nascondeva bene le sue origini, è arrivata a un punto in cui ha deciso di fare da sola. Hillary Clinton (a quei tempi non si parlava di "Rodham") si separò e lasciò il marito errante a riflettere sulle sue malefatte coniugali.

Poco prima di essere avvicinato da Pamela Harriman e Jay Rockefeller, Clinton si ritrovò senza moglie. È stata una mossa sbagliata; ovviamente un uomo con problemi coniugali non era adatto a occupare lo Studio Ovale. Harriman si precipitò da Hillary e le spiegò la situazione: se fosse tornata dal marito, avrebbe potuto contare di essere la prossima "first lady". Non essendo una persona che si lascia sfuggire un'opportunità di avanzamento, Hillary accetta di riconciliarsi con il marito, a patto che non ci siano più relazioni extraconiugali. Questa condizione viene accettata e la gara viene avviata. Il resto è storia.

Ciò che non è storia è il passato di William Jefferson Clinton, che fino ad oggi è stato nascosto al popolo americano. Clinton nacque a Hope, una piccola città dell'Arkansas, e la famiglia si trasferì a Hot Springs, una città "aperta" con bordelli e altri "piaceri" da grande città. È questa atmosfera amichevole e "tutto è permesso" in cui Clinton è cresciuto che, secondo alcuni, è all'origine dei suoi problemi con la verità.

Secondo un ex senatore dell'Arkansas, il giudice Jim Johnson, una certa Nora Waye, ex socia del suocero di Clinton, disse che Clinton non era affatto quello che i media dell'establishment avevano costruito per lui. Waye fornisce alcuni esempi:

> "Quando si pensa all'avversione di Bill Clinton per la verità, ci si chiede se non sia dovuto al suo passato non proprio eccellente in questo campo. Ha mentito sul fatto di essere un borsista Rhodes. Non ha mai finito quel corso, eppure ha detto di essere un borsista Rhodes".

In questo, Waye sembra avere dei pregiudizi. Chiunque venga selezionato come borsista Rhodes e vada a Oxford, anche se non completa il corso, può definirsi borsista Rhodes.

Contro Clinton sono state mosse accuse molto gravi di abuso di potere, traffico di droga e insider trading da parte della moglie.

Queste accuse sono state fatte da Larry Nichols, che era un amico intimo di Clinton negli anni Settanta. Secondo le parole di Nichols, "ha realizzato molti progetti per Clinton dal punto di vista del marketing". Nichols ha continuato a fare una serie di accuse che, a suo dire, non sono mai state indagate. La maggior parte di esse riguarda massicce transazioni di cocaina da Mena, Arkansas, alcune delle quali sono state riportate anche da "The Nation". Nichols sostiene che l'Arkansas Development Finance Authority (ADFA) era un'entità finanziaria sottoposta a revisione contabile completa per il riciclaggio di ingenti somme di denaro provenienti dalla cocaina di Mena, che a suo dire sono state convogliate attraverso una banca della Florida senza nome.

Nichols ha anche formulato gravi accuse di illecito nei confronti dello studio legale Rose e di Hillary Clinton, accusandoli di aver ricevuto commissioni sulle richieste di obbligazioni in violazione della legge statale. Nichols dice di aver rubato dei documenti e di averne fatto delle copie a sostegno delle sue accuse. Sostiene inoltre che parte dei soldi della droga di Mena sono stati riciclati attraverso una banca di Chicago, che è co-proprietaria del potente politico democratico Dan Rostenkowski.

Nichols sostiene che Roger Clinton, fratello del Presidente, non è finito in prigione per aver venduto cocaina, "la davano via", presumibilmente in cambio di favori non specificati. Nichols ha dichiarato che

> "Una volta che lui (Dan Lasater - che è stato condannato insieme a Roger Clinton) è stato condannato, lui e Roger sono andati in un carcere di minima sicurezza. Un Holiday Inn, come viene chiamato. Ha trascorso lì, credo, fino a 6-8 mesi e poi è uscito. All'insaputa di tutti, Bill Clinton gli concesse (presumibilmente a Lasater) la grazia completa il giorno dopo il suo rilascio...".

Nichols accusa Clinton e la sua amministrazione dell'Arkansas di non aver mai affrontato il problema del contrabbando di cocaina da Mena:

> "Non è stato effettuato un solo sequestro importante in Arkansas, a Mena, Arkansas. Ora immaginate, quasi dieci anni di attività e nemmeno un carico di cocaina è stato catturato".

Nichols prosegue con una serie di accuse di illeciti nei confronti di

Wes Hubbell, che si è recato a Washington con Clinton, e di Hillary Clinton, degli Stevens e della famiglia Tyson, alleati politici e finanziari di Clinton quando era governatore dell'Arkansas. Per quanto riguarda Tyson, Nichols sostiene quanto segue:

> "Don Tyson ha investito 600.000 o 700.000 dollari, in tutto, in tutte le campagne di Bill Clinton. Indovinate quanto ha guadagnato? 10 milioni di dollari, e indovinate da dove? L'Autorità di finanziamento dello sviluppo dell'Arkansas. E non ha mai pagato un centesimo per questo.

Nichols ha anche accusato di scorrettezza un produttore di parchimetri, Parking on Meter (POM), associato a Hubbel, e ha detto di aver cercato di far interessare alla sua storia tutti i principali media, ma tutti si sono rifiutati di toccarla. Nichols racconta invece di essere stato sottoposto a una raffica di abusi verbali e fisici che lo hanno praticamente screditato.

Nichols ha dichiarato che uno dei suoi soci, Gary Johnson, un avvocato, viveva nel condominio della Quapaw Tower. Sembra che Johnson avesse installato una telecamera di sorveglianza fuori dal suo appartamento, molto prima che Geniffer Flowers si trasferisse nella casa accanto. Johnson sostiene di aver visto Clinton entrare nell'appartamento di Geniffer Flowers in diverse occasioni con una chiave.

Johnson ha detto:

> "L'ho visto entrare nel suo appartamento. Non è che fossi lì a guardare dallo spioncino dell'appartamento di Geniffer Flowers. È solo che avevo la macchina fotografica. Avevo la macchina fotografica prima che Geniffer Flowers si trasferisse qui".

Nichols ha detto:

> "Indovinate cosa ha filmato? Bill Clinton è entrato più volte nell'appartamento di Geniffer Flowers, con una chiave".

Finora non c'è stata alcuna conferma delle storie di Nichols e Johnson, ma come abbiamo detto, "The Nation" ha iniziato a scrivere di Mena e Wes Hubell, e poi, dopo alcuni articoli, non ha dato seguito - il che è molto diverso dal loro stile giornalistico.

Nell'ottobre 1992, "The Nation" affermava:

"A Hot Springs, dove Clinton ha parlato nel fine settimana del Labor Day, ho visto il processo in azione. È qui, in questa città ombrosa di bagni e vecchi casinò, che è cresciuto il nostro Bill. Potete dimenticarvi di tutte quelle spaventose stronzate su "una città chiamata Hope". L'atmosfera frenetica lo ha ovviamente impressionato. Se si crede a Hillary, che ha presentato il governatore al raduno, la prima cosa che si sono detti quando lui l'ha portata qui per un weekend romantico è stata: "Guarda tutte queste piccole imprese...".

La stessa rivista di sinistra ha pubblicato un articolo nel marzo 1992, da cui sono tratti i seguenti estratti:

"Sulla questione più ampia dei favori di Clinton ai suoi amici, Larry Nichols - l'uomo licenziato da Clinton dall'Arkansas Development Finance Authority e la fonte originale della storia di Flowers - dice che i legami con i Clinton sono praticamente un requisito per le aziende che cercano prestiti dall'ADEA, che è stato ampiamente sviluppato da Clinton nel 1985 per attirare capitali nello Stato a fini di sviluppo economico offrendo alle imprese prestiti a lungo termine finanziati dalla vendita di obbligazioni esenti da imposte, e, in effetti, i nomi che compaiono nei documenti dell'ADFA esaminati dai miei colleghi portano l'aroma della cerchia di Clinton."

"Tra i sottoscrittori di obbligazioni di cui abbiamo copia, Stephens Inc. occupa un posto di rilievo. Il presidente dell'azienda, Jackson Stephens, e suo figlio Warren hanno aiutato Clinton a raccogliere più di 100.000 dollari per la sua campagna. A gennaio, la banca di cui Stephens detiene la maggioranza, la Worthen National, ha concesso a Clinton una linea di credito di 2 milioni di dollari. Un altro nome familiare nell'emissione di obbligazioni è quello dell'ormai defunta Lasater and Co. Dan Lasater, che gestiva l'azienda, è un amico di lunga data di Clinton e di suo fratello Roger. Sia Roger che Lasater sono stati arrestati per cocaina, il primo con un'accusa più grave".

"Poi c'è lo studio legale Rose, lo studio legale di Hillary Clinton il cui nome adorna sia le emissioni obbligazionarie che i documenti dei contratti di prestito. Hillary Clinton ha rappresentato una società di proprietà della Stephens Inc. in un contenzioso. Il socio di Rose, Wes Hubbel, rappresentava il beneficiario del primo prestito AFDA, un'azienda chiamata Park on Meter, o POM, il cui nome viene spesso citato nelle discussioni su Mena. Hubbel era stato segretario del POM nei primi anni Ottanta. Il cliente di Hubbel nel caso AFDA era Seth Ward, l'attuale presidente di POM, noto per essere un amico di Clinton. Worthen Bank è tra gli istituti che hanno avuto vincoli occasionali su POM".

"Clinton e la politica sulle droghe sono un'altra area di confluenza contrastata. Secondo il suo vice, John Kroger, la Clinton ritiene che "la vera soluzione al problema della droga sia la riduzione della domanda". Ma la Clinton sostiene anche "gli sforzi continui per interdire l'ingresso della droga negli Stati Uniti", favorendo "l'espansione dell'uso delle forze armate, in particolare per tracciare e fermare i piccoli aerei che entrano nel Paese". Allora perché non ha seguito la pista della droga fino a Mena, città e aeroporto dell'Arkansas occidentale? Clinton non può affermare di ignorare che l'Arkansas è stato un centro di smistamento di operazioni internazionali di traffico di droga. Uno dei suoi procuratori di Stato, Charles Black, glielo fece notare nel 1988. Per cinque anni prima, un'indagine federale è stata condotta dalla Polizia di Stato di Clinton. Nell'ambito di tale indagine, è stato istituito un gran giurì federale. Il gran giurì è stato infine sciolto e la stampa locale ha riferito che ai membri della giuria è stato impedito di vedere prove cruciali, di ascoltare testimoni importanti e persino di vedere la bozza di imputazione di ventinove capi d'accusa per riciclaggio di denaro scritta da un avvocato del Dipartimento di Giustizia, l'Operazione Greenback".

"Nel 1989, Clinton ricevette petizioni da parte di cittadini dell'Arkansas che gli chiedevano di convocare un gran giurì di Stato e di continuare le indagini. Winston Bryant, ora procuratore generale dello Stato, ha fatto del tema della droga e di Mena una questione di campagna elettorale nel 1990. Un anno dopo, Bryant consegnò i suoi fascicoli statali su Mena, insieme alle petizioni di 1.000 cittadini, al procuratore dell'Iran/Contra Lawrence Walsh, che da allora ha perseguito un'informazione di massa (Walsh ha solo continuato l'insabbiamento).) Più tardi, il 12 agosto 1991, il consulente di Clinton per la giustizia penale scrisse a un cittadino preoccupato per dire che il governatore aveva capito che la questione dell'attività criminale a Mena era oggetto di indagine o comunque gestita da Bryant, Walsh e dal rappresentante dell'Arkansas Bill Alexander".

"Eppure, con tutte queste conoscenze, Clinton non ha fatto nulla. Il procuratore generale non ha l'autorità di condurre un'indagine, ma il procuratore di Stato sì. Quando Charles Black sollecitò Clinton a stanziare fondi per tale indagine, Clinton ignorò la sua richiesta. La polizia di Stato è stata estromessa dal caso dopo che il governo federale ha concluso le sue indagini. Ora la palla torna nel campo di Clinton, che continua a non fare nulla".

In un numero successivo, "The Nation" ha detto questo su Wes Hubbel e Park on Meter. Descrivendo la storia della creazione dell'AFDA da parte di Clinton, l'autore ha proseguito:

"... l'ADFA ha concesso il suo primo prestito industriale nel 1985 a POM Inc, un produttore di parchimetri con sede a Russellville, in Arkansas. Si sostiene che POM avesse un contratto segreto per la produzione di componenti per armi chimiche e biologiche da utilizzare dai Contras, nonché di attrezzature speciali per 130 aerei da trasporto... Questi aerei stavano trasportando droga e armi da Mena... L'avvocato di POM durante queste transazioni era un socio dello studio legale Rose, di cui Hillary Clinton era, ed è tuttora, membro. La Clinton State sembra quindi essere stata un importante anello della catena di approvvigionamento dei Contras in un momento in cui gli aiuti militari ai Contras erano stati vietati dal Congresso".

"Ora veniamo a Michael Risconosciuto, un ex dipendente a contratto della CIA, che dice di aver lavorato a Mena saltuariamente tra il 1988 e il 1989. Risconosciuto è stato arrestato poco dopo essere stato chiamato come testimone nel caso Inslaw... È stato arrestato per dieci accuse legate alla droga e condannato per sette di esse... Secondo Risconosciuto, Mena faceva parte di una rete di basi che si è evoluta nel tempo... Mena era cruciale per la sua posizione centrale rispetto alle altre basi... Mena era il principale punto di consegna dei narcotici, mentre le altre basi fungevano da punti di distribuzione... Per quanto ne sa Risconosciuto, all'aeroporto di Mena non è mai stata scaricata droga. Come nel caso della struttura di Seal in Louisiana, gli aerei a bassa quota usavano i paracadute per far cadere i contenitori di droga nella campagna circostante, a volte nella foresta nazionale di Ouachita, ma più spesso su terreni privati..."

"POM, secondo Risconosciuto, non produceva solo parchimetri. Sostiene che fin dall'inizio, nel 1981, l'azienda produceva anche serbatoi per traghetti... per i C-130".

A quanto pare, la direzione di POM ha indirizzato il giornalista di sinistra all'avvocato dell'azienda e non si è più parlato di POM e della sua correzione con Wes Hubbell e lo studio legale di Hillary Clinton.

La rivista di sinistra "The Nation" ha pubblicato un altro articolo sulla Clinton e sulle accuse a Gennifer Flowers, di cui riportiamo alcuni estratti:

"Le accuse sulla vita sessuale di Bill Clinton sono emerse per la prima volta in una causa intentata da Larry Nichols, licenziato da Clinton dal suo incarico di direttore marketing dell'Arkansas Development Finance Authority (ADFA). La Clinton sostiene che Nichols è stato licenziato per aver fatto 700 telefonate non autorizzate ai contras in America centrale e che la causa fa parte di un'operazione repubblicana. La sequenza è più complessa e deriva dal ruolo dello Stato, e in particolare di un aeroporto di Mena, nell'Arkansas occidentale, nell'addestramento e nel rifornimento dei Contras; anche il flusso di armi in cambio di droga tra gli Stati Uniti e l'America centrale... Un'organizzazione studentesca dell'Università dell'Arkansas, Fayetville, che da tempo indaga sul caso Mena, è riuscita a richiedere all'ADFA, in base alle leggi F.O.I.A., i tabulati telefonici di Nichol. Mark Swaney, membro di tale organizzazione, afferma che non ci sono state chiamate in America Centrale per i pedaggi durante il periodo in questione..."

"I Clinton - Bill e Hillary - sono presentati come dinamici e premurosi, e in qualche modo formidabilmente uniti. Questa versione è prevalsa nonostante il fatto, ammesso tra parentesi dai loro ammiratori, che i due si siano allontanati per un certo periodo di tempo e che, a quanto pare, si siano riavvicinati solo nel periodo precedente la campagna presidenziale. È stata la brama di potere a farli incontrare? In contrasto con i benevoli Clinton, siamo invitati a ridicolizzare Flowers come una ragazza per bene...".

Da Sid Blumenthal sul "New Republic" (il megafono dei socialisti), una delle lusinghe più effusive della storia delle pubbliche relazioni, agli innumerevoli articoli favorevoli del "Washington Post" e del "New York Times", alle grandi casse degli eterni opinionisti, la voce si è sparsa:

> Clinton è sano, riflessivo, pragmatico, moderno, bianco, maschile e sicuro. E per tutti i cronici democratici che hanno languito per dodici lunghi anni, ha portato - almeno fino a quando non è stato colpito dal morbo di Flowers[14] - il profumo di una possibile vittoria...".

Sembra che il nuovo procuratore speciale debba percorrere un territorio inesplorato, che il precedente procuratore speciale Fiske si è rifiutato di affrontare. Forse questo spiega l'estremo nervosismo dei Democratici del Congresso per il ritiro di Fiske dall'indagine. Speriamo che la verità venga fuori. Per ora, questo sembra essere l'insabbiamento più riuscito nella storia della politica americana.

---

[14] Riferimento alla relazione di Clinton con una giovane donna di nome Flowers.

Capitolo 7

PENETRAZIONE E IMPREGNAZIONE DELLA RELIGIONE DA PARTE DEL SOCIALISMO

"Le grandi civiltà del mondo non producono grandi religioni come una sorta di sottoprodotto; in un senso molto reale, le grandi religioni sono le fondamenta su cui poggiano le grandi civiltà". Christopher Dawson, storico.

"La religione cristiana non è una religione adatta ai nostri tempi". Edward Lindeman. Scrittore cristiano-sociale.

Se è vero che il socialismo fabiano si proponeva di penetrare in tutte le religioni, il vero obiettivo fu sempre la religione cristiana. Agli inizi, la Fabian Society chiamava i suoi opuscoli di una pagina "tracts", un termine usato dai missionari cristiani, per fuorviare deliberatamente il pubblico sull'avversione del socialismo fabiano alla religione organizzata. Forse l'influenza più dannosa sulle credenze religiose è stata la "razionalizzazione tedesca", originata da Bismarck e Marx, che consideravano la religione come una semplice scienza sociale.

Negli Stati Uniti, il malvagio leader socialista John D. Rockefeller ha lavorato per spostare le chiese a sinistra, utilizzando predicatori laici infiltrati. Uno dei suoi tirapiedi, Paul Blanshard, è stato utilizzato per formare un'organizzazione chiamata "Protestants and Other Americans United for Separation of Church and State". Questa dottrina è una delle bugie e degli imbrogli più riusciti mai perpetrati al popolo americano. La Costituzione non prevede questo potere.

Una delle prime chiese cristiane in America ad essere "socializzate" fu la Grace Church di South Boston, di cui era pastore il reverendo W.D. Bliss. Grande amico di Sydney Webb, lo zelo missionario di Bliss per conto della Fabian Society era encomiabile, ma il suo cristianesimo professato non si estendeva all'insegnamento del Vangelo di Cristo. Un altro corruttore della religione cristiana fu padre (poi vescovo) John Augustine Ryan, il cui vangelo era quello insegnato dal socialista inglese John Hobson. Ryan formò un gruppo chiamato National Catholic Welfare Council, utilizzato dai socialisti fabiani per penetrare e permeare le chiese cattoliche in tutta l'America. Ryan divenne in seguito il "padre del New Deal" e fu usato da Roosevelt per ottenere la "benedizione della religione per le sue proposte di legge più controverse del New Deal".

Ma il vero centro dell'attività religiosa socialista negli Stati Uniti fu la Riverside Church, una chiesa "cristiana di scienze sociali" finanziata dalla Fondazione Rockefeller di New York. Da questo punto di vista, sono state fatte delle incursioni nella vita politica della nazione, in particolare attraverso la famiglia Dulles, che dominava il Consiglio federale delle Chiese di Cristo in America (FCCA). La FCCA fu uno dei primi "gruppi religiosi" a sostenere con entusiasmo il New Deal di Roosevelt.

Nel 1935, il Naval Intelligence Service statunitense designò la FCCA come leader del pacifismo:

> "... È una grande organizzazione pacifista radicale... la sua leadership consiste in un piccolo gruppo radicale che è sempre molto attivo in qualsiasi questione contro la difesa nazionale".

La Commissione Dies ha raccolto la testimonianza giurata di un esperto che ha dichiarato quanto segue

> "A quanto pare, invece di promuovere il cristianesimo tra i suoi numerosi membri, la FCCA è più che altro un'enorme macchina politica e sembra essere coinvolta in una politica radicale. La sua leadership indica che ha rapporti con molte delle organizzazioni più radicali".

Nel 1933, il reverendo Albert W. Beaven e 44 co-sponsor inviarono una lettera a Roosevelt per esortarlo a socializzare l'America. Un altro "uomo di chiesa", il reverendo Kirby Page, disse a Roosevelt di sostenere i bolscevichi.

> "L'obiettivo del proletariato in Russia era quello di stabilire una vita migliore... È difficile trovare nel mondo una gioventù più devota alla causa di Cristo di quella che si trova in Russia devota a Stalin...", ha detto Kirby.

Il dottor Harry F. Ward, un'altra figura di spicco della FCCA, si dimise dall'American Civil Liberties Union (ACLU) nel 1925 perché questa escludeva i "totalitari" dai suoi membri. L'anno prima, Ward - allora presidente dell'ACLU - si era espresso a favore di cause socialiste e comuniste. Questo quando Ward era professore di etica cristiana all'Union Theological Seminary di New York. Grazie alla sua eccellenza nelle tattiche di penetrazione e impregnazione. Ward riesce a sovvertire tre generazioni di futuri leader ecclesiastici americani e a portarli nel campo socialista.

Il reverendo Niebuhr è un altro importante socialista nominato da un esperto chiamato dalle audizioni della Commissione Dies. Niebuhr ricoprì la carica di professore di cristianesimo applicato e di decano dell'Union Theological Seminary e fu uno dei primi socialisti fabiani americani a promuovere il libro "A New Deal" di Graham Wallas, uno dei principali scrittori della Fabian Society. Nel 1938, Niebuhr si unì all'Associazione Fabiana Socialista dei Professori Universitari, che si definiva una "organizzazione educativa progressista". Come ormai sappiamo, "progressista" è solo un'altra parola per "socialista". Niebuhr è anche identificato come il segretario della Lega degli Studenti per la Democrazia Industriale (SLID) (che in seguito divenne la Lega della Democrazia Industriale), l'organizzazione studentesca ultra-socialista fortemente coinvolta nella politica radicale.

Molti studenti membri dell'EDLR si sono poi uniti al Partito Democratico, piuttosto che cercare di formare un proprio partito socialista. È da questo momento in poi che il Partito Democratico è stato infestato dai socialisti, finché oggi, secondo i miei contatti di intelligence, l'86% del Partito Democratico è costituito da socialisti incalliti. Niebuhr ebbe in seguito una profonda influenza sui fratelli Kennedy: Robert citò il libro di Niebuhr "Figli della luce, figli delle tenebre" (un libro di culto pagano) come uno dei libri che avrebbe portato sulla luna se mai ci fosse andato.

L'influenza di Niebuhr si diffuse in lungo e in largo, propagando la sua politica "progressista" tra i membri socialisti dell'Americans for Democratic Action (ADA) e della LID. Durante tutta la sua vita politica, Niehbur predicò il "Vangelo sociale", in seguito noto come teologia marxista della liberazione. Divenne un amico intimo di Arthur Schlesinger Jr, predicando che "il capitalismo era una malattia" e che la violenza era negli occhi di chi guardava. Schlesinger svolse un ruolo molto importante nella socializzazione dell'America, dimostrando che il socialismo religioso era un'arma devastante nelle mani giuste (o sbagliate). Niehbur abbracciò apertamente il marxismo (anche se si trattava di un credo totalmente empio e strano per un ministro che doveva essere un insegnante del Vangelo), sostenendo che era

"essenzialmente una teoria e un'analisi corretta delle realtà economiche della società moderna".

Questo cosiddetto "teologo" era anche attivo nel controllo della stampa, essendo stato nominato da Rockefeller nella "Commissione sulla libertà di stampa". Inevitabilmente, Niehbur fu nominato membro del Council on Foreign Relations (CFR) su indicazione di David Rockefeller. Così, nel teatro religioso delle operazioni socialiste, vediamo che il socialismo fabiano è stato molto impegnato negli Stati Uniti e ha imparato bene la lezione che l'uso della religione come mezzo per penetrare e permeare la società nel suo complesso è molto importante. Siamo stati portati a credere che i bolscevichi e i loro cugini socialisti fossero contro ogni forma di religione. In realtà, questo non è affatto vero. L'odio socialista/bolscevico per la religione era rivolto più al cristianesimo che a qualsiasi altra religione.

Uno dei modi in cui i socialisti sono stati in grado di mantenere la loro presa sulla religione organizzata è attraverso la Fellowship of Faiths, nata come organizzazione socialista nel 1921 e recentemente completamente rianimata in preparazione dell'avvento di un governo mondiale - il Nuovo Ordine Mondiale. È un'organizzazione progettata per controllare la religione - un obiettivo di lunga data del socialismo - che ha capito che la religione non potrà mai essere sradicata. Il principale statista del Comitato dei 300, Bertrand Russell, descrisse così l'atteggiamento socialista nei confronti della religione:

"Se non possiamo controllarlo, allora dobbiamo liberarcene.

Ma sbarazzarsi della religione è più facile a dirsi che a farsi, quindi il metodo scelto è il "controllo".

Tutte queste guerre non sono riuscite a liberare il mondo dalla religione. È stato necessario sviluppare altre tattiche, come il lavaggio intensivo del cervello, utilizzando la ben nota idea relativista che tutte le religioni sono uguali. La prova che la guerra al cristianesimo sta crescendo in ferocia e intensità si trova nell'attacco alla Costituzione degli Stati Uniti da parte di socialisti come Lloyd Cutler - consigliere del Presidente Carter, del Presidente Clinton e del suo Procuratore Generale, Janet Reno. Il socialista Cutler cerca di indebolire la Costituzione per ridurre la protezione e la libertà di culto e di religione di tutti.

Lo scioccante massacro di cittadini americani a Waco, in Texas, è un esempio recente di quanto i socialisti siano disposti ad andare lontano per sopprimere la libertà religiosa. Gli eventi che hanno portato all'uccisione di più cittadini americani cristiani che studenti cinesi in Piazza Tienanmen sono troppo noti per essere raccontati qui, ma alcuni aspetti devono essere chiariti e amplificati.

Il primo punto da considerare è questo: Dove sta scritto nella Costituzione che il governo federale ha il diritto di interferire negli affari religiosi di QUALSIASI chiesa, come ha interferito e interferisce negli affari della Branch Davidian Christian Church? Dove sta scritto nella Costituzione che il governo federale ha il diritto di decidere cosa è un "culto" e cosa no? Lasciamo che il Procuratore Generale Reno ci mostri dove questo potere viene dato alle agenzie federali di applicazione della legge. La verità è che non possiamo trovarla; non è nella Costituzione!

In nessun punto dei poteri delegati al Congresso nell'Articolo 1, Sezione 8, Clausola 1-18, viene dato il potere di attaccare un "culto". Permettere a un'agenzia federale di interferire con la Chiesa dei Branch Davidian e di attaccarla con la forza delle armi, come hanno fatto a Waco, richiederebbe un emendamento alla Costituzione degli Stati Uniti. Quello che è successo a Waco è stato tradimento e sedizione contro la Costituzione e il popolo americano. Usando veicoli militari per attaccare i civili in una chiesa cristiana, dobbiamo presumere che l'intento fosse quello di terrorizzare e privare di diritti i cittadini.

L'articolo 1 del Bill of Rights della Costituzione degli Stati Uniti recita:

> "Il Congresso non farà alcuna legge che riguardi l'istituzione di una religione, o che proibisca il libero esercizio della stessa, o che impedisca la libertà di parola, o di stampa, o il diritto del popolo di riunirsi pacificamente e di presentare petizioni al governo per la riparazione dei suoi problemi".

Si noti l'uso della parola "dovrà", che è molto più forte di "dovrà". Si noti anche l'espressione "riguardo all'istituzione di una religione". La parola "stabilimento" è implicita nel fatto che si riferisce anche all'atto di costituzione o, in parole povere, a un'ENTITA' DI NUOVA COSTITUZIONE. In questo caso, l'entità di nuova costituzione era la Branch Davidian Church. Pertanto, il governo federale era tenuto per legge a PROTEGGERE i Davidiani, NON AD ASSALIRLI.

Il governo federale è entrato a Waco con l'intenzione esplicita di proibire il libero esercizio della religione da parte dei membri della Chiesa cristiana Branch Davidian. Ha proibito ai membri del Branch Davidian di riunirsi pacificamente. Il governo federale ha detto: "Diciamo che siete una setta e non ci piace la vostra religione, quindi chiuderemo la vostra chiesa".

Per farlo, il governo federale ha fatto arrivare dei veicoli militari che ha poi utilizzato per attaccare gli edifici della chiesa e uccidere i membri del Branch Davidian. A pagina E7151 del Congressional Record del 31 luglio 1968, il giudice William O. Douglas ha dichiarato:

> "... È impossibile per il governo tracciare una linea tra giusto e sbagliato ed essere fedele alla Costituzione, meglio lasciare da parte tutte le idee".

Il governo degli Stati Uniti ha scelto di ignorare questa decisione e ha cercato di semplificare la religione, riducendola a ciò che è buono o cattivo, con il governo federale come arbitro. Il governo federale ha cercato di rendere la religione una questione semplice, mentre si tratta di una questione molto complessa nella quale non avrebbe dovuto interferire in nessuna condizione.

I primi dieci emendamenti della Costituzione degli Stati Uniti costituiscono una restrizione al governo federale. Inoltre, il permesso di legiferare in materia di religione è negato anche dall'articolo 1, sezione 9 della Costituzione. Il governo federale non ha poteri assoluti. I Branch Davidians avevano diritto alla protezione della polizia in base ai poteri concessi allo Stato dal 10° Emendamento. Lo sceriffo di Waco ha mancato al suo dovere quando non ha risposto alla richiesta di aiuto di un membro della chiesa Branch Davidian per fare il suo dovere di difendere i cittadini dello Stato del Texas dagli agenti federali predoni. Se lo sceriffo avesse fatto il suo dovere, avrebbe portato i suoi uomini sul posto e avrebbe ordinato agli agenti federali di lasciare la proprietà e di uscire dallo Stato del Texas, dove non hanno giurisdizione. Purtroppo lo sceriffo, per ignoranza della Costituzione o per paura della propria sicurezza, non ha intercettato gli agenti federali armati e pericolosi, come era costituzionalmente richiesto.

Secondo la Costituzione degli Stati Uniti, la responsabilità della protezione di "vita, libertà e proprietà" spetta agli Stati, non al governo federale. Il caso di Emma Goldman lo ha risolto per sempre. (Il colpevole fu processato in un tribunale statale e giustiziato dallo Stato per l'omicidio del presidente McKinley, sebbene l'omicidio di un presidente fosse, e sia tuttora, un crimine federale). Il 14° emendamento, sebbene non sia stato ratificato, non ha cercato di trasferire la responsabilità della protezione della polizia dagli Stati al governo federale. Quello di Waco è stato quindi un attacco non autorizzato a una comunità religiosa, aggravato dall'abissale fallimento dello sceriffo nel proteggere i cittadini dello Stato del Texas da un'aggressione illegale e illegittima da parte di agenti federali.

Di conseguenza, i cittadini del ramo davidiano dello Stato del Texas sono stati illegalmente e dolosamente privati della vita, della libertà e della proprietà, senza un giusto processo e senza un processo con giuria, mentre lo sceriffo di Waco, il principale ufficiale delle forze dell'ordine dello Stato, è rimasto inattivo e non ha fatto nulla per fermare questi attacchi. Si prevede che lo sceriffo di Waco sarà accusato di negligenza. La clausola di immunità dell'articolo IV, parte I, è stata gravemente violata:

> "I cittadini di ogni Stato avranno diritto a tutti i privilegi e le

immunità dei cittadini dei diversi Stati".

Il governo federale, secondo la Costituzione degli Stati Uniti, non ha il potere di decidere cosa sia una chiesa e cosa una setta. Il potere del governo federale di decidere cosa è un culto e cosa è una religione è il potere di DISTRUGGERE TUTTE LE RELIGIONI, come preferirebbero i socialisti, che è il loro obiettivo finale. Il 1° Emendamento della Costituzione NON dà questo potere e non lo delega al Congresso. Invece, abbiamo avuto l'opinione pubblica fatta dai media, con la ripetizione per giorni e giorni che la Branch Davidian Church era una "setta", come se questo fosse una sanzione legale sufficiente per gli agenti federali che hanno preso d'assalto gli edifici della chiesa.

Waco non è la prima volta che il governo federale interferisce negli affari religiosi e certamente non sarà l'ultima. Alle pagine 11995-2209 del Congressional Record, Senato, 16 febbraio 1882, leggiamo con orrore come il governo abbia cercato di impedire ad alcuni mormoni di votare. A pagina 1197, leggiamo una parte del dibattito.

> "... Questo diritto (al voto) apparteneva alla civiltà e alla legge americana molto prima dell'adozione della Costituzione. È come il diritto di portare armi, come molti altri diritti che potrebbero essere citati, che esistevano per conto dei cittadini in epoca coloniale in tutti gli Stati; e le disposizioni che sono state introdotte nella Costituzione tramite emendamenti, così come nello strumento originale, che pretendono di proteggere questi diritti, non erano che garanzie di un diritto esistente, e non erano i creatori del diritto stesso".

I Mormoni sono stati considerati dal governo federale come la Chiesa di Branch Davidian. Nel 1882, il Senato tentò di approvare una legge che avrebbe nominato una commissione di cinque persone per agire come giudice e giuria sui mormoni e impedire loro di votare. A parte tutto, si trattava di una violazione del bill of attainder. A pagina 1200 delle pagine 1195-1209, il senatore Vest ha fatto la seguente dichiarazione:

> "... Ad esempio, nessuno può presumere, secondo noi, che il Congresso possa emanare una legge in un territorio che rispetti l'istituzione di una religione, o il libero esercizio o la limitazione della libertà di stampa, o il diritto della popolazione del territorio di riunirsi pacificamente e di presentare petizioni al governo per

la riparazione delle lamentele. Il Congresso non può nemmeno negare al popolo il diritto di portare le armi, o il diritto al processo con giuria, o obbligare una persona a testimoniare contro se stessa in un procedimento penale. Questi poteri, e altri in relazione ai diritti del popolo, che non è necessario enumerare in questa sede, sono, in termini espliciti e positivi, negati al governo generale; e i diritti della proprietà privata sono stati tutelati con la stessa cura".

Dopo aver esaminato l'esposizione dei fatti di cui sopra riguardo alla protezione offerta dalla Costituzione e dal suo Bill of Rights, siamo colpiti dall'orrore della situazione di Waco; i Branch Davidians non hanno ricevuto alcuna protezione garantita dalla Costituzione. I poteri di protezione della polizia sono stati abbandonati dallo sceriffo di Waco, il governo federale ha attaccato i membri della Branch Davidian Church, ha tolto loro la vita in modo sconsiderato, selvaggio e barbaro, e ha completamente distrutto le loro proprietà in spregio al loro "diritto alla proprietà privata custodita con uguale cura". Possiamo vedere quanto siamo regrediti dal 1882, quando la proposta di legge per impedire ai mormoni di votare fu sconfitta.

Perché i Branch Davidians sono stati privati di ogni diritto? Perché sono stati trattati come un nemico che cercava di invadere le nostre coste; con attrezzature militari, elicotteri, carri armati, bulldozer e, infine, con spari che li hanno distrutti tutti? Sono stati rispettati i loro diritti a un processo con giuria, se effettivamente il governo federale aveva accuse legittime contro di loro prima che i suoi agenti entrassero nella proprietà della chiesa con le armi spianate?

Tutto ciò che è accaduto è che gli autori dei crimini affermano, quasi allegramente, di assumersi la responsabilità degli atti barbarici dei loro tirapiedi! Quello che abbiamo visto nel brutale massacro di Waco è stato il socialismo/comunismo in azione. La religione predicata da David Koresh avrebbe potuto un giorno essere accettata come religione consolidata, proprio come la Christian Science di Mary Baker Eddy e i Mormoni sono religioni accettate oggi. Queste religioni potevano essere classificate come "culto" ai loro albori, anche se il termine non aveva la stessa connotazione di oggi. Ma il governo federale socialista temeva che ciò potesse accadere con Koresh, come era accaduto con Mary Baker Eddy, quindi è intervenuto e ha stroncato la cosa sul nascere.

Il socialismo è determinato a controllare la religione e questo è più evidente che nella sua cosiddetta "comunità di fede". Le guerre non sono riuscite a liberare il mondo dalla religione; i bolscevichi hanno tolto la vita a 60 milioni di russi, la maggior parte dei quali erano cristiani. Trasformarono le chiese cristiane in case di prostituzione, le spogliarono dei loro preziosi manufatti e vendettero il loro bottino attraverso gli uffici di traditori come Armand Hammer. I cristiani sono stati perseguitati e uccisi in terribili massacri, dai Romani ai giorni nostri, come abbiamo visto a Waco.

I socialisti, avendo capito che non potevano distruggere la religione uccidendo i suoi credenti e seguaci, hanno cercato di controllarla. Hanno formato il falso governo mondialista "Fellowship of Faiths" per assumere il controllo di tutte le religioni. Insieme al controllo religioso, si suppone che si creda che il comunismo sia morto e che presto sarà arcaico. Non è così, il comunismo non cambierà mai. Forse in superficie, ma nel profondo non ci saranno grandi cambiamenti. Ciò che cambierà sarà il socialismo, man mano che conquisterà il potere, e poi, quando avrà preso il controllo totale del mondo, reintrodurrà il comunismo come padrone dei popoli della terra.

Qual è il posto dell'Alleanza delle Fedi in questo scenario? Come può influenzare gli eventi politici in modo profondo, come ci si aspetta che faccia e come intendevano i suoi fondatori? Il compito di unificare la religione, cioè di "normalizzarla", è stato affidato al socialista Keddrantah Das Gupta, membro esecutivo della War Resisters' League e sostenitore della rivoluzione armata contro la nostra Repubblica. Benché concepita nel 1910, la prima sessione ufficiale della Fellowship si tenne a Chicago nel 1933. La sua vera natura è stata svelata da Sir Rabindrath Tagore, fondatore di un movimento politico filocomunista in India.

Il vescovo Montgomery Brown, oratore principale del primo seminario FF, ha affermato che:

> "Ci sarà una completa comunità mondiale di fede solo quando gli dei saranno banditi dai cieli e i capitalisti dalla terra".

È chiaro che la Fellowship è stata un'impresa socialista fin dalla sua nascita. Sir Rabinddrath, nei suoi scritti e nelle sue parole, ha sottolineato la necessità di un'educazione sessuale per i bambini molto piccoli. Tendiamo a pensare all'educazione sessuale dei giovani come a una maledizione che si è abbattuta su di noi solo di recente, ma in realtà risale ai tempi dei sacerdoti di Baal e del sacerdozio egizio di Osiride.

Sarebbe stato sorprendente trovare ministri e leader cristiani che accettano l'idea di una religione normalizzata e lavorano con coloro che odiano il cristianesimo, se la stessa cosa non fosse accaduta negli anni Ottanta-Novanta. Nel 1910, la World Fellowship of Religions fu promossa da Sir Francis Younghusband, che sottolineò l'idea di un'unione delle religioni tra Oriente e Occidente. Sir Francis non ha detto che l'ideatore di questa idea, Das Gupta, era un comunista rabbioso che cercava di promuovere questa vile dottrina. Sir Francis ha tracciato la storia della religione "normalizzata" come segue:

> "L'idea è venuta al signor Das Gupta, che ci ha lavorato per 25 anni e ha trovato un cordiale collaboratore in un americano, il signor Charles F. Weller... In America, nel 1893 si è riunito un Parlamento delle religioni. In America, nel 1893 si è riunito un Parlamento delle religioni. A Parigi, nel 1904, iniziò una serie di sessioni del Congresso internazionale di storia delle religioni. Altre sessioni si sono tenute a Basilea, Oxford e Leida.

(Tutti centri per la "normalizzazione" della religione e promotori oggi della dottrina marxista della Teologia della Liberazione).

> "A Londra, nel 1924, si tenne una Conferenza delle religioni viventi dell'Impero (l'Impero britannico). Nel 1913 a Chicago, proseguito nel 1934 a New York, si è tenuto un Congresso Mondiale dell'Amicizia delle Fedi, convocato sotto la presidenza dell'onorevole Herbert Hoover e della signorina Jane Addams".

La presenza della signorina Addams a queste riunioni era un segno che il socialismo rabbioso era all'opera sotto le vesti della religione. La storia di Miss Addams è raccontata nei capitoli dedicati alle donne socialiste. L'idea era quella di sommergere il cristianesimo in una marea di altre religioni. Ma il cristianesimo non può essere "standardizzato", è unico e si regge da solo. I suoi insegnamenti sono alla base del capitalismo, che nel frattempo è stato sostituito dal babilonismo, e oggi il capitalismo è stato talmente prostituito e svilito da essere irriconoscibile come il sistema originale.

Senza il cristianesimo, il mondo precipiterà in una nuova era oscura, ben peggiore di tutte quelle precedenti. Questo dovrebbe aiutare a spiegare perché i detrattori del cristianesimo sono così desiderosi di distruggerlo, o almeno di controllarlo, in modo da diluirlo, cancellarlo e renderlo inutile. La Fellowship of Faiths ha cercato di fondere il cristianesimo con altre religioni, causando così la perdita della sua identità unica. L'idea di una "dottrina della separazione tra Stato e Chiesa" è opera dei socialisti del governo statunitense. Ciò che dovrebbe essere definito è LA SOPPRESSIONE DEL CRISTIANESIMO NELLO STATO.

All'impresa di "normalizzare" la religione parteciparono Keith Hardie, membro socialista del partito laburista britannico, Felix Adler, fondatore della Leftwing Ethical, Culture Society di New York, H.G. Wells, il famoso autore socialista, che rappresentava Lord Bertrand Russell. Wells era membro della società massonica segreta Kibbo Kift Kindred, "Clarte", che aveva sede nella Loggia delle Nove Sorelle del Grande Oriente di Parigi, una loggia che ebbe un ruolo di primo piano nella sanguinosa Rivoluzione francese.

Moses Hess, uno dei comunisti più rivoluzionari dell'epoca, si unì a Wells nel sostenere la Society for Cultural Relations with Soviet Russia. Fu nella Loggia delle Nove Sorelle che Wells fece una dichiarazione che lo avrebbe fatto apparire come un odiatore del cristianesimo:

> "D'ora in poi, il nuovo governo mondiale non tollererà la concorrenza di sistemi religiosi rivali. Non ci sarà spazio per il cristianesimo. Ora ci deve essere una sola fede nel mondo, espressione morale della comunità mondiale".

Annie Besant, membro di spicco della Fabian Society, si fece avanti per aggiungere il suo nome alla lista degli oppositori del cristianesimo. Besant fu il successore spirituale di Madame Blavatsky, fondatrice della Società Teosofica e amica di H.G. Wells. Charles Wells, dell'Alleanza capitalista-comunista, era un milionario a tutti gli effetti in un periodo storico in cui il termine "milionario" significava davvero qualcosa.

Il compito di organizzare un capitolo americano della Fellowship of Faiths fu affidato a Weller, che ricevette rapidamente la benedizione di Samuel Untermeyer, un importante sionista mondiale e confidente del Presidente Wilson, che lo approvò immediatamente dopo averlo presentato nello Studio Ovale. Come ha detto il signor Samuel Landman dei sionisti di New York

> "Il signor Woodrow Wilson, per ragioni buone e sufficienti, ha sempre attribuito la massima importanza ai consigli di un sionista molto importante".

Le "buone e sufficienti ragioni" a cui si riferisce il signor Landmann sono un pacchetto di lettere d'amore scritte da Wilson a una certa signora Peck, la quale, in cambio dell'aiuto promesso da Untermeyer per tirare fuori il figlio da una situazione criminale, consegnò il pacchetto di lettere legato con un nastro rosa, o a Untermeyer o a Baruch. Wilson aveva una grande passione per le relazioni con le donne sposate; la storia con Peck fu particolarmente lunga e torrida. Stupidamente, Wilson rese noti i suoi sentimenti amorosi alla signora Peck, per iscritto. È questa indiscrezione che viene citata come il metodo utilizzato per ricattare Wilson affinché impegnasse gli Stati Uniti nella Prima Guerra Mondiale, che seppellì il fiore dell'umanità cristiana americana nei campi delle Fiandre e rovinò virtualmente la nazione. In seguito, il sostegno a Wilson da parte della Lega dei vicini, un fronte "ecclesiastico" socialista, portò quasi alla creazione della Società delle Nazioni.

Il presidente del Comitato Esecutivo Provinciale per gli Affari Generali Sionisti, il giudice Brandeis, fu sostituito dal rabbino Stephen Wise, che era membro del fronte pro-socialista della Federazione Emergenza Pace e di altri diciannove fronti. Brandeis era anche membro della Fabian Society di Londra. Molte delle vecchie organizzazioni "religiose socialiste" esistono ancora oggi, anche se hanno cambiato nome per adattarsi ai tempi e alle circostanze.

Upton Sinclair, un socialista sfegatato diventato autore che scrisse per la New Encyclopedia of Social Reform e fu membro fondatore della Fabian League americana, sostenne fortemente l'Alleanza delle religioni. Sinclair ha sempre dato il benservito al cristianesimo nel corso della sua carriera. Quello che né Sinclair, né Wise, né Addams, né tantomeno molti sostenitori della Fellowship dissero al pubblico fu che si trattava di un movimento di ispirazione massonica in tutto e per tutto. Nel 1926, la Fellowship of Faiths era un'affermata amica della rivoluzione mondiale, dominata dai rosacroce nel consiglio di amministrazione e nei comitati.

Il Movimento Triplice, iniziato nel 1924 da Charles Weller e Das Guptas, ha tenuto riunioni in tutti gli Stati Uniti e in Gran Bretagna. Nel 1925 avevano organizzato 325 incontri di questo tipo. Tra i leader del Movimento Triplice c'erano M.S. Malik, membro della setta Beni-Israel, il dottor A.D. Jilla, che rappresentava i Parsi, M.A. Dard, che rappresentava il Mahometismo, Sir Arthur Conon Doyle (l'autore del famoso Sherlock Holmes), che rappresentava lo Spiritualismo (nota: questa è la prima volta che viene presentato come una religione), il Buddismo, rappresentato da Angarika Dharmapala, e la Teosofia, rappresentata da Annie Besant. Il punto importante da tenere presente in tutto questo è che tutte queste religioni erano e sono essenzialmente anticristiane. Un altro punto è che la letteratura della Fellowship of Faiths è stata venduta nelle librerie comuniste in Gran Bretagna, Europa occidentale e Stati Uniti.

Il primo Congresso mondiale della Fellowship of Faiths si è aperto a Chicago nel 1933, ospitato da Jane Addams. Uno dei principali oratori è stato il vescovo Montgomery Brown, presidente nazionale del Communist Workers Relief e membro di altre cinquanta organizzazioni di facciata comuniste. Nel suo discorso di apertura, Brown ha dichiarato:

> "C'è un luogo sulla terra dove si è osato porre fine allo sfruttamento dell'uomo: la Russia! L'URSS è il precursore del comunismo internazionale che assorbirà gradualmente tutti gli Stati capitalisti che si stanno progressivamente decomponendo. Se un governo, una chiesa o un'istituzione si oppongono o ostacolano questo Stato comunista, devono essere spietatamente abbattuti e distrutti. Se si vuole raggiungere l'unità mondiale, essa deve essere realizzata dal comunismo internazionale, che può essere realizzato solo con lo slogan: "Bandire gli dei dal cielo e i capitalisti dalla terra". Allora, e solo allora, ci sarà una comunità mondiale di fede completa".

Weller e Brown si sono complimentati con il Vescovo Brown, mentre Das Gupta ha dichiarato:

> "Sono sicuro che ci sono altre persone che la pensano come me, che hanno le stesse convinzioni del vescovo Brown, ma non hanno avuto il coraggio di dirlo e ammetterlo. Vorrei dire che

sono pienamente d'accordo con i sentimenti del Vescovo".

Brown scrisse numerosi libri, tra cui uno intitolato "Marx's Teachings for Boys and Girls" (Insegnamenti di Marx per bambini e bambine), oltre a diciassette piccoli libri sul sesso per bambini che furono ampiamente distribuiti. Un'indagine delle autorità ha rivelato che tutte le persone coinvolte nella struttura e nell'adesione alla Fellowship of Faiths erano anche massoni.

I massoni crearono un'organizzazione di facciata per coprire le loro attività alla conferenza della Società delle Nazioni a Parigi, chiamata Unione della Società delle Nazioni. Ha svolto un ruolo importante nelle deliberazioni della Conferenza di pace di Parigi, che ha praticamente garantito che ci sarebbe stata un'altra guerra mondiale. Come disse Sir Francis Younghusband

> "Siamo qui per fornire una solida base spirituale alla Società delle Nazioni.

Possiamo giudicare al meglio il TIPO di base spirituale che è stata fornita, semplicemente studiando la struttura delle Nazioni Unite, il successore della Società. È all'interno delle Nazioni Unite e del suo organo esecutivo religioso, il Consiglio Mondiale delle Chiese (WCC), che si sta svolgendo il rinnovamento del Patto delle Religioni.

Noi, negli Stati Uniti e in Occidente in generale, non possiamo permetterci di chiudere gli occhi di fronte a questa rinascita. O crediamo che la religione cristiana sia il fondamento della Costituzione degli Stati Uniti, e ci atteniamo a questo, o periremo. La "tolleranza" e la "comprensione" non devono renderci ciechi di fronte alla verità e se non prendiamo posizione ora, domani potrebbe essere troppo tardi. Questa è la gravità della situazione per il futuro della nazione. O il cristianesimo è la vera religione dichiarata da Gesù Cristo, o è totalmente privo di sostanza. La "tolleranza" e la "comprensione" non devono oscurare questo importante principio.

Il cristianesimo ha portato al mondo un sistema economico perfetto che è stato deliberatamente prostituito, tanto che oggi è quasi irriconoscibile. I socialisti, i marxisti e i comunisti vorrebbero farci credere che il loro sistema è superiore, ma quando guardiamo ai Paesi che hanno controllato - Russia, Gran Bretagna, Svezia - vediamo rovina e miseria su vasta scala. I socialisti si stanno impegnando a fondo per imporre il loro sistema, che porterà alla schiavitù. La religione è una delle aree più importanti in cui sono penetrati, e quindi la più pericolosa. Non è solo una questione religiosa, ma anche una questione di sopravvivenza della Repubblica, basata sulle leggi di Dio, che includono leggi politiche ed economiche immutabili, e non una questione di "democrazia" basata sulle leggi dell'uomo. Dobbiamo tenerlo a mente: tutte le democrazie pure nella storia del mondo sono fallite.

È importante collegare queste cose, soprattutto perché ho scoperto che la Faith Alliance votò in blocco per il partito socialista alle elezioni del 1932, che videro il successo di Roosevelt, il loro idolo socialista. Questo è stato particolarmente vero a New York e a Chicago. La crociata anticristiana si sarebbe intensificata con la diffusione nel mondo della grande menzogna che il comunismo era morto. Se è vero che il comunismo è in declino, il SOCIALISMO dilaga, soprattutto negli Stati Uniti, dove le nostre chiese sono state profondamente penetrate e permeate da agenti di cambiamento socialisti. Per accettare il Governo Unico Mondiale - Nuovo Ordine Mondiale, dovremmo sacrificare il cristianesimo.

Negli Stati Uniti è in atto una rivoluzione gravissima. La rivoluzione di Weishaupt contro la Chiesa cristiana ha raggiunto nuovi livelli di bestialità con la promozione dell'omosessualità e del lesbismo, del "libero amore" (aborto) e un generale abbassamento degli standard morali della nazione. Uno dei principali leader di questa rivoluzione è il Consiglio Mondiale delle Chiese (WCC), il braccio religioso delle Nazioni Unite. Le attività del WCC hanno portato profondi cambiamenti nella vita politica, religiosa ed economica della nazione. Il WCC ha sempre saputo che la religione non si ferma alla porta della chiesa.

Il Consiglio Federale delle Chiese (FCC), precursore del WCC, mirava a penetrare e permeare il governo civile, in particolare nei settori dell'educazione e delle relazioni di lavoro. Mark Starr, il socialista britannico nominato da Roosevelt per una serie di incarichi governativi, fu utilizzato dal CCF per visitare le fabbriche e distribuire la pubblicazione della Fabian Society, "What the Church Thinks of Labor", una diatriba profondamente marxista contro il capitalismo. La FCC era gestita secondo linee socialiste radicali, in conformità con i metodi stabiliti da Sydney e Beatrice

Webb, i suoi fondatori, e la sua appartenenza alla Terza Internazionale dimostra senza ombra di dubbio che la FCC/WCC era, ed è, anticristiana.

La FCC/WCC era gestita da pagani per i pagani, come rivela la sua storia passata e come vediamo oggi. Uno di questi pagani fu Walter Rauschenbach, che visitò Sydney e Beatrice Webb e poi portò le loro idee, oltre a ciò che aveva imparato leggendo Marx, Mazzini ed Edward Bellamy, alla Second Baptist Church di New York. Invece del Vangelo di Cristo, Rauschenbach predicò il Vangelo del socialismo secondo Marx, Engels, Ruskin e il socialismo massonico di Mazzini.

La FCC/WCC ha dichiarato di avere venti milioni di membri, ma le ricerche dimostrano che i suoi membri erano e sono tuttora molto più piccoli. Per quanto riguarda il sostegno finanziario che la FCC ricevette e che il WCC riceve oggi, le ricerche mostrano che proveniva da molte organizzazioni filocomuniste come il Laura Spellman Fund, il Carnegie Endowment Fund e la Rockefeller Brothers Foundation.

La FCC ha posto le basi per il flagello dell'omosessualità e del lesbismo, per non parlare del "libero amore" senza responsabilità (aborto) che si è abbattuto sulla nazione. La FCC è stata, e il WCC è, il più forte sostenitore dell'omosessualità e del lesbismo, e ha sostenuto con forza la cosiddetta protezione "costituzionale" di questi gruppi. L'omosessualità non è menzionata come "diritto" da nessuna parte nella Costituzione degli Stati Uniti, ed è quindi un divieto. I "diritti degli omosessuali" sono frutto dell'immaginazione di legislatori socialisti e di alcuni giudici della Corte Suprema.

In questo, il WCC è stato sostenuto dall'American Civil Liberties Union (ACLU), che ha cercato di stravolgere e comprimere la Costituzione per creare "diritti" inesistenti per coloro che hanno scelto lo stile di vita omosessuale. Come vedremo nei capitoli dedicati alla legge, ai tribunali e al Congresso, chiunque si sia alzato e abbia protestato contro l'accettazione di questi "diritti" inesistenti si è trovato rapidamente nei guai.

La Fellowship of Faiths è stata costituita per consolidare le opinioni sulle questioni religiose legate al socialismo raccolte in tutto il mondo. Il Baha'ismo è stato fondato nel 1844 in Persia (l'attuale

Iran) da Mirza Ali Muhammad, noto anche come "Rab" o "Gate". Purtroppo per "Rab", è stato ucciso dalle forze di sicurezza a Tabriz. Il Bahaismo insegna che Zoroastro, Buddha, Confucio e Gesù Cristo sono stati leader che hanno aperto la strada alla venuta del potente maestro mondiale, Baha u'lla (la Gloria di Dio), il cui precursore, Abdul Baha, è morto nel 1921.

Il movimento baha'i è molto forte in Iran e in Australia, e in misura minore in Inghilterra. Poiché la Massoneria e la Teosofia sono praticamente indistinguibili l'una dall'altra e presentano elementi che si ritrovano nella fede baha'i, non sorprende che la religione baha'i si sia diffusa così rapidamente. Madame Petrova Blavatsky, massone, vicepresidente del Consiglio Supremo e Gran Maestro del Consiglio Supremo per la Gran Bretagna, nonché creatrice della Teosofia, ha promosso notevolmente il movimento baha'i, che è una convergenza di queste tre correnti.

Cosa è successo al Movimento dei credenti? Poco prima della prima guerra mondiale, si è quasi fuso con il sionismo mondiale e poi è emerso nella Società delle Nazioni. Poi, poco prima della seconda guerra mondiale, emerse come movimento baha'i in Inghilterra e si formò in Inghilterra come Gruppo di Oxford, a cui successe il Riarmo Morale. Dopo la fine della Seconda guerra mondiale, ha svolto un ruolo chiave nella formazione delle Nazioni Unite (ONU) ed è entrato nel cuore della politica americana attraverso organizzazioni socialiste dichiarate come la seguente:

- ➤ Associazione americana dei professori universitari
- ➤ Unione Americana per le Libertà Civili (ACLU)
- ➤ Americani per l'Azione Democratica (ADA)
- ➤ Comitato per lo sviluppo economico della Hull House (centro per il femminismo radicale)
- ➤ Consiglio nazionale delle donne
- ➤ La Lega per la democrazia industriale
- ➤ Socialdemocratici USA
- ➤ Istituto NATO per gli Studi Politici, ala politica del Club di Roma

> La Fondazione Cini

> Istituto di studi politici di Cambridge

> Comitato per la maggioranza democratica

> Fiducia Lucius

> Nuova coalizione democratica

> Lega dei Resistenti alla Guerra Istituto Aspen

> Ricerca a Stanford

> Organizzazione nazionale delle donne

La Fellowship of Faiths è un progetto "olimpico" (Comitato dei 300), che garantisce che le persone più ricche e potenti del mondo promuovano i suoi obiettivi, come abbiamo visto alla "riunione di classe" della Fellowship of Faiths a Chicago nel 1993. Il popolo americano dovrà scegliere se lasciare che i principi cristiani vadano al muro o rischiare una rivoluzione mondiale. È quanto ha suggerito Mikhail Gorbaciov quando ha incontrato Papa Giovanni Paolo II. Gorbaciov ha suggerito una "convergenza di ideali religiosi" che sarebbe il primo passo verso una rinascita della Fellowship of Faiths nel suo nome originale.

Ma Papa Giovanni Paolo II gli ha ricordato che "il cristianesimo portato in questo continente dagli Apostoli, penetrato in varie parti dall'azione di Benedetto, Cirillo, Matusalemme, Adalberto e innumerevoli santi, è alla radice stessa della cultura europea". Il Papa non stava parlando di un'altra religione che ha conferito all'Europa i benefici della civiltà: stava parlando del cristianesimo. Non disse che la crescita di una grande cultura europea fosse dovuta ai catari o agli albigesi; fu solo il cristianesimo, disse, a portare la civiltà in Europa.

Questa è la fonte dell'odio che comunisti, marxisti e socialisti provano nei confronti del cristianesimo, che temono che la forza unificante del cristianesimo sia la pietra d'inciampo su cui il loro governo unico mondiale potrà reggersi - il Nuovo Ordine Mondiale inciamperà e cadrà. Pertanto, il desiderio dei socialisti di negare e infine annientare il cristianesimo è una questione di urgente necessità. L'ordine di Lord Bertrand Russell al socialismo di impadronirsi della religione o di distruggerla è alla base della campagna mondiale del socialismo per penetrare e permeare in particolare la religione cristiana e, alla maniera di Weishaupt, rosicchiarla dall'interno, fino a quando non resterà che una struttura fragile e scavata che crollerà con pochi colpi strategici al momento opportuno.

Il modello più riuscito di questa tattica si trova in Sudafrica, dove un cosiddetto leader ecclesiastico, il reverendo Heyns, si è stufato dell'interno della Chiesa riformata olandese, mentre un cosiddetto "vescovo" anglicano, Desmond Tutu, ha lanciato un attacco frontale alla Chiesa anglicana. Aiutato da massoni che occupavano posizioni di rilievo nel governo sudafricano e che erano disposti a tradire il loro popolo, il Sudafrica è stato rovesciato e costretto a sottomettersi al governo comunista nella persona di Joe Slovo, un ex colonnello del KGB che usa Nelson Mandela come fantoccio di facciata. Il vecchio detto "attenti ai greci che portano doni" può essere modificato in "attenti ai preti e agli ecclesiastici che portano promesse socialiste fraudolente". Il successo dell'uso della religione per portare il socialismo al potere è stato ampiamente dimostrato in Nicaragua, Perù, Filippine, Rhodesia, Sudafrica. Gli Stati Uniti sono i prossimi.

Capitolo 8

LA DISTRUZIONE PIANIFICATA DEGLI STATI UNITI DAL LIBERO COMMERCIO

Non c'è cavallo di Troia più grande all'interno della nostra Repubblica del "libero scambio". Altrove l'abbiamo spesso citato di sfuggita. In questa sezione vorremmo entrare nei dettagli di questo mostruoso piano per la distruzione degli Stati Uniti, un sogno a lungo coltivato dai socialisti fabiani d'Inghilterra e dai loro convertiti in patria. La distruzione socialista della nostra Repubblica si sta compiendo su molti fronti, ma nessuno è così velenoso, sedizioso, surrettizio e infido come il cosiddetto "libero scambio".

Chiunque creda nel "libero scambio" deve essere deprogrammato e liberato dalla propaganda socialista e dal lavaggio del cervello. Torniamo all'inizio di questa nazione: la clausola 1 della sezione 8 dell'Articolo 1:

> "Riscuotere tasse, dazi, importazioni e accise. Per pagare i debiti e provvedere alla difesa comune e al benessere generale degli Stati Uniti, ma tutti i dazi, le importazioni e le accise devono essere uniformi in tutti gli Stati Uniti".

Il governatore Morris ha scritto la Sezione 8 ed è interessante notare che ha sottinteso che i dazi sono legati al pagamento dei conti del Paese. Non si parla di imposte progressive sul reddito a questo scopo.

I socialisti hanno escogitato i loro piani traditori e hanno cercato di annullare e abrogare questa sezione della Costituzione attraverso il 16° emendamento non ratificato della Costituzione degli Stati Uniti. Sapevano che l'Articolo I, Sezione 8, Clausola 1 della Costituzione aveva lo scopo di impedire agli inglesi di imporre il "libero commercio" ai coloni. Se leggiamo gli Annali del Congresso e i Globi del Congresso della fine del 1700 e dell'inizio del 1800, diventa subito evidente che una delle cause principali della Rivoluzione americana fu il tentativo della Compagnia britannica delle Indie orientali (BEIC) di imporre il "libero commercio" di Adam Smith alle colonie.

Che cos'è il "libero scambio"? È un eufemismo per spogliare e depredare il popolo americano delle sue ricchezze, in violazione della Costituzione degli Stati Uniti. È il vecchio gioco degli sciocchi, aggiornato! Il "libero scambio" era il gioco di prestigio che la Compagnia britannica delle Indie orientali (BEIC) usava per privare i coloni americani delle loro ricchezze, mascherando le sue tattiche di rapina con belle frasi economiche, di per sé prive di significato.

I Padri Fondatori non avevano il beneficio di un'esperienza diretta che li mettesse in guardia dalle guerre del "libero scambio" che stavano per essere scatenate sulle colonie, ma avevano l'intuito e la lungimiranza per sapere che, se permesso, il "libero scambio" avrebbe distrutto la giovane nazione. Fu per questo motivo che il presidente George Washington, dopo aver assistito alla terribile devastazione causata in Francia dalla causa del "libero scambio" e soprannominata "Rivoluzione francese", dichiarò nel 1789 che era necessario e opportuno che la giovane Repubblica si proteggesse dalle macchinazioni del governo britannico:

> "Un popolo libero dovrebbe promuovere quelle manifatture che tendono a renderlo indipendente da altri per le forniture essenziali, soprattutto militari". - George Washington, Primo Congresso degli Stati Uniti, 1789.

I Padri fondatori hanno capito fin dall'inizio che la protezione del nostro commercio era fondamentale e ne hanno fatto praticamente il primo ordine del giorno. Nessuna nazione che prenda sul serio la propria sovranità e la protezione del benessere del proprio popolo permetterebbe il "libero scambio". Come disse Joseph Chamberlain, nella sua prefazione a "The Case Against Free Trade" del 1911:

> "Il libero scambio è la negazione dell'organizzazione, di una politica consolidata e coerente. È il trionfo del caso, la competizione disordinata ed egoistica di interessi individuali

immediati senza tener conto del benessere permanente nel suo complesso".

Alexander Hamilton e i Padri Fondatori compresero che la nazione doveva proteggere il proprio mercato interno se voleva rimanere sovrana e indipendente. Questo è ciò che ha reso grande l'America in primo luogo: l'esplosione del progresso industriale nella nazione, indipendente da qualsiasi "commercio mondiale" esterno. Washington e Hamilton sapevano che cedere i nostri mercati nazionali al mondo avrebbe significato rinunciare alla nostra sovranità nazionale.

I socialisti sapevano quanto fosse importante sbarazzarsi delle barriere commerciali protettive nei confronti delle nazioni indipendenti, piuttosto che abbatterle gradualmente, e attesero l'occasione di eleggere Woodrow Wilson per farlo. Come nuovo presidente, il primo ordine del giorno di Wilson fu quello di adottare misure attive per abbattere le barriere tariffarie erette da Washington e poi ampliate e mantenute da Lincoln, Garfield e McKinley.

Come abbiamo visto in precedenza, il primo compito del socialista fabiano che ha messo in carica il presidente Woodrow Wilson è stato quello di abbattere le barriere commerciali e le tariffe protettive che avevano reso gli Stati Uniti una grande nazione in un periodo di tempo relativamente breve, cioè rispetto all'epoca delle grandi potenze europee. Il NAFT e il GATT riprendono da dove Wilson e Roosevelt avevano lasciato. Entrambi gli accordi violano la Costituzione degli Stati Uniti e sono opera della Fabian Society e dei loro cugini americani.

L'Accordo di libero scambio nordamericano è un progetto del Comitato dei 300 e un'estensione naturale della guerra all'industria e all'agricoltura americane, come stabilito nei documenti programmatici del 1969 del Club di Roma sulla crescita zero post-industriale, guidati da Cyrus Vance e da un gruppo di scienziati del Governo Unico e del Nuovo Ordine Mondiale. Lo smantellamento delle barriere commerciali erette da Washington, Lincoln, Garfield e McKinley è stato a lungo un obiettivo caro alla Fabian Society. Il NAFTA è il loro intruglio, la loro grande occasione per aprire i mercati statunitensi al "libero scambio" a senso unico e, nel processo, infliggere un colpo mortale alla classe media americana.

Il NAFTA è un altro trionfo di Florence Kelley, in quanto aggira la Costituzione attraverso un'azione legislativa. Come ha detto il giudice Cooley nel suo libro sul diritto costituzionale, a pagina 35:

> "La Costituzione stessa non cede mai a un trattato o a un atto legislativo. Non cambia con i tempi e non si piega alla forza delle circostanze".

Pertanto, né il NAFTA né qualsiasi altro trattato possono cambiare la Costituzione. Il NAFTA non è altro che uno schema contorto, bugiardo e subdolo per aggirare la Costituzione, che è anche una descrizione accurata del GATT.

Il primo attacco conosciuto agli Stati Uniti da parte del "libero scambio" risale al 1769, quando il Townsend Act fu inventato da Adam Smith per estrarre entrate dalle colonie statunitensi. L'accordo NAFTA è stato concepito per spremere più reddito ai lavoratori americani o, se non lo vogliono, per trasferirli all'estero dove i salari e il costo della vita sono generalmente più bassi. In effetti, il NAFTA ha molto in comune con la lotta dei coloni tra il 1769 e il 1776. Tragicamente, negli ultimi anni, diversi presidenti si sono allontanati dalle politiche commerciali che proteggevano l'industria statunitense e che hanno reso gli Stati Uniti la più grande nazione industrializzata del mondo.

Il globalismo non ha contribuito a rendere grande l'America. Globalismo è una parola d'ordine dei media di Madison Avenue per mascherare il fatto che la cosiddetta economia globale propagandata da Wilson, Roosevelt, Bush e Clinton finirà per ridurre il tenore di vita degli americani a quello dei Paesi del terzo mondo. Qui abbiamo un classico caso in cui, attraverso il socialismo, gli americani stanno di nuovo combattendo la Rivoluzione Americana del 1776 per liberare la nazione dalla frode chiamata NAFTA, con una frode ancora più grande chiamata GATT che aspetta di arrendersi sul campo di battaglia.

Nel 1992, Bush ha afferrato la palla del NAFTA e ha iniziato a correre con essa. Il Canada è stato usato come metro di misura per vedere quanto il NAFTA sarebbe stato accolto dal popolo canadese. Nel farlo, Bush è stato abilmente assistito dall'ex Primo Ministro Brian Mulroney. L'obiettivo del NAFTA è quello di distruggere le basi industriali e agricole di entrambi i Paesi, facendo crollare la classe media. I piani post-industriali del Comitato dei 300 non sono progrediti abbastanza velocemente. La situazione è molto simile a quella descritta da Bertrand Russell nel suo desiderio di uccidere milioni di "mangiatori inutili". Il piano di Russell prevedeva il ritorno della peste nera per liberare il mondo da quello che lui chiamava "eccesso di popolazione".

Il NAFTA rappresenta il culmine del riallineamento delle politiche transnazionali e della rieducazione dei futuri leader dell'industria e del commercio statunitense che stanno uscendo dalle nostre istituzioni educative. Il NAFTA può essere paragonato al Congresso di Vienna (1814-1815), dominato dal principe Klemmens von Metternich. Si ricorderà che Metternich ebbe un ruolo di primo piano negli affari europei. È stato responsabile del matrimonio dell'arciduchessa Maria Luisa con Napoleone, che ha influenzato gli eventi politici ed economici in Europa per almeno 100 anni. In sostanza, la Clinton ha "sposato" gli Stati Uniti al "libero scambio", che avrà un effetto profondo su questa nazione per oltre 1000 anni.

Il Congresso di Vienna fu caratterizzato da feste sontuose e da eventi scintillanti, con una serie di regali sfarzosi per coloro che erano disposti a collaborare con Metternich piuttosto che combattere per gli interessi del proprio Paese. Tattiche simili sono state usate per far passare il NAFTA alla Camera e al Senato, e come i dibattiti decisionali tenuti a porte chiuse a Vienna (le quattro grandi potenze non hanno mai permesso alle piccole nazioni di partecipare), ogni accordo, ogni decisione importante sul NAFTA è stata presa in segreto, a porte chiuse. Il NAFTA avrà un effetto profondamente deleterio sugli Stati Uniti, della cui portata e profondità non ci siamo ancora resi conto.

Il NAFTA è un punto di svolta nella storia del Nord America, un punto di svolta per la classe media americana e canadese. Quando si combinerà con i Paesi della CE, la fase due della strategia socialista per assumere il controllo totale del commercio sarà stata completata. Il NAFTA significherà 100 miliardi di dollari di entrate per il Messico, mentre devasterà l'economia statunitense con un grande declino della sua base industriale. Si prevede che 100.000 posti di lavoro americani andranno persi nei primi due anni di piena attuazione del NAFTA, causando un calo del tenore di vita della classe media mai visto prima. L'inquinamento sarà riesportato negli

Stati Uniti attraverso prodotti e alimenti provenienti dal Messico.

I prodotti alimentari provenienti dal Messico contengono livelli di tutti i tipi di veleni tossici che sono proibiti dalle norme USDA relative ai prodotti statunitensi. Complessivamente, il denaro speso per l'attività di lobbying a favore del NAFTA si avvicina ai 150 milioni di dollari. L'attività di lobbying sul NAFTA è stata la più concentrata nella storia degli Stati Uniti, coinvolgendo un vero e proprio esercito di esperti e avvocati che hanno invaso la Camera per votare a favore del cosiddetto accordo.

L'Accordo generale sulle tariffe e il commercio (GATT) è uno strumento progettato dagli Stati Uniti e basato sui principi del socialismo fabiano. Non ricordo l'ultima volta che qualcosa sia stato così poco compreso dai legislatori come questo insidioso accordo. Ho contattato decine di legislatori e, senza eccezioni, nessuno di loro è stato in grado di fornirmi una spiegazione o di fornirmi i fatti che cercavo. Il GATT è stato elaborato in occasione della Conferenza delle Nazioni Unite sul commercio e l'occupazione, tenutasi a Cuba il 24 marzo 1948. Gli eleganti presenti alla conferenza sostenevano il "libero scambio" di Adam Smith, che secondo loro avrebbe reso il mondo un posto migliore per la gente comune. Anche se il titolo GATT è arrivato più tardi, le fondamenta di questa frode socialista sono state gettate a Cuba nel 1948.

Quando l'accordo con Cuba è stato presentato alla Camera e al Senato, è stato approvato, semplicemente perché non è stato compreso. In genere, quando la Camera e il Senato non capiscono una misura che viene loro presentata, questa viene approvata il più rapidamente possibile. Questo è stato il caso del Federal Reserve Act, del trattato delle Nazioni Unite, del trattato sul Canale di Panama e del NAFTA.

Votando a favore del NAFTA, la Camera ha trasferito la sovranità degli Stati Uniti al governo mondialista di Ginevra, in Svizzera. Questo atto sedizioso aveva un precedente. Nel 1948, la Camera e il Senato a maggioranza repubblicana approvarono la legge sugli accordi commerciali, frutto della riunione delle Nazioni Unite a Cuba. Fino a quel momento, il Partito Repubblicano si era presentato come il protettore dell'industria e dei posti di lavoro americani, ma si rivelò falso come la posizione democratica e a favore del "libero scambio" socialista di Adam Smith. Un grande colpo è stato sferrato contro l'industria e il commercio americani dai socialisti fabiani in Gran Bretagna e dai loro cugini americani negli Stati Uniti. Il fatto che la legge sugli accordi commerciali fosse incostituzionale al 100%, eppure è stata approvata, è stato motivo di grande soddisfazione per la Fabian Society.

Nel 1962, il presidente John F. Kennedy definì la svendita del popolo americano "un approccio nuovo di zecca, un nuovo audace strumento della politica commerciale americana". Nella sua valutazione fatalmente errata della direzione che i socialisti fabiani stavano prendendo per il popolo americano, Kennedy aveva ricevuto il pieno sostegno del leader sindacale George Meaney alla convention dell'AFL-CIO in Florida all'inizio dell'anno. Il Congresso approvò doverosamente la legislazione, apparentemente ignaro della sua incostituzionalità.

Era incostituzionale perché conferiva al Presidente poteri che appartenevano al Congresso, poteri che non potevano essere trasferiti tra i tre rami del governo. L'amministrazione Kennedy istituì immediatamente ampi tagli tariffari, alcuni fino al 50% su un'ampia gamma di beni importati. Abbiamo visto le stesse azioni anticostituzionali di Bush e Clinton con il NAFTA. Entrambi i presidenti si sono intromessi in modo incostituzionale nel ramo legislativo. Anche le tangenti possono essere state un fattore. Questo è tradimento.

Quando gli Stati Uniti entrarono nel XX secolo, si avviarono verso il successo come nessun altro Paese aveva fatto dall'antichità. Ma gli spoliatori, i socialisti e i loro cugini stretti, i comunisti, erano in agguato in America. Gli Stati Uniti sono stati costruiti su solide basi di protezionismo e di denaro sano; c'era una base industriale in rapida crescita e, grazie alla meccanizzazione, l'agricoltura era pronta a nutrire il nostro popolo per i secoli a venire, indipendentemente dall'aumento della popolazione.

La misura di protezione del commercio, il Tariff Act del 1864, che Lincoln firmò, aumentò le tariffe di oltre il 47%. Nel 1861, le entrate doganali rappresentavano il 95% delle entrate totali degli Stati Uniti. Lincoln, con la guerra alle spalle, era determinato a rafforzare la protezione tariffaria tradizionale e a proteggerla a tutti i costi. Le sue azioni di protezione tariffaria, più di ogni altra cosa, hanno avviato gli Stati Uniti verso due decenni di progressi nell'industria, nell'agricoltura e nel commercio, progressi che hanno stupito l'Inghilterra e reso gli Stati Uniti oggetto di invidia - e di odio. Non c'è dubbio che il complotto per l'assassinio di Lincoln coinvolgesse Benjamin Disraeli, il primo ministro inglese, e che la decisione di assassinare Lincoln fosse stata presa in Inghilterra a causa della risoluta posizione del Presidente contro la riduzione delle tariffe sulle merci provenienti da quel Paese.

Gli Stati Uniti sono impegnati in una guerra all'ultimo sangue. Non si direbbe, perché non ci sono grandi tamburi di patriottismo, né bandiere che sventolano, né parate militari e, forse la chiave di tutto, gli sciacalli della stampa presentano il "libero scambio" come un beneficio, non come il nemico mortale degli Stati Uniti. Si tratta di una guerra su più fronti; quasi tutto il mondo è schierato contro gli Stati Uniti. È una guerra che stiamo rapidamente perdendo, grazie ai piani abilmente elaborati dal Comitato dei 300 e affidati ai socialisti per la loro realizzazione. Lincoln è stato una delle prime vittime della guerra commerciale.

Nel 1873, i banchieri d'investimento e i finanzieri della City di Londra si unirono ai loro alleati di Wall Street per provocare un panico interamente dovuto a cause artificiali. La depressione prolungata che ne seguì danneggiò molto l'agricoltura, come volevano i nostri nemici. La maggior parte degli storici concorda sul fatto che l'azione antiamericana del 1872 fu intrapresa per indebolire il protezionismo. La strada del giornalismo giallo per incolpare il protezionismo della depressione era aperta e mai chiusa. Grazie alle menzogne della stampa, gli agricoltori sono stati indotti a credere che i loro problemi fossero dovuti alle barriere commerciali che impedivano il flusso del "libero scambio".

Gli agenti della City di Londra e di Wall Street, aiutati da una stampa già ben fornita, iniziarono a battere il tamburo dell'opinione pubblica e, in risposta alle pressioni di un pubblico non informato, nel 1872 fu aperta una breccia nella barriera tariffaria statunitense. Le tariffe sono state ridotte del 10% su un'ampia gamma di articoli importati e del 50% su sale e carbone. Come ogni economista sa, e come ogni diplomato di scuola superiore adeguatamente preparato saprebbe, una volta che questo accade, ne consegue rapidamente che l'attività manifatturiera inizia a diminuire, poiché gli investitori smettono di investire in ricchezza reale - impianti industriali, attrezzi agricoli, macchine utensili.

Ma gli invasori sono stati parzialmente respinti entro il 1900 e i danni si sono limitati a una breccia nella nostra ridotta, senza che le forze nemiche potessero espandersi nell'entroterra. Poi arrivò Wilson e il primo assalto massiccio e importante delle truppe di protezione antitariffaria che non solo ruppe le nostre ridotte, ma mise i Filistei proprio al centro del nostro campo.

Quando il presidente Roosevelt arrivò alla Casa Bianca, fu lanciato il secondo grande assalto alle nostre protezioni tariffarie. Wilson aveva spianato la strada a Roosevelt, riuscendo ad aprire una breccia che portava dritta all'obiettivo finale. Sebbene Wilson avesse fatto molti danni, ampliati da Roosevelt, troppe barriere tariffarie rimasero in vigore per i gusti dei socialisti fabiani, Ramsey McDonald, Gunnar Myrdal, Miss Jane Addams, Dean Acheson, Chester Bowles, William C. Bullitt, Stuart Chase, J. Kenneth Galbraith, John Maynard Keynes, il professor Harold Laski, Walter Lippmann, W. Averill Harriman, il senatore Jacob Javitts, Florence Kelley e Trances Perkins.

Quando George Bush è stato nominato dal CFR per sedere nello Studio Ovale, ha intrapreso con energia ed entusiasmo la sua missione "Un solo mondo - Nuovo Ordine Mondiale", facendo dell'accordo NAFTA una delle sue principali priorità. Ma Wilson, Roosevelt e Bush avevano il diritto di negoziare da soli trattati su questioni commerciali senza seguire la procedura di notifica e consenso prevista dalla Costituzione? Chiaramente no.

Guardiamo quindi alla Costituzione e vediamo cosa dice su questa questione vitale: Articolo VI, Sezione 2

> "... La presente Costituzione e le leggi degli Stati Uniti che saranno emanate in applicazione della stessa, nonché tutti i trattati stipulati o che saranno stipulati sotto l'autorità degli Stati Uniti, costituiranno la legge suprema del paese...".

Le parole "Questa Costituzione e le leggi degli Stati Uniti" dicono che un trattato è solo una legge. La "legge del paese" si riferisce alla Magna Charta, "e i giudici di ogni Stato saranno vincolati da essa, fatta salva qualsiasi disposizione contraria della Costituzione o delle leggi di qualsiasi Stato".

La parola "supremo" nella seconda parte NON è "supremo", ma appartiene al diritto comune. Per capirlo, bisogna conoscere la Costituzione degli Stati Uniti e il suo contesto storico, che si può trovare solo negli Annali del Congresso, nei Globi del Congresso e nei Registri del Congresso. Uno studio completo e corretto di questi documenti è un prerequisito per comprendere cosa sia un trattato. Purtroppo, i nostri legislatori non si preoccupano mai di istruirsi studiando questi meravigliosi documenti. I professori di diritto sanno ancora meno di questi tesori di informazione e, di conseguenza, spesso insegnano un diritto costituzionale molto lontano dalla realtà. È il cieco che guida il cieco.

La parola "supremo" fu inserita per garantire che i governi francese, britannico e spagnolo non potessero rinnegare gli accordi presi sui territori ceduti agli Stati Uniti. Questo era un modo sufficiente per impedire ai futuri governi di questi Paesi di rinnegare gli accordi, ma purtroppo ha anche portato molti americani a capire che un trattato è una legge "suprema". È impossibile che un trattato sia "supremo" quando è solo in fase di attuazione. La prole può essere più grande del genitore? La Costituzione degli Stati Uniti è sempre SUPREMA, in ogni momento e in ogni circostanza. Le leggi non possono mai essere "supreme" perché sono modificabili e possono essere state approvate in modo sbagliato. Il figlio non può essere più grande del genitore.

Nonostante quanto affermato dalla giudice Ruth Ginsberg sulla flessibilità della Costituzione, la Costituzione degli Stati Uniti non è flessibile, è IMMUTABILE. Sappiamo che la prima regola di ogni trattato è l'autoconservazione. Ora sappiamo anche che negli Stati Uniti tutti i trattati, senza eccezioni, sono leggi ordinarie e possono essere ripetuti in qualsiasi momento. Qualsiasi trattato che danneggi seriamente gli Stati Uniti viola la regola dell'autoconservazione e può essere revocato, anche solo tagliando il denaro che lo finanzia. Questo è il motivo per cui trattati come l'ONU, il NAFTA, il GATT, l'ABM, il trattato sul Canale di Panama, sono VUOTI E INGIUSTI, e dovrebbero essere revocati dal Congresso; in realtà, sarebbero revocati se il Congresso non fosse dominato dai socialisti.

I lettori sono invitati a prendere una copia del "Diritto delle Nazioni" di Vattel, la "Bibbia" usata dai nostri Padri fondatori, e si convinceranno rapidamente che un trattato è semplicemente una legge che può essere modificata dal Congresso. In effetti, un trattato potrebbe essere descritto come una "legge precaria" perché, in sostanza, è privo di sostanza. Thomas Jefferson disse che

> "Ritenere il potere di stipulare trattati senza limiti significa rendere la Costituzione una carta bianca per costruzione". Congressional Record, House, 26 febbraio 1900.

Inoltre, la Costituzione degli Stati Uniti proibisce espressamente il trasferimento di potere da un ramo del governo a un altro. È stato così per tutta la durata delle guerre per il libero scambio e continua ad esserlo. La lenta e spesso inavvertita cessione del potere legislativo all'esecutivo è ciò che ha minato la forza dei sostenitori della guerra commerciale. Tali azioni sono incostituzionali ed equivalgono a sedizione e tradimento nei confronti del popolo americano.

La rinuncia ai poteri che appartengono esclusivamente al ramo legislativo del governo iniziò con il Payne Aldrich Tariff Act, e la creatura deforme iniziò a crescere come un albero di alloro verde. Sebbene la legge Payne Aldrich non abbia raggiunto il suo primo obiettivo, è riuscita a raggiungere il secondo: il trasferimento dei poteri legislativi all'esecutivo. Il presidente ha acquisito poteri che erano costituzionalmente vietati, potendo controllare le tariffe doganali sulle importazioni. La Camera ha inferto un colpo mortale proprio a coloro che avrebbe dovuto proteggere e ha permesso che il "libero scambio" portasse via i posti di lavoro dei nostri lavoratori, costringendo alla chiusura gli stabilimenti manifatturieri incapaci di far fronte alle politiche di dumping e di taglio dei prezzi dei prodotti stranieri.

Il tradimento e la sedizione commessi da coloro che accettarono il Payne Aldrich Tariff Act del 1909 come "legge" sono evidenti oggi negli accordi NAFTA e GATT. L'articolo 1, sezione 10 della Costituzione statunitense affida chiaramente le questioni commerciali alla Camera dei Rappresentanti. La sezione 10 rafforza il controllo dell'Assemblea sulle questioni commerciali. I poteri dell'Assemblea non erano e non sono trasferibili! È così semplice. Tutte le "leggi", tutti gli "ordini esecutivi", tutte le decisioni presidenziali sul commercio, tutti gli accordi internazionali, sono nulli e devono essere cancellati dai libri contabili non appena il governo sarà restituito a Noi il Popolo. Vedremo man mano gli enormi danni causati dall'usurpazione presidenziale dei poteri commerciali.

Il Payne Aldrich Tariff Act è tipico del modo in cui opera il socialismo fabiano, che nasconde sempre le sue vere intenzioni dietro una facciata di bugie. Come ho già detto in precedenza, il popolo americano è il più ingannato del mondo e il Payne Aldrich Tariff Act è stato il culmine delle menzogne dell'epoca. Presentata alla Camera come una misura di protezione tariffaria, il vero significato della legge era esattamente l'opposto: si trattava di un gigantesco passo avanti per i nemici del popolo americano, i "liberi commercianti" e i loro alleati della City di Londra - o forse i maestri sono una descrizione migliore della loro associazione?

Il Payne Aldrich Tariff Act ha apparentemente trasferito i poteri all'esecutivo, un trasferimento che non poteva e non doveva avvenire senza un emendamento costituzionale. Poiché ciò non è avvenuto, tutti gli accordi commerciali dal 1909 sono stati ultraviolenti. Se avessimo avuto una Corte Suprema che non fosse nelle mani dei filistei, avremmo potuto chiederle aiuto, ma non è così.

Dai tempi di Brandeis e del "faccendiere" Fortas, la Corte Suprema è diventata una corte piena di socialisti che non hanno orecchie per ascoltare le suppliche di We the People. Con l'approvazione del Payne Aldrich Tariff Act, gli Stati Uniti subirono una grave battuta d'arresto nelle guerre commerciali da cui non si sono mai ripresi. Il provvedimento di Payne Aldrich era un "gradualismo" socialista nella migliore tradizione di quell'entità politica disonesta.

Questi attacchi furtivi al popolo degli Stati Uniti sono avvenuti in un periodo in cui eravamo relativamente innocenti. Sapevamo poco del socialismo fabiano e del suo modus operandi. Il libro "The Case Against Socialism: A Handbook for Conservative Speakers" (Il caso contro il socialismo: un manuale per gli oratori conservatori) è una guida ai trucchi sporchi che il socialismo usa per far passare le sue leggi e non c'è truffatore socialista più grande del Presidente Clinton.

I cittadini di questo grande Paese, gli Stati Uniti, sono stati ingannati dai loro leader - a partire da Woodrow Wilson - nel credere che il "commercio triangolare" sia vantaggioso per tutte le nazioni. Ci diranno che questa era l'idea di Adam Smith e che David Ricardo, l'economista preferito dai socialisti, ha perfezionato i limiti e il significato del libero scambio. Ma questo è tutto fumo e niente arrosto. La mitologia del "libero scambio" è talmente radicata nella mente del popolo americano da fargli credere che sia effettivamente benefico! I leader della nazione, a partire dal Presidente, hanno ingannato grossolanamente il popolo facendolo cadere in questa terribile trappola.

LE PERDITE DI QUESTA GUERRA SONO GIÀ DI GRAN LUNGA SUPERIORI AL TOTALE DELLE DUE GUERRE MONDIALI. Milioni di vite americane sono già state rovinate. Milioni di persone vivono nella disperazione mentre questa guerra implacabile continua a colpire il nostro popolo. Il "libero scambio" è la più grande minaccia per le infrastrutture della nazione, una minaccia più grande di qualsiasi attacco nucleare.

Alcune statistiche

Settecentocinquantamila operai siderurgici americani hanno perso il lavoro da quando, nel 1950, il Comitato dei 300 ha fatto cadere il conte Etienne Davignon su questo particolare fronte.

La morte dell'industria siderurgica ha comportato la perdita di un milione e un quarto dei posti di lavoro industriali stabili e più retribuiti, legati e basati sui prodotti siderurgici. Questo non perché gli operai siderurgici americani non fossero bravi lavoratori; anzi, date le vecchie acciaierie con cui alcuni di loro hanno dovuto lavorare, hanno resistito molto bene alle pratiche commerciali sleali. Ma non potevano competere con le importazioni "libere" che sottostavano ai prodotti americani perché i governi stranieri li sovvenzionavano pesantemente. Molte acciaierie straniere sono state costruite addirittura con i soldi del "Piano Marshall"! Nel 1994, un totale di quaranta milioni di americani avevano perso il lavoro a causa degli attacchi del "libero scambio" alle loro fabbriche, ai loro stabilimenti tessili e ai loro siti produttivi.

L'America divenne un gigante industriale e negli anni Ottanta del XIX secolo era davanti all'Inghilterra come prima nazione industriale del mondo. Ciò è dovuto interamente alla protezione fornita all'industria locale dalle barriere commerciali. Allo scoppio della Guerra Civile, e fino alla fine del XIX secolo, c'erano 140.000 fabbriche che producevano beni industriali pesanti con una forza lavoro di 1,5 milioni di americani, probabilmente la più pagata al mondo in qualsiasi momento della storia occidentale.

Negli anni Cinquanta, l'industria e l'agricoltura avevano creato il miglior tenore di vita per una classe media americana numerosa, stabile e ben retribuita, la più grande al mondo nel suo genere. Aveva anche creato un vasto mercato per i suoi prodotti, un mercato interno che la sua classe media ben pagata, con posti di lavoro garantiti a vita, ha sostenuto e aiutato a espandersi e a svilupparsi. LA PROSPERITÀ E LA SICUREZZA DEL LAVORO IN AMERICA NON SONO IL RISULTATO DEL COMMERCIO GLOBALE. Gli Stati Uniti non avevano bisogno dei mercati globali per prosperare e crescere. Si trattava di una falsa promessa venduta al popolo americano, prima da Wilson, poi con entusiasmo da Roosevelt, Eisenhower, Kennedy, Johnson, Bush e Clinton.

Grazie al tradimento e alla sedizione di questi presidenti e del Congresso, le importazioni hanno continuato a crescere, fino a quando oggi, nel 1994, riusciamo a malapena a tenere la testa al di sopra delle inondazioni di merci importate da manodopera a basso costo. Nel prossimo anno (1995), vedremo le perdite aumentare a dismisura, mentre l'assalto dei "liberi commercianti" decimerà i mezzi di sussistenza di altri milioni di americani. Non c'è fine in vista, eppure i nostri legislatori continuano a tirarsi indietro, lasciando milioni e milioni di vite distrutte. Questo problema, più di ogni altro, dimostra che il governo non è serio nel proteggere la nostra sovranità nazionale, che è il primo dovere di qualsiasi governo.

In questo capitolo potremo esaminare solo alcuni dei più importanti trattati commerciali, carte e "accordi" imposti agli Stati Uniti dalle pratiche conniventi, truffaldine, subdole, bugiarde e sediziose dei socialisti britannici e americani. Inizieremo con i cosiddetti "accordi commerciali". La Costituzione vieta il trasferimento di potere da un ramo all'altro del governo. Questa si chiama dottrina della separazione dei poteri ed è sacrosanta e immutabile, o almeno così è stato scritto dai Padri fondatori. È illegale, persino tradimento, trasferire i poteri, eppure dovremmo credere che sia stato legale per Bush consultarsi con Messico e Canada e mettere in atto l'accordo

NAFTA. Dovremmo credere che, allo stesso modo, Clinton avesse tutto il diritto di intromettersi nel NAFTA e ora nel GATT. Sbagliato su entrambi i fronti! Né Bush né Clinton avevano il diritto di intromettersi in questioni commerciali che sono di competenza del Parlamento.

Solo per questo motivo, il NAFTA e il GATT sono illegali e, se avessimo una Corte Suprema che non fa le sue predilezioni invece di sostenere la Costituzione, verrebbero dichiarati tali. Una delle tattiche più comuni utilizzate dai generali del "libero scambio" per attaccare gli Stati Uniti è quella di incolpare le "barriere commerciali" per le difficoltà economiche. Questo è palesemente falso. Esaminando gli articoli del "New York Times", del "Washington Post" e di altri giornali, ho scoperto che non hanno mai, mai, ritratto accuratamente i gravi danni che il "libero scambio" stava infliggendo al nostro Paese. I liberali infiammati non hanno mai suggerito che gli Stati Uniti sono stati sistematicamente dissanguati da quando Wilson ha lanciato il primo assalto alle nostre difese commerciali.

Il tanto annunciato "Piano Marshall", che avrebbe salvato l'Europa dalla rovina, era in realtà una truffa del "libero scambio". Il popolo britannico, stanco del criminale di guerra Winston Churchill, votò il leader del Partito Laburista Clement Attlee, vice primo ministro di Churchill ed elitario socialista fabiano, per succedergli. Attlee successe a Ramsey McDonald, inviato a "spiare il terreno" del socialismo negli Stati Uniti alla fine del 1890. Attlee era nella lista delle star fabiane insieme al professor Harold Laski e a Hugh Gaitskell, quest'ultimo favorito dai Rockefeller, che scelsero Gaitskell per andare in Austria nel 1934 a vedere cosa stesse facendo Hitler.

Quando Chamberlain fu estromesso per essersi rifiutato di seguire i piani di guerra del Comitato, Attlee rimase in attesa e il suo turno arrivò quando fu chiamato a sostituire Churchill. A quel punto, la Gran Bretagna non aveva ancora rimborsato agli Stati Uniti i prestiti concessi durante la Prima Guerra Mondiale, come aveva deciso di fare alla Conferenza di Losanna. Eppure, nonostante l'enorme debito in sospeso, la Gran Bretagna aveva contratto miliardi e miliardi di dollari di debiti che Roosevelt voleva dimenticare: "Dimentichiamo quegli stupidi segni del dollaro", dichiarò

Roosevelt, mentre esortava la nazione a ricorrere al lend-lease.

Con l'arrivo dei laburisti al potere in Inghilterra, l'élite della Fabian Society mise immediatamente in pratica i suoi amati piani socialisti, nazionalizzando le industrie chiave e fornendo servizi sociali "dalla culla alla tomba". Naturalmente, l'erario britannico non poteva far fronte agli enormi nuovi obblighi finanziari imposti dai Fabiani senza aumentare drasticamente le tasse. Attlee e il suo collega socialista John Maynard Keynes si rivolsero quindi agli Stati Uniti per chiedere aiuto. Il primo colpo di artiglieria sul contribuente americano è arrivato sotto forma di un prestito di 3,75 miliardi di dollari, che Roosevelt ha prontamente e allegramente concesso.

I 3,75 miliardi di dollari di prestiti statunitensi sono stati utilizzati per ripagare i debiti contratti dal governo socialista nella sua folle ricerca di una spesa socialista illimitata e di programmi di trasferimento socialisti. Non si erano ancora resi conto della realtà e quando i laburisti non avevano ancora abbastanza denaro per far fronte ai loro obblighi, i Fabian Brain Trusters si riunirono e idearono il Piano Marshall.

Opportunamente, il Piano Marshall fu presentato all'Università di Harvard - quel focolaio di socialismo negli Stati Uniti - dal generale socialista George Marshall. Costo per il contribuente americano? Un'incredibile cifra di 17 miliardi di dollari nei cinque anni successivi, gran parte della quale è andata ai Paesi europei per finanziare le loro industrie sovvenzionate dallo Stato, in modo che potessero scaricare i loro prodotti stranieri più economici sul mercato statunitense, con la conseguente perdita di milioni di posti di lavoro industriali a lungo termine e ben retribuiti.

Questo è stato anticipato dai pianificatori socialisti fabiani, che avevano bisogno di Woodrow Wilson per aprire le porte delle barriere commerciali statunitensi, in modo che le merci prodotte all'estero potessero inondare il mercato americano negli anni immediatamente successivi alla seconda guerra mondiale, aiutando Francia, Polonia, Ungheria e Regno Unito a stabilizzare i loro redditi nazionali a spese dei lavoratori americani!

È possibile che un governo come il nostro faccia una cosa così terribile al suo stesso popolo? Non solo è possibile, ma di fatto il nostro governo si è scagliato contro il suo stesso popolo, mandando milioni di persone a fare la fila per mangiare, senza lavoro e senza speranza. La nostra forza lavoro è stata trasformata in una fila di mendicanti, che cercano disperatamente di capire cosa sia successo ai loro posti di lavoro e come sia potuto accadere che, invece di lavorare ai loro vecchi impieghi, ora facciano la fila per il pane o chiedano l'elemosina per posti di lavoro inesistenti a un ufficio di collocamento o a un altro.

I Padri Fondatori si saranno rivoltati nella tomba! Se fossero stati nei paraggi, si sarebbero probabilmente chiesti come i discendenti dei coloni, che avevano lottato così duramente per sbarazzarsi delle tasse imposte da Re Giorgio III (compresa una tassa di un penny per libbra sul tè), potessero ora sedersi e lasciarsi docilmente tassare, vedendo prosciugarsi il reddito nazionale derivante dalle entrate doganali. Probabilmente si ritrarrebbero anche dall'orrore per la perdita di circa 17 miliardi di dollari in debiti di leasing, che il Congresso controllato dai socialisti ha cancellato dai libri contabili per salvare i loro colleghi socialisti britannici e mantenere il governo unico mondiale, il nuovo ordine mondiale, il sogno fabiano e socialista.

In precedenza abbiamo sottolineato il grande danno arrecato al nostro cuore industriale dal trasferimento dei poteri commerciali dalla Camera al ramo esecutivo del governo. Alcuni esempi concreti contribuiranno a rafforzare le nostre conclusioni. Ma prima di entrare nei dettagli, vale la pena ricordare che tre presidenti degli Stati Uniti, Lincoln, Garfield e McKinley, tutti strenui sostenitori delle tariffe e delle barriere commerciali, sono stati assassinati per la loro posizione contro i nemici del "libero commercio" di questa nazione. Questo è noto, ma ciò che è meno noto è che il senatore Russell B. Long, uno degli uomini più importanti della nazione, è stato assassinato. Long, uno degli uomini più brillanti che abbiano mai prestato servizio al Senato, si opponeva con veemenza ai "liberi commercianti".

Il presidente Gerald R. Ford cercò di sanare le gravi ferite subite dall'industria quando i prodotti importati di ogni tipo iniziarono a inondare i mercati nazionali. Per questo, è stato dipinto dagli sciacalli della stampa come un barbone, un inetto che non è in grado di controllare il proprio bilancio, figuriamoci di guidare la nazione. I nemici del "libero commercio" fecero in modo che il periodo di

Ford alla Casa Bianca fosse breve, soprattutto dopo che Ford firmò il Trade Act del 1974, che rappresentava il culmine degli sforzi del senatore Huey Long per arginare la marea crescente di merci importate.

Long, presidente della Commissione Finanze del Senato, ha proposto misure per rafforzare la protezione tariffaria esistente attraverso la Sezione 201. Con la "clausola di esenzione" di Long (sezione 201), le imprese danneggiate dalle importazioni non dovevano più dimostrare il loro caso. Ma dovevano comunque dimostrare che "il pregiudizio sostanziale, o la minaccia di pregiudizio, alla loro attività era causato dalle importazioni". Prima dell'entrata in vigore della Sezione 201 del Trade Act 1974, la natura macchinosa, lunga e costosa delle prove ha indotto molte fabbriche a chiudere piuttosto che sottoporsi a una procedura che favoriva pesantemente i governi stranieri. Una vergogna e uno scandalo? Sì, ma sono i nostri legislatori a essere responsabili di questo incredibile stato di cose, non un governo o un insieme di governi stranieri.

Il fatto odioso è che, sin dalla presidenza di Wilson, i governi stranieri hanno avuto più voce in capitolo nella legislazione statunitense rispetto ai proprietari delle nostre fabbriche e ai loro lavoratori in materia di diritto commerciale. In previsione del passaggio al "commercio globale", il governo degli Stati Uniti ha persino cambiato il nome dell'agenzia che supervisiona le questioni commerciali, passando dalla Tariff Commission alla US International Trade Commission (ITC). Nessuno ha protestato contro questo piccolo passo verso la vendita di ciò che restava delle nostre industrie nel fiume del commercio mondiale. Poiché il Presidente Ford ha firmato il Trade Act del 1974, è stato diffamato come "anti-libero scambio" e il suo mandato è stato interrotto.

In pratica, la clausola 201 non ha portato il sollievo promesso. Quando il Senato, pieno di socialisti mascherati da "democratici liberali", ha finito di esaminare la legge, il campo di gioco, già poco equo, si è trasformato in un pendio ripido contro i produttori locali. Nonostante il linguaggio del Long Act che afferma il contrario, nella pratica si è scoperto che un'industria poteva presentare un reclamo solo DOPO aver subito un pregiudizio per un certo periodo di tempo, e anche in quel caso non c'era alcuna garanzia di successo, in quanto l'ITC poteva non pronunciarsi contro le importazioni in questione. Peggio ancora, anche se l'ITC si pronunciasse a favore dell'industria locale, il Presidente potrebbe comunque porre il veto alla misura.

Nel frattempo, centinaia di aziende statunitensi sono state costrette a chiudere a causa della concorrenza sleale dei prodotti stranieri.

È difficile credere che un presidente di questo Paese metta gli interessi stranieri davanti a quelli del proprio popolo, ma è quello che è successo, volta per volta, e che sta succedendo ancora oggi con i socialisti della Clinton al potere. La Costituzione degli Stati Uniti, articolo 11, sezione 3, recita: "Il Presidente avrà cura che le leggi siano fedelmente eseguite...". Nessuno dei presidenti da Wilson a Clinton si è preoccupato di applicare le leggi che proteggono il nostro commercio, e per questo avrebbero dovuto essere messi sotto impeachment.

Dopo essere stato accusato di essere "contrario al libero scambio", Ford ha fatto marcia indietro sulla sua proposta di difesa dell'industria calzaturiera, che aveva dimostrato come le calzature importate fossero un problema evidente. Durante le amministrazioni Johnson, Ford, Carter, Reagan e Bush, sono stati respinti centinaia di ricorsi ai sensi del Trade Act del 1974, tra cui quelli presentati da produttori di automobili, calzature, abbigliamento, computer, televisori e acciaio. Clinton si sta dimostrando un nemico del suo stesso popolo ancora peggiore di Wilson e Roosevelt. Il Congresso e i presidenti hanno sparato alle spalle delle loro truppe.

Un caso particolare che vale la pena di segnalare è quello dell'industria calzaturiera, e ci sono letteralmente decine di casi simili in altri settori. All'epoca in cui Lincoln arrivò alla Casa Bianca, scarpe e stivali venivano prodotti in piccole industrie a conduzione familiare sparse in tutto il Paese. La situazione cambiò con l'avvento della Guerra Civile, ma migliaia di piccoli produttori che non potevano soddisfare i contratti con l'esercito rimasero in attività e fecero molto bene. È evidente che non c'era bisogno di importare scarpe.

I "liberi commercianti" puntarono sull'industria calzaturiera, che nelle piccole città era spesso l'unico datore di lavoro. Attraverso il Congresso, si cominciò ad attaccare le barriere commerciali contro le scarpe importate. I produttori locali sono stati accusati di aver causato "inflazione" aumentando i prezzi. Questo è totalmente falso. L'industria calzaturiera produceva un buon prodotto a un prezzo molto competitivo. Ma quando Lyndon Johnson arrivò alla Casa Bianca, i "liberi commercianti" si erano assicurati il 20% del mercato locale. Le industrie calzaturiere americane, allarmate, hanno quindi presentato un reclamo all'ITC chiedendo un intervento immediato, ma, come già detto. Ford non ha dato loro tregua.

Quando Carter è salito sul palco, ha ricevuto anche una petizione dalla Footwear Industries of America. Ciò che è sbagliato in questo caso, ovviamente, è che il presidente non avrebbe MAI dovuto avere voce in capitolo nelle questioni commerciali che appartengono di diritto al Congresso. Ma, avendo già violato la Costituzione in cento modi, non c'era modo di fermare Carter. Invece di aiutare il suo popolo, Carter fece un accordo con Taiwan e la Corea che avrebbe dovuto limitare le loro esportazioni di scarpe negli Stati Uniti, ma che in pratica non migliorò la situazione. Il mercato delle calzature importate è salito al 50% del mercato statunitense. Carter era sordo, cieco e muto quando si trattava di proteggere i mezzi di sussistenza di centinaia di migliaia di americani. Eppure è lo stesso Carter che si rivolse alla nazione in televisione il 15 luglio 1979:

> "La minaccia è quasi invisibile in modo ordinario. È una crisi di fiducia. È una crisi che colpisce il cuore, l'anima e lo spirito della nostra volontà nazionale. Possiamo vedere questa crisi nel crescente dubbio sul significato delle nostre vite e nella perdita di unità di intenti per la nostra nazione".

Infatti, incoraggiando il "libero scambio", Carter è stato responsabile della crisi.

Non c'è mai stato un messaggio più ipocrita che sia uscito dallo Studio Ovale. Nella guerra di Corea, il generale Douglas MacArthur fu tradito da Dean Acheson e Harry Truman. Nella guerra del libero scambio, la battaglia delle scarpe è stata persa perché siamo stati traditi da Jimmy Carter e Robert Strauss.

Poi arrivò il presidente "conservatore" Ronald Reagan, che non fece nulla per impedire l'inondazione del mercato con enormi quantità di scarpe importate dalla Corea e da Taiwan, due paesi che non hanno mai importato un solo paio di scarpe prodotte negli Stati Uniti! Alla faccia del "libero scambio". A causa della studiata negligenza di Reagan, le importazioni di scarpe hanno raggiunto un nuovo picco nel 1982, totalizzando il 60% del nostro mercato. Di grande importanza nazionale, questo ha anche ampliato il deficit commerciale di ben 2,5 miliardi di dollari e ha lasciato senza lavoro oltre 120.000 lavoratori del settore calzaturiero. Le industrie di supporto hanno perso 80.000 posti di lavoro, per un totale di 200.000 lavoratori gettati sul lastrico.

Come di consueto nella propaganda socialista, chi richiamava l'attenzione sulle condizioni dell'industria calzaturiera veniva costantemente diffamato. "Vogliono aumentare l'inflazione - perché l'industria calzaturiera locale non diventa competitiva?", fanno eco il *Wall Street Journal*, il *New York Times* e il *Washington Post*. Questa, naturalmente, è la funzione degli sciacalli della stampa: proteggere i decisori socialisti al governo e diffamare come "fascisti" o peggio, chiunque attiri l'attenzione sul tradimento dei politici.

La verità è che l'industria calzaturiera americana era molto competitiva e produceva prodotti di buona qualità. Ciò con cui l'industria non poteva competere erano i prodotti inferiori e pesantemente sovvenzionati provenienti da Taiwan e dalla Corea, i cui governi stavano pompando miliardi di dollari in sussidi all'industria calzaturiera. Questo si chiama "libero scambio". L'unica cosa "libera" è che i produttori stranieri possono scaricare gratuitamente i loro prodotti sovvenzionati sul mercato statunitense, mentre i nostri produttori sono esclusi dai mercati esteri da leggi e restrizioni - in questo caso, non c'era speranza per i produttori di scarpe statunitensi di vendere a Taiwan e in Corea. A tutt'oggi, nessuna scarpa di produzione americana viene venduta a Taiwan o in Corea. Questo si chiama "libero scambio".

Nonostante i cinque ricorsi accolti dall'ITC, che aveva riscontrato che l'industria calzaturiera statunitense era stata irrimediabilmente danneggiata da un diluvio di importazioni dalla Corea e da Taiwan, Reagan si rifiutò di fare qualcosa per arginare la marea che stava affogando lavoratori e datori di lavoro. L'industria calzaturiera è rimasta indifesa. Non poteva rivolgersi al Congresso, perché il Congresso aveva trasferito la sua sovranità all'esecutivo, e Reagan, sotto l'influenza dei suoi consiglieri socialisti, ha voltato le spalle

alle sue truppe e ha lasciato che le truppe nemiche del "libero commercio" le travolgessero.

La battaglia dell'industria calzaturiera è solo un'altra battaglia persa dal nostro popolo nella guerra commerciale in corso, e non passerà molto tempo prima che saremo sommersi dal GATT e dal NAFTA. Il cavallo di Troia del "libero scambio" al Congresso avrà reso felici le forze nemiche. Le nostre truppe martoriate non potranno fare altro che ritirarsi, lasciandosi alle spalle milioni di vite distrutte. E tutta questa devastazione viene fatta in nome del "commercio mondiale".

Vale la pena sottolineare la somiglianza dei metodi utilizzati per approvare il Trade Expansion Act del 1962 e il NAFTA del 1993. Oltre all'interferenza del Presidente nell'ufficio legislativo, è stata organizzata un'enorme campagna di pubbliche relazioni con l'aiuto della cr de la cr di Madison Avenue. Una raffica di stampa è stata sostenuta da Howard Peterson della Casa Bianca, del Senato e del Dipartimento del Commercio. Lo schema si è ripetuto con il NAFTA nel 1993. Il NAFTA è paragonabile al tradimento di Carter della legge sul controllo monetario del 1980.

Il NAFTA è un "accordo" illegale che non può superare un test costituzionale. Le pagine 2273-2297, Congressional Record, House, 26 febbraio 1900, riportano la posizione costituzionale su "accordi" come il NAFTA, il Canale di Panama, il GATT, ecc:

> "Il Congresso degli Stati Uniti trae il suo potere di legiferare dalla Costituzione, che è la misura della sua autorità. Qualsiasi atto del Congresso che sia contrario alle sue disposizioni, o che non rientri nei poteri da esso concessi, è incostituzionale, e quindi non è una legge, e non è vincolante per nessuna persona...".

Il giudice Cooley, un importante studioso di diritto costituzionale, ha affermato che:

> "La Costituzione stessa non cede mai a un trattato o a un atto legislativo. Non cambia con i tempi e non si piega alla forza delle circostanze".

Il Congresso non ha l'autorità costituzionale di trasferire i suoi poteri di creazione di trattati al Presidente, come è stato fatto con il NAFTA. Questa è pura sedizione. I negoziati commerciali appartengono alla Camera: Articolo 1, Sezione 8, Clausola 3, "regolare il commercio con le nazioni straniere, tra i vari Stati e con le tribù indiane". Chiaramente, né Bush né Clinton avevano il diritto costituzionale di intromettersi nel NAFTA. Questo è certamente tradimento e sedizione.

Alle pagine 1148-1151, Congressional Record, House, 10 marzo 1993, "Foreign Policy or Trade, the Choice is Ours",[15] in cui vengono messi a nudo i mali del "libero commercio". I socialisti hanno impiegato 47 anni per abbattere le sagge barriere commerciali erette da Washington, Lincoln, Garfield e McKinley. La causa della Rivoluzione "francese" fu il "libero scambio". I socialisti britannici causarono depressione e panico in Francia, che aprì le porte ai sedizionisti e ai traditori, Danton, Marat, il conte di Shelburne e Jeremy Bentham.

A pagina 1151 del suddetto fascicolo del Congresso, leggiamo:

> "Nel 1991, i lavoratori americani hanno percepito un salario settimanale medio inferiore del 20% rispetto al 1972. Nel frattempo, l'industria tessile e dell'abbigliamento ha perso più di 600.000 posti di lavoro, mentre l'acciaio e le automobili ne hanno sacrificati altri 580.000. In termini di diminuzione dei redditi e dei posti di lavoro, il peso della leadership globale è quindi ricaduto pesantemente sui lavoratori americani poco qualificati. I lavori manifatturieri ad alta intensità di manodopera si sono spostati all'estero, in paesi del Terzo Mondo a basso costo, lasciando una casta di lavoratori americani poco qualificati..."

L'obiettivo socialista di ridurre il tenore di vita della classe media americana a quello di un Paese del terzo mondo è stato completato all'87% e, se tutto va secondo i piani, l'amministrazione Clinton darà presto il tocco finale alla guerra commerciale, a costo di pugnalare alle spalle il popolo americano. Come ho spesso detto, il Presidente Clinton è stato scelto per portare a termine un mandato socialista di stampo fabiano, e il "libero scambio" è solo una delle politiche traditrici che gli è stato ordinato di attuare.

---

[15] "Politica estera o commercio, la scelta è nostra.

"Abbiamo tutti percepito quanto sia necessario l'intervento delle Nazioni Unite se vogliamo davvero andare verso un Nuovo Mondo e verso quel tipo di relazioni nel mondo che sono nell'interesse di tutti i Paesi. L'Unione Sovietica e gli Stati Uniti hanno più di un motivo per partecipare alla sua costruzione, allo sviluppo di nuove strutture di sicurezza in Europa e nella regione Asia-Pacifico. E anche nella costruzione di un'economia veramente globale, anzi nella creazione di una nuova civiltà". - Mikhail Gorbaciov, discorso all'Università di Stanford, 1990.

Se si sostituisce l'Unione Sovietica con i "socialisti", è facile capire che non è cambiato nulla.

Il piano a lungo termine del socialismo di smantellare la Costituzione degli Stati Uniti attraverso l'adesione di entità straniere è ben documentato, in particolare negli scritti dei socialisti fabiani e dei socialisti internazionali. Sappiamo che i socialisti prevedono di instaurare una dittatura mondiale attraverso le azioni del comunismo e del socialismo, l'uno con metodi aperti e diretti, l'altro con mezzi più sottili e nascosti. Sperano di trionfare attraverso la dittatura finanziaria del Fondo Monetario Internazionale (FMI), che può controllare i governi costringendo i Paesi liberi, attraverso il sabotaggio delle loro strutture monetarie, ad aderire a organismi internazionali come l'effimera Società delle Nazioni, il suo successore, le Nazioni Unite, e una serie di organizzazioni internazionali periferiche.

Tutti hanno un obiettivo comune: distruggere la sovranità della nazione presa di mira - vittima della sospensione del credito, della mancanza di lavoro, della stagnazione dell'industria e dell'agricoltura e della sovrapposizione delle leggi di un organismo internazionale alle leggi delle singole nazioni. In questo libro possiamo occuparci delle Nazioni Unite solo come esempio di sovrapproduzione socialista della linfa vitale degli Stati nazionali indipendenti.

Esula dagli scopi di questo libro esaminare come sia nata la Carta delle Nazioni Unite, se non per il fatto che si tratta di un'impresa socialista dall'inizio alla fine. Alcuni la vedono come un'impresa comunista. Se è vero che gli estensori del progetto ONU sono stati due cittadini sovietici, Leo Rosvolsky, Molotov e un cittadino socialista americano, Alger Hiss, la carta è socialista, una grande vittoria per la Fabian Society e i suoi cugini americani. La Carta delle Nazioni Unite è in linea con il Manifesto Comunista del 1848.

Se il trattato/accordo/carattere delle Nazioni Unite fosse stato presentato come un documento comunista, non sarebbe stato accettato dal Senato degli Stati Uniti. Ma i socialisti conoscono il loro gioco, e così è stata presentata come un'organizzazione destinata a "mantenere la pace". Ho detto altrove che quando vediamo la parola "pace" in un documento del governo mondiale, dobbiamo riconoscere che è di origine socialista o comunista. È proprio questa la natura della Carta delle Nazioni Unite. È un'organizzazione comunista/socialista. Inoltre, l'ONU fa la guerra, non mantiene la pace.

Sebbene la Carta sia stata firmata dalla maggioranza dei senatori statunitensi e sia stata trasformata in legge, gli Stati Uniti non sono membri di questo organismo del Nuovo Ordine Mondiale - One World Government - e non lo sono stati per un solo minuto. Le ragioni principali sono molteplici: La "Legge delle Nazioni" di Vattel, la "Bibbia" che ha fornito la somma e la sostanza su cui si è basato il diritto internazionale dei nostri padri fondatori, si applica in questo caso ed è ancora valida. Risale al diritto romano e greco ed è di per sé uno studio che dura tutta la vita. Quanti dei nostri cosiddetti senatori e rappresentanti sanno qualcosa di queste cose? L'inestimabile libro di Vattel non fa parte dei programmi scolastici di legge, né è presente nei libri di testo delle scuole superiori o delle università. Il Dipartimento di Stato è singolarmente ignorante di questo prezioso libro, ed è per questo che sta combinando un pasticcio dopo l'altro cercando di organizzare gli affari di questa nazione senza alcuna conoscenza della Legge delle Nazioni di Vattel. La Costituzione degli Stati Uniti è suprema su tutti i trattati, le carte e gli accordi di qualsiasi tipo e non può essere sostituita da azioni del Congresso o dell'esecutivo.

Per far sì che gli Stati Uniti diventassero membri delle Nazioni Unite, un emendamento alla Costituzione americana avrebbe dovuto essere adottato da tutti i 50 Stati. Poiché ciò non è avvenuto, non siamo membri dell'ONU e non lo siamo mai stati. Tale emendamento avrebbe tolto il potere di dichiarare la guerra alla Camera e al Senato per darlo a un organismo internazionale. Poiché l'ex presidente Bush ha cercato di farlo all'epoca della Guerra del

Golfo, avrebbe dovuto essere sottoposto a impeachment per tradimento contro gli Stati Uniti e per non aver rispettato il suo giuramento.

Il secondo punto degno di nota è che non più di cinque senatori hanno letto i documenti della Carta delle Nazioni Unite, per non parlare di un dibattito adeguato e costituzionale sulla questione. Un simile dibattito costituzionale avrebbe richiesto almeno due anni, mentre questa mostruosità fu adottata nel 1945 in tre giorni! Quando un accordo o una legge o qualsiasi altra cosa arriva al Senato e i senatori non ne discutono adeguatamente, rappresenta un esercizio di potere arbitrario. Pagine 287-297, Senato, Congressional Record, 10 dicembre 1898:

> "Gli Stati Uniti sono sovrani, sovranità e nazionalità sono termini correlativi. Non ci può essere nazionalità senza sovranità e non ci può essere sovranità senza nazionalità. In tutte le questioni, gli Stati Uniti, come nazione, possiedono un potere sovrano, tranne nei casi in cui la sovranità è stata riservata agli Stati o al popolo".

Inoltre, da Pomeroy, (sulla Costituzione) pag. 27:

> "Non può esistere una nazione senza sovranità politica e una sovranità politica senza una nazione. Non posso quindi separare queste idee e presentarle come distinte l'una dall'altra...".

Continua a pagina 29 :

> "Questa nazione possiede la sovranità politica. Può avere qualsiasi organizzazione, dalla più pura democrazia alla più assoluta monarchia, ma considerata nei suoi rapporti con il resto dell'umanità e con i suoi singoli membri, deve esistere, fino a emanare leggi per se stessa, come una società sovrana integrale e indipendente tra le altre nazioni simili della terra".

Il dottor Mulford, uno dei migliori storici e costituzionalisti, ha detto nel suo libro sulla sovranità di una nazione, a pagina 112:

> "L'esistenza della sovranità di una nazione, o sovranità politica, è indicata da alcuni segni o note che sono universali. Si tratta di indipendenza, autorità, supremazia, unità e maestà. La sovranità di una nazione, o sovranità politica, implica l'indipendenza. Non è soggetta ad alcun controllo esterno, ma agisce secondo la propria determinazione. Implica autorità. Ha la forza insita nella

sua stessa determinazione per affermarla e mantenerla. Implica la supremazia. Non presuppone la presenza di altri poteri inferiori...".

Come ha ripetuto più volte il compianto senatore Sam Ervin, uno dei più grandi studiosi di Costituzione di questo secolo

"È impossibile che avremmo potuto aderire alle Nazioni Unite in buona coscienza.

Considerando le condizioni di sovranità sopra descritte, è chiaro che l'ONU non è una nazione ed è totalmente priva di sovranità. Non fa leggi individuali per la nazione, perché non è una nazione. Non ha un territorio proprio, non ha unità e maestosità. È soggetta a controllo esterno.

Inoltre, il trattato delle Nazioni Unite non può essere sostenuto perché le Nazioni Unite non sono sovrane. Secondo il "Diritto delle Nazioni" di Vattel, la "Bibbia" che i nostri Padri Fondatori hanno usato per scrivere la Costituzione, agli Stati Uniti è vietato stipulare un trattato con QUALSIASI PERSONA, QUALSIASI ENTITA' che non sia sovrana. Nessuno mette in dubbio che le Nazioni Unite non siano sovrane, quindi il "trattato" dell'ONU approvato dal Senato nel 1945 è nullo, ultra vires. Come strumento giuridico, non è né un trattato né una carta e, in quanto tale, non ha assolutamente valore, più di un foglio di carta bianco.

Le Nazioni Unite sono un organismo straniero mantenuto da un insieme di leggi surrogate, che non possono avere la precedenza sulle leggi degli Stati Uniti. Sostenere che le leggi delle Nazioni Unite hanno la precedenza su quelle degli Stati Uniti è un atto di sedizione e tradimento. Uno studio del Diritto delle Nazioni di Vattel e del Diritto Internazionale di Wheaton, in combinazione con la Costituzione, non lascerà dubbi sull'accuratezza di questa affermazione. Qualsiasi deputato, senatore o funzionario governativo che sostenga le Nazioni Unite è colpevole di sedizione.

Alle pagine 2063-2065 del Congressional Record, House, 22 febbraio 1900, troviamo questa autorità: "Un trattato non è superiore alla Costituzione. Negli scambi diplomatici tra l'ambasciatore americano in Francia e l'allora Segretario di Stato Marcy, si legge ancora una volta chiaramente:

"La Costituzione deve prevalere su un trattato quando le disposizioni dell'uno sono in conflitto con quelle dell'altro...".

Quando John Foster Dulles, un agente della corona britannica profondamente socialista, fu costretto a comparire davanti a una commissione d'inchiesta del Senato degli Stati Uniti sulle Nazioni Unite, cercò, da viscido socialista qual era, di bluffare suggerendo che il "diritto internazionale", come il diritto nazionale, poteva essere applicato negli Stati Uniti. L'applicazione del "diritto internazionale" è il fondamento stesso delle Nazioni Unite, ma non può essere applicato agli Stati Uniti.

La nostra affermazione che gli Stati Uniti non sono un membro delle Nazioni Unite è rafforzata dalla lettura del Congressional Record, Senato, 14 febbraio 1879 e delle pagine 1151-1159, Congressional Record, Senato, 26 gennaio 1897. Non troveremo questo materiale essenziale in nessun libro di diritto. I professori di legge marxisti di estrema sinistra di Harvard non vogliono che i loro studenti conoscano queste questioni vitali.

Il fatto che il Senato degli Stati Uniti abbia "ratificato" il "trattato" delle Nazioni Unite, l'accordo sulla Carta, non fa alcuna differenza. Il Congresso non può approvare leggi incostituzionali e legare la legge degli Stati Uniti alla sottomissione del trattato ONU è palesemente incostituzionale. Qualsiasi atto del Congresso (Camera e Senato) che subordini la Costituzione a qualsiasi altro organo o entità non ha forza di legge e non ha effetto. È chiaro che, basandosi unicamente sull'articolo 25 del trattato ONU, gli Stati Uniti non avrebbero potuto stipulare un tale accordo.

Gli Annali del Congresso, i Globi del Congresso e i Registri del Congresso sono pieni di informazioni sulla sovranità e un esame dettagliato di questo materiale, in gran parte tratto dalla "Legge delle Nazioni" di Vattel, rende abbondantemente chiaro che gli Stati Uniti non sono mai stati membri delle Nazioni Unite e non potranno mai esserlo, a meno che il voto del Senato del 1945 non sia soggetto a un emendamento costituzionale e quindi ratificato da tutti i 50 Stati. Per un'ulteriore conferma che gli Stati Uniti non sono un membro delle Nazioni Unite, rimandiamo i lettori alle pagine 12267-12287 del Congressional Record, House 18 dicembre 1945.

Ciò che è passato per un dibattito costituzionale sul Trattato ONU nel 1945 può essere trovato nel Congressional Record, Senato, pagine 8151-8174, 28 luglio 1945 e nelle pagine 10964-10974 Congressional Record, Senato, 24 novembre 1945. Uno studio di queste registrazioni dei "dibattiti" dell'ONU convincerà anche lo scettico più incallito dell'incredibile ignoranza della Costituzione dimostrata dai senatori statunitensi che hanno "ratificato" il Trattato ONU.

Il giudice Cooley, uno dei più grandi studiosi di Costituzione di tutti i tempi, ha detto:

> "Il Congresso degli Stati Uniti trae il suo potere di legiferare dalla Costituzione, che è la misura della sua autorità. E qualsiasi atto del Congresso che sia contrario alle sue disposizioni, o che non rientri nell'ambito dei poteri da esso conferiti, è incostituzionale, e quindi non ha forza di legge, e non è vincolante per nessuno".

Il voto del Senato del 1945 a favore dell'adesione all'ONU è "quindi senza forza di legge e senza obblighi per nessuno".

Il voto del 1945 sull'accordo ONU è stato un esercizio arbitrario del potere ed è quindi nullo, poiché non è stato discusso costituzionalmente prima di essere approvato dal Senato in tre giorni:

> "Nessun trattato/accordo può indebolire o intimidire la Costituzione degli Stati Uniti, i cui accordi/trattati non sono altro che leggi e, come qualsiasi altra legge, possono essere abrogati".

Pertanto, lungi dall'essere un documento immutabile, la Carta/Accordo delle Nazioni Unite (i nostri legislatori non hanno avuto il coraggio di chiamarlo trattato) è nulla, non ha alcuna conseguenza e non è vincolante per nessuno. Ai militari è specificamente vietato obbedire alle leggi di qualsiasi entità, agenzia o organizzazione straniera e i nostri leader militari hanno il dovere di rispettare il loro giuramento di proteggere i cittadini degli Stati Uniti. Non possono farlo e rispettare le leggi delle Nazioni Unite.

Di tutte le agenzie internazionali di un governo mondiale all'estero oggi, nessuna è più insidiosamente malvagia del FMI. Tendiamo a dimenticare che il FMI è il figlio bastardo delle Nazioni Unite, essendo entrambi estensioni del Comitato dei 300, e che il FMI, come il Council on Foreign Relations (CFR), sta diventando sempre più sfacciato riguardo ai suoi veri obiettivi e alle sue intenzioni. Le stesse forze sinistre che hanno imposto il bolscevismo alla Russia cristiana sono dietro il FMI e i suoi piani per prendere il controllo della cosiddetta "economia mondiale".

Capitolo 9

UNA NAZIONE SCONFITTA

L a stragrande maggioranza del popolo americano non sa che la nazione è in guerra dal 1946, né che la stiamo perdendo. Alla fine della Seconda guerra mondiale, il Tavistock Institute for Human Relations dell'Università del Sussex e il Tavistock Center di Londra rivolsero la loro attenzione agli Stati Uniti. Il suo presidente è la Regina Elisabetta II e anche suo cugino, il Duca di Kent, fa parte del consiglio di amministrazione. I vecchi metodi utilizzati contro la Germania durante la Seconda Guerra Mondiale sono ora rivolti contro gli Stati Uniti. Il Tavistock è il centro riconosciuto di "lavaggio del cervello" nel mondo e, in sostanza, ha condotto e sta conducendo una massiccia operazione di lavaggio del cervello contro il popolo degli Stati Uniti dal 1946.[16]

L'obiettivo principale di questa impresa è quello di sostenere i programmi socialisti a tutti i livelli della nostra società, aprendo così la strada alla nuova era oscura di un governo mondiale e del nuovo ordine mondiale. Il Tavistock è attivo nel settore bancario, commerciale, educativo, religioso e, in particolare, cerca di infrangere la Costituzione degli Stati Uniti. In questi capitoli esamineremo alcuni dei programmi progettati per rendere l'America uno Stato schiavista. Ecco alcune delle principali organizzazioni e istituzioni socialiste che lottano contro il popolo americano:

---

[16] Si veda *The Tavistock Institute of Human Relations: Shaping the Moral, Spiritual, Cultural, Political and Economic Decline of the United States of America*, John Coleman, Omnia Veritas Ltd, www.omnia-veritas.com.

POLITICHE BANCARIE ED ECONOMICHE :

IL CONSIGLIO DELLA RISERVA FEDERALE

*"Signor Presidente, in questo Paese abbiamo una delle istituzioni più corrotte che il mondo abbia mai visto. Mi riferisco al Federal Reserve Board e alle Federal Reserve Banks. Il Federal Reserve Board, un ente statale, ha defraudato il governo degli Stati Uniti e il popolo degli Stati Uniti di una quantità di denaro sufficiente a pagare il debito nazionale... Questa istituzione malvagia ha impoverito e rovinato il popolo degli Stati Uniti... Questi 12 monopoli privati del credito sono stati imposti in modo ingannevole e ingiusto a questo paese da banchieri europei che ci hanno ringraziato per la nostra ospitalità minando le nostre istituzioni americane... "*Discorso alla Camera del deputato Louis T. McFadden, presidente della commissione bancaria della Camera, venerdì 10 giugno 1932.

Come è stato spesso detto, il più grande trionfo dei socialisti è arrivato con il monopolio bancario della Federal Reserve. I banchieri socialisti sono venuti dall'Europa e dall'Inghilterra per rovinare il popolo di questo Paese, penetrando e permeando astutamente ogni aspetto del nostro sistema monetario. Questi agenti socialisti del cambiamento non avrebbero potuto realizzare nulla senza la piena collaborazione dei traditori all'interno dei nostri confini, e li hanno trovati a centinaia, uomini e donne disposti a tradire il popolo americano. Un traditore degno di nota è stato il Presidente. Woodrow Wilson, che ha bucato le barriere commerciali erette dal presidente Washington e mantenute intatte da Lincoln, McKinley e Garfield. Nel 1913, Wilson introdusse il sistema marxista di imposte progressive sul reddito per rimpiazzare le entrate tariffarie perdute e aprì le porte ai banchieri filistei d'Europa nella nostra cittadella con l'approvazione del Federal Reserve Act del 1913.

Pochi si rendono conto che il sistema bancario statunitense è stato SOCIALIZZATO con l'approvazione del Federal Reserve Act del 1913. Le banche commerciali (non abbiamo banche d'affari nel senso britannico del termine) sono state messe al lavoro da quando i rapinatori socialisti sono riusciti a prenderne il controllo quell'anno. Quello che abbiamo in questo Paese è un sistema bancario assistenziale, quasi identico al sistema bancario istituito dai bolscevichi in Russia. Le banche della Federal Reserve creano titoli di debito, che vengono chiamati "denaro". Questo denaro non torna alla Federal Reserve attraverso gli scambi commerciali, ma piuttosto attraverso il furto ai cittadini. Il denaro fittizio viene rubato direttamente ai cittadini. Il denaro che le banche della Federal Reserve controllano non è denaro onesto, ma denaro immaginario, sempre inflazionistico.

Chi possiamo ritenere responsabile? A chi possiamo dare la colpa per aver rubato i nostri soldi? Nessuno sa chi siano gli azionisti del più grande sistema bancario del mondo. Riesci a crederci? Purtroppo è fin troppo vero, eppure permettiamo che questa situazione malvagia continui anno dopo anno, soprattutto per ignoranza del funzionamento del sistema. A noi, il popolo, viene detto di lasciare stare il denaro perché è troppo complicato da capire. "Lasciate fare agli esperti" dicono i ladri.

Cosa fa la Federal Reserve socialista con il nostro denaro rubato? Una delle cose che fanno è farci pagare l'usura, quello che il sistema chiama debito nazionale, che trasformano in obbligazioni trentennali. Questi banchieri socialisti non fanno nulla per creare ricchezza, sono parassiti che vivono mangiando la sostanza del popolo americano. Questi parassiti hanno il "diritto" di creare denaro dal nulla e poi prestarlo alle banche commerciali con l'usura e lo fanno sul credito del popolo.

Si tratta di una servitù involontaria, perché il credito personale del cittadino appartiene al cittadino stesso, non alla Federal Reserve. Con la presunta concessione alla Federal Reserve del diritto di appropriarsi del credito personale dei cittadini, il governo degli Stati Uniti sta permettendo a questa organizzazione parassitaria di violare i diritti del popolo , i diritti costituzionalmente garantiti di "vita, libertà e proprietà".

Inoltre, il Federal Reserve Board ha distrutto la Costituzione. Ricordate, un attacco a una parte della Costituzione è un attacco all'intera Costituzione. Se una parte della Costituzione viene distrutta, tutte le parti della Costituzione vengono profanate. Poteri delegati al Congresso da Noi il Popolo: Sezione 8, Articolo 5. "Coniare moneta, regolare il suo valore e quello delle monete straniere, e fissare lo standard di pesi e misure". Questo articolo si trova nei 17 poteri enumerati delegati al Congresso dal popolo. Da nessuna parte abbiamo dato al Congresso il diritto di trasferire questo potere a un istituto bancario privato.

Eppure è esattamente ciò che il Congresso ha fatto nel 1913. Il disegno di legge è stato presentato per la discussione solo pochi giorni prima delle vacanze di Natale. Si trattava di 58 pagine su tre colonne e di 30 pagine di materiale finemente stampato. Nessuno avrebbe potuto leggerlo, e tanto meno capirlo, nei pochi giorni in cui è stato discusso. Così il Federal Reserve Act è stato approvato dal Congresso ed è diventato un atto di potere arbitrario - così si chiama un disegno di legge che non è stato adeguatamente discusso e diventa legge senza essere pienamente discusso.

Centinaia di libri eccellenti sono stati scritti per dimostrare l'incostituzionalità del Federal Reserve Act del 1913, quindi non ha senso rivisitarlo in questo libro. Basti pensare che nonostante questo atto, la più grande truffa della storia, le Federal Reserve Banks rimangono saldamente al loro posto come se la loro storia fosse ancora un segreto. Perché? Probabilmente per paura. Coloro che hanno cercato di sfidare questa mostruosa creazione socialista in modo significativo sono stati brutalmente assassinati. I membri della Camera e del Senato sanno che la Federal Reserve è LA rapina del 20 secolo, ma non fanno nulla per smuovere le acque per paura di essere cacciati dal Congresso, o peggio.

Le banche della Federal Reserve sono state modellate sulla Banca d'Inghilterra, un'istituzione socialista dei Rothschild che è riuscita a legarsi agli Stati Uniti dopo la Guerra Civile, durante la quale ha finanziato entrambe le parti in conflitto. Il sistema monetario sviluppato per la giovane nazione americana da Jefferson e Hamilton era un sistema di bimetallismo, 16 once d'argento per 1 oncia d'oro. Era il nostro sistema monetario COSTITUZIONALE, descritto nell'Articolo I, Sezione 8, Clausola 5 e ha dato a questo Paese un'incalcolabile prosperità fino a quando le puttane delle banche centrali europee non sono riuscite a sovvertirlo. Lo fecero con la demonetizzazione del denaro nel 1872, che portò al Panico del 1872, tutto pianificato dai socialisti.

I socialisti sono riusciti a svalutare il nostro sistema monetario fino ad azzerarne il valore, poi hanno stampato denaro socialista (keynesiano) con il quale hanno acquistato tutte le imprese e gli immobili di prima qualità. Nei corsi universitari di economia, i professori di Marx di estrema sinistra insegnano che il Congresso gestisce il nostro sistema monetario, ma non è così, il Congresso ha abdicato a questa responsabilità e l'ha messa nelle mani dei banchieri internazionali alla Shylock per creare un sistema bancario di welfare commerciale in America. I Rothschild e i loro colleghi socialisti della banca internazionale Shylock hanno indebitato il popolo americano per sempre - a meno che non si trovi il leader giusto per rompere questa camicia di forza.

I banchieri internazionali Shylock, molto prima dell'avvento del Federal Reserve Board, consideravano la ricchezza di questa nazione con grande cupidigia ed erano decisi a insistere fino a controllarla. I banchieri internazionali Shylock impedirono alla banca nazionale, durante il mandato del presidente Andrew Jackson, di pagare il debito della Guerra Civile, al fine di tenere il popolo americano legato mani e piedi, cosa che stiamo ancora facendo. È assodato che i servizi segreti britannici hanno fomentato e perseguito la guerra civile americana, che avrebbe dovuto chiamarsi guerra internazionale dei banchieri corrotti. Il servizio segreto britannico aveva i suoi agenti in loco negli Stati del Sud, penetrando e permeando ogni aspetto della vita.

Quando il presidente Jackson chiuse la banca centrale, i servizi segreti britannici erano pronti. La legge bancaria del 1862 fu una "trovata" dei Rothschild che faceva parte del piano a lungo termine per mantenere il popolo americano in una condizione di eterna povertà. Sebbene il Congresso e una Corte Suprema patriottica abbiano respinto i truffatori Rothschild, la tregua è stata di breve durata.

Grazie al cavallo di Troia Wilson, nel 1913 presero il potere e fecero precipitare la nazione nella schiavitù finanziaria, che è lo stato in cui ci troviamo oggi. Come abbiamo detto nei capitoli sull'istruzione, i socialisti hanno usato l'istruzione per mentire al pubblico americano sulle banche della Federal Reserve, e questo è uno dei motivi per cui è ancora tollerata. I suoi gravi eccessi e i suoi crimini contro il popolo americano non sono noti, sebbene siano descritti in dettaglio nelle centinaia di eccellenti libri sull'argomento.

Ma questi libri non sono disponibili per chi non ha un certo livello di istruzione, governato dal controllo socialista dell'industria dei libri di testo, ed è per questo che milioni di americani di tutte le età trovano conforto nella televisione. Ora, se Larry King tenesse discorsi franchi e aperti sui mali della Federal Reserve socialista, e se i più popolari conduttori di talk show alla radio e alla televisione facessero lo stesso, forse riusciremmo ad eccitare la nostra gente abbastanza da fare qualcosa per chiudere il sistema della Federal Reserve.

L'opinione pubblica americana imparerebbe che il primo dovere del Congresso è quello di fornire e mantenere un sistema monetario solido per gli Stati Uniti. Il pubblico scoprirebbe che non abbiamo un solo dollaro onesto in circolazione. Impareranno che la Compagnia britannica delle Indie orientali e la Banca d'Inghilterra hanno cospirato con Adam Smith per eliminare tutto l'oro e l'argento dalle colonie, al fine di sconfiggere i coloni in una guerra economica che ha preceduto la guerra armata.

L'opinione pubblica americana avrebbe appreso che, affinché il Federal Reserve Board e le Federal Reserve Banks siano costituzionali, sarebbe stato necessario redigere un emendamento costituzionale che sarebbe stato ratificato da tutti i 50 Stati.

Inizieranno a chiedersi: "Perché non è stato fatto? Perché permettiamo ancora ai privati che possiedono la Federal Reserve di truffarci con enormi quantità di denaro? "Potrebbero persino esercitare una pressione sufficiente sul Congresso per costringerlo ad abolire la Federal Reserve. Il popolo americano potrebbe apprendere dal Larry King Show o dal Phil Donahue Show che le banche della Federal Reserve non pagano alcuna imposta sul reddito, non sono mai state sottoposte a revisione contabile e pagano solo 1,95 dollari per ogni mille dollari che ricevono dal Tesoro da parte di noi cittadini. "Che affare", potremmo urlare con rabbia.

Una popolazione risvegliata e infuriata potrebbe persino spingere il Congresso ad agire e a forzare la chiusura di questa bestia di Mammona. Il popolo americano avrebbe imparato che il periodo di maggiore prosperità è stato quello compreso tra la chiusura della banca centrale di Shylock[17] da parte di Andrew Jackson e l'inizio

---

[17] Ripetuto riferimento all'usuraio ne *Il mercante di Venezia* di Shakespeare, il

della Guerra Civile. Imparerebbero che le Federal Reserve Banks hanno socializzato l'attività bancaria commerciale in questo Paese e che le nostre banche lavorano sulla base del sistema descritto nel "Mercante di Venezia" di Shakespeare.

Il Presidente Roosevelt disse al popolo americano di essere un amico dei poveri e della classe media americana, ma fu un agente delle banche internazionali di Shylock e del socialismo fabiano fin dal primo giorno. Organizzò enormi prestiti per sostenere il governo socialista inglese, mandato in bancarotta dalle fallimentari politiche socialiste di quel Paese, mentre il suo stesso popolo faceva la fila per mangiare. Nel 1929, gli stessi interessi stranieri manipolarono il crollo del mercato azionario che fece crollare il prezzo delle azioni di miliardi di dollari, che i predatori poterono poi riacquistare a 10 centesimi di dollaro. Le Federal Reserve Banks hanno orchestrato il crollo attraverso la Federal Reserve Bank di New York. Alle pagine 10949-1050 del Congressional Record, House, 16 giugno 1930, troviamo quanto segue:

> "Più recentemente, il Federal Reserve Board ha reso l'industria americana vittima di un'unica serie di manipolazioni nell'interesse del credito europeo, che ha causato il crollo del mercato azionario e l'attuale depressione industriale. Queste manipolazioni iniziarono nel febbraio del 1929 con la visita in questo Paese del governatore della Banca d'Inghilterra e le sue consultazioni con il capo del Federal Reserve Board; l'oggetto di queste conferenze era la preoccupazione per la situazione finanziaria della Gran Bretagna (scossa dai programmi socialisti che avevano mandato in bancarotta il Paese) e la caduta della sterlina.

> Gli inglesi e i francesi avevano investito 3 miliardi di dollari nel mercato azionario statunitense e l'obiettivo era quello di fermare la fuga dell'oro verso gli Stati Uniti attraverso la frantumazione dei titoli americani. Il loro primo sforzo nel marzo 1929, spinto da proclami pubblici della Federal Reserve (dalla sua filiale di New York) calcolati per spaventare gli investitori, causò un piccolo panico nel mese di marzo. Il secondo sforzo, a partire

---

termine "mercante" si riferisce in realtà all'ebreo della famosa opera. Nde.

dall'agosto 1929, è stato compiuto dalla vendita e dallo shorting degli investitori britannici e francesi da parte dei banchieri americani e dal panico dell'ottobre 1929..."

Le Federal Reserve Banks sono state responsabili del crollo del 1929 e della successiva depressione.

Oggi, nel 1994, il Consiglio della Federal Reserve, sotto la presidenza del socialista Alan Greenspan, sta soffocando la vita della debole economia statunitense, perché i maestri di Greenspan a Londra gli hanno detto di mantenere l'inflazione all'1,5%, anche se ciò significa la perdita di 50 milioni di posti di lavoro. Oggi, la nostra adesione alla Banca Mondiale, alla Banca dei Regolamenti Internazionali e la nostra disponibilità a compromettere la nostra sovranità sottomettendoci ai dettami del Fondo Monetario Internazionale (FMI) sono di cattivo auspicio per il futuro e indicano che il Comitato dei 300 si sta preparando a una nuova guerra mondiale.

In nessuna parte della Costituzione c'è un potere che autorizzi il governo degli Stati Uniti a finanziare le cosiddette banche internazionali, come la Banca Mondiale e il Fondo Monetario Internazionale. Per trovare questo potere, bisogna cercare nell'articolo 1, sezione 8, clausole 1-18, ma sarebbe inutile cercarlo perché non c'è. Non abbiamo il potere costituzionale di consentire il finanziamento di banche straniere, quindi tale azione è illegale.

Guidato dai socialisti britannici, il presidente George Bush ha fatto approvare i disegni di legge sul commercio NAFTA e GATT, che privano gli Stati Uniti della loro sovranità e distruggono posti di lavoro nell'industria e nell'agricoltura, lasciando senza lavoro milioni di americani. Il "commercio mondiale" è un vecchio obiettivo del socialismo fabiano, che si batte fin dal 1910, nel tentativo di rompere la posizione commerciale favorevole degli Stati Uniti e ridurre il tenore di vita dei colletti blu e bianchi americani a quello dei Paesi del terzo mondo.

Tuttavia, Bush ha esaurito il tempo a disposizione e così il testimone della staffetta è passato al Presidente Clinton, che è riuscito ad approvare il "trattato" NAFTA con l'aiuto di 132 "membri progressisti (socialisti) del Partito Repubblicano". Nel 1993, il sogno dei socialisti fabiani del "commercio mondiale" ha fatto un passo da gigante con l'approvazione del NAFTA e la firma dell'Accordo generale sulle tariffe e il commercio (GATT), che ha messo fine alla posizione unica dell'America, capace di offrire un buon tenore di vita e posti di lavoro alla sua straordinaria classe media.

Ci vorrebbe un emendamento alla Costituzione statunitense per rendere legali i trattati NAFTA e GATT. Innanzitutto, non c'è nessuna disposizione o potere nella Costituzione che permetta ai Presidenti Bush e Clinton di agire in modo incostituzionale al 100% coinvolgendosi nei dettagli di questi trattati, che sono esclusivamente di competenza del ramo legislativo. Esiste una proibizione costituzionale che vieta ai tre rami del governo di delegare i propri poteri l'uno all'altro, pagg. 108-116, Congressional Globe, 10 dicembre 1867:

> "Siamo d'accordo sulla proposizione che nessun dipartimento del governo degli Stati Uniti, né il Presidente, né il Congresso, né i tribunali, ha alcun potere che non sia dato dalla Costituzione".

La Costituzione non prevede la rinuncia alla sovranità degli Stati Uniti, ma è quello che hanno fatto i nostri nemici cavalli di Troia quando hanno negoziato direttamente con questi portatori del NAFTA e del GATT di un governo unico mondiale e del nuovo ordine mondiale come parte della loro agenda socialista internazionale.

AIUTI ESTERI

La "vacca sacra" dei socialisti fabiani era ottenere i soldi degli altri (OPM) per finanziare i loro eccessi socialisti. Conosciamo il prestito di 7 miliardi di dollari ideato da John Maynard Keynes per salvare il fallimento della socializzazione del popolo britannico attraverso il Partito Laburista. Sappiamo anche del piano socialista di finanziare altri Paesi stranieri attraverso la legge sugli stanziamenti per l'assistenza all'estero, un evento che costa al popolo americano quasi 20 miliardi di dollari all'anno, in cui facciamo da Babbo Natale ad alcune delle nazioni meno meritevoli del mondo, di cui continuiamo a sostenere le fallimentari politiche socialiste. La Camera e il Senato non fanno nemmeno finta di controllare la costituzionalità delle proposte di legge prima di lasciarle passare in aula. Se facessero bene il loro lavoro, le proposte di legge sugli aiuti all'estero non arriverebbero mai in aula alla Camera e al Senato. Si tratta di un crimine contro il popolo americano, che potrebbe essere definito sedizione.

Gli aiuti all'estero hanno un duplice scopo: destabilizzare l'America e aiutare il Comitato dei 300 a ottenere il controllo delle risorse naturali dei Paesi finanziati con la coercizione dei contribuenti americani. Certo, ci sono Paesi che non hanno risorse naturali, come Israele e l'Egitto, ma in questi casi l'aiuto estero diventa una considerazione geopolitica, ma resta comunque una servitù involontaria o una schiavitù. Gli aiuti all'estero sono iniziati seriamente con il presidente Roosevelt, quando ha dato circa 11 miliardi di dollari alla Russia bolscevica e 7 miliardi di dollari al governo del partito laburista britannico.

La Costituzione degli Stati Uniti prevede qualche attribuzione di potere per questo straordinario dono annuale?

La risposta è "NO" e ci vorrebbe un emendamento costituzionale per rendere legale l'aiuto all'estero, ma è dubbio che tale emendamento possa essere redatto in modo adeguato, poiché l'aiuto all'estero viola la clausola che vieta la schiavitù (servitù involontaria). Per dirla senza mezzi termini, gli aiuti all'estero sono tradimento e sedizione. I membri della Camera e del Senato lo sanno, il Presidente lo sa, ma questo non ferma il furto annuale di miliardi di dollari ai lavoratori americani. Gli aiuti esteri sono un furto. Gli aiuti esteri sono una servitù involontaria. Gli aiuti all'estero sono il socialismo in azione.

LA CLASSE MEDIA

Tra tutte le persone più odiate dai socialisti/comunisti marxisti/fabiani e dai loro cugini americani, nessuna supera l'unica classe media americana, che è stata a lungo la rovina dell'esistenza del socialismo. È stata la classe media a rendere l'America la potente nazione che è diventata. Le guerre commerciali erano e sono dirette contro la classe media, personificata dalla cosiddetta "economia globale". Gli sforzi criminalmente degenerati dei presidenti Wilson e Roosevelt, e successivamente di Carter, Bush e Clinton, per abbattere le barriere commerciali che hanno sviluppato e protetto la classe media sono raccontati in altre parti di questo libro. In questo capitolo vogliamo esaminare la situazione della classe media a metà del 1994.

La classe media è il più grande trionfo sociale del XX secolo per la nostra Repubblica Confederata, che fino al 1913 era ben gestita. Nata da solide politiche monetarie, barriere commerciali e protezionismo, la classe media è stata il baluardo contro tutte le speranze di Karl Marx di portare la rivoluzione in America, che sono state disattese. L'espansione della classe media, iniziata seriamente tra il momento in cui Andrew Jackson mise al bando la banca centrale e la Guerra Civile, continuò fino alle due guerre mondiali. Ma dal 1946 qualcosa è andato storto. Abbiamo spiegato altrove la guerra condotta dal 1946 dal Tavistock Institute contro la classe media americana, una guerra che stiamo perdendo di misura.

L'uguaglianza dei colletti blu in posti di lavoro industriali ben pagati e con un futuro sicuro è stato il primo obiettivo del piano di crescita zero post-industriale del Club di Roma per la distruzione della nostra base industriale. Gli operai godevano di un reddito pari a quello degli impiegati e insieme formavano una formidabile classe media, non la "classe operaia" dei Paesi socialisti europei. Questo è stato IL fatto politico riconosciuto dai socialisti come un grande ostacolo ai loro piani di rovina dell'America. Quindi l'industria, che sosteneva la classe media, doveva essere sventrata, ed è stata, ed è tuttora, fatta a pezzi, sezione per sezione, con il NAFTA e il GATT a fare il lavoro sporco di smembramento.

Una cosa che ho sempre sottolineato è che i socialisti non si arrendono mai. Una volta fissati i loro obiettivi, li perseguono con una tenacia quasi spaventosa. Ho fatto risalire il declino del potere economico e politico della classe media ai primi anni Settanta, dopo l'attuazione del piano di crescita zero post-industriale del Club di Roma. Nel 1973, le fondamenta su cui era stata costruita la classe media hanno iniziato a mostrare seri segni di cedimento, con il crollo delle prospettive di occupazione e di reddito. Tanto che nel 1993, per la prima volta, la perdita di posti di lavoro tra gli impiegati ha eguagliato quella degli operai. Dagli anni '70, e in particolare dal 1980, l'Ufficio di statistica ha segnalato il crollo dei redditi della classe media.

Ciò che il socialismo ha ottenuto attraverso la distruzione delle barriere commerciali, l'aumento delle tasse e il continuo assalto al posto di lavoro è la nascita di una nuova classe in America, quella dei lavoratori poveri. Milioni e milioni di ex operai e impiegati sono letteralmente caduti nelle crepe che si sono aperte nelle fondamenta, un tempo solide, del commercio protettivo della classe media, basato sull'occupazione industriale. La classe media ha finito per essere costituita dagli oltre 60 milioni di americani, pari a circa il 23% della popolazione, che possono essere accuratamente descritti come lavoratori poveri, coloro il cui reddito è insufficiente a coprire il costo delle necessità di base della vita (eppure possiamo permetterci di dare 20 miliardi di dollari in "aiuti all'estero" agli stranieri).

Uno dei colpi più distruttivi per la classe media nella guerra commerciale è stata la cosiddetta carenza di petrolio generata dal conflitto arabo-israeliano del 1973, deliberatamente pianificato e combinato con la guerra alle centrali nucleari. I socialisti hanno chiuso l'energia nucleare - la forma di energia più economica, sicura e meno inquinante - e hanno fatto sì che il nostro cuore industriale battesse sul petrolio - meglio ancora, sul petrolio importato. Se il programma di energia nucleare di questo Paese non fosse stato completamente distrutto dalle truppe d'assalto "verdi" controllate dai socialisti, il Paese non avrebbe più bisogno di importare petrolio, che è così dannoso per la nostra economia in generale e per la nostra bilancia dei pagamenti in particolare. Inoltre, chiudendo le centrali nucleari, i socialisti hanno eliminato circa un milione di posti di lavoro all'anno.

L'aumento del costo del petrolio, alimentato dalla guerra arabo-israeliana e dalla perdita dell'energia nucleare, ha abbassato la produttività, che a sua volta ha portato a un calo significativo dei salari, con un impatto sull'economia, in quanto i salari più bassi scoraggiano la spesa. Dal 1960 in poi, vediamo che il reddito familiare mediano è aumentato di quasi il 3% all'anno fino alla guerra arabo-israeliana del 1973. Non c'è dubbio che Kissinger intendesse questo quando ha detto che la guerra ha avuto un impatto sull'economia statunitense molto maggiore di quanto si pensasse inizialmente.

Dal 1974, i salari reali degli operai e degli impiegati sono diminuiti del 20%. Nel 1993, il numero di lavoratori costretti ad accettare lavori part-time da impieghi operai a tempo pieno è quasi raddoppiato rispetto all'anno precedente. Allo stesso modo, i colletti bianchi con un lavoro stabile nel settore industriale sono diventati "permanenti temporanei" in numero sempre maggiore. Il numero di ex operai temporanei si aggira oggi intorno al 9%, mentre gli impiegati della stessa categoria rappresentano circa il 10% della forza lavoro totale. Le fondamenta su cui poggiava la classe media non solo si sono incrinate e affondate, ma hanno iniziato a disintegrarsi del tutto.

Sebbene le statistiche governative ammettano solo un tasso di disoccupazione medio tra il 6,4% e il 7%, il tasso reale è più vicino al 20%. Con la riduzione dei contratti di difesa, la perdita stimata di 35 milioni di posti di lavoro è la realtà della situazione, se si tiene conto dell'impatto del NAFTA e del GATT sul mercato del lavoro. Si prevede che l'industria tessile della Carolina del Nord perderà due milioni di posti di lavoro nel secondo anno di piena operatività del GATT.

Irving Bluestone dell'Institute for Policy Studies afferma che la sua indagine sui posti di lavoro stabili legati all'industria, l'unica fonte di salario per sostenere una famiglia della classe media, ha rilevato che dal 1978 al 1982 sono stati persi 900.000 posti di lavoro industriali ben retribuiti ogni anno, ovvero quasi 5 milioni di posti di lavoro di qualità per colletti blu in cinque anni. Non ci sono altre statistiche di natura simile che coprano il periodo 1982-1994, ma se prendiamo la stessa cifra, 900.000 - e sappiamo che la cifra è più alta - allora è ragionevole supporre che in 12 anni il numero di questi posti di lavoro persi, che non torneranno mai più, ammonti a 10 milioni di posti di lavoro industriali ben retribuiti a lungo termine. Ora cominciamo a conoscere le cifre reali della disoccupazione e non solo, abbiamo anche il quadro reale dei posti di lavoro di QUALITÀ persi per sempre, grazie all'assalto del Club di Roma e del Tavistock Institute al posto di lavoro americano.

Il Presidente Clinton pagherà un prezzo per la sua guerra commerciale contro il popolo americano, e questo prezzo includerà un solo mandato. La Clinton ha optato per un'economia globale, che inevitabilmente significa precarietà del lavoro in America. La rimozione dell'ultima barriera commerciale da parte del GATT ha spinto la nostra economia nel vortice del calo della spesa, causa dell'aumento della disoccupazione. Clinton sta imparando a sue spese che non si può avere la botte piena e la moglie ubriaca. Economia globale + riduzione del deficit = ENORME PERDITA DI POSTI DI LAVORO. Non c'è modo che il Paese possa sopportare altri quattro anni di amministrazione socialista di Clinton, con una marea crescente di posti di lavoro temporanei e a bassa retribuzione che sommergono i vecchi posti di lavoro industriali a lungo termine e ben retribuiti.

La classe media sta scomparendo, ma la sua voce può ancora essere ascoltata e il suo messaggio deve essere "al diavolo l'economia globale e la riduzione del deficit". VOGLIAMO POSTI DI LAVORO BEN PAGATI, STABILI E A LUNGO TERMINE! "

Sebbene gli Stati Uniti siano stati costretti solo di recente a integrarsi in un'economia globale, i danni sono chiaramente visibili: centinaia di aziende solide e stabili sono state costrette a licenziare in massa personale qualificato.

Quello che abbiamo oggi nel 1994 - e che si è sviluppato dopo la guerra arabo-israeliana - è un'economia da Wall Street a Las Vegas. Le azioni di McDonald's sono alte, ma girare hamburger non può sostituire un lavoro industriale ben pagato e a lungo termine. Quindi, mentre le azioni di McDonald's vanno bene a Wall Street, gli Stati Uniti possono accontentarsi di un'economia in cui i posti di lavoro ben retribuiti stanno diventando una specie in via di estinzione? Secondo un articolo del *Los Angeles Times*, nel 1989 un posto di lavoro americano su quattro era part-time, un aumento spaventoso rispetto ai dati del 1972, ma nel 1993 il rapporto era di uno su tre, ovvero un terzo di tutti i posti di lavoro negli Stati Uniti. Il punto è che nessuna nazione industriale può sopravvivere al tasso di riduzione dei posti di lavoro industriali ben pagati senza precipitare in un abisso di distruzione.

Gli Stati Uniti stanno perdendo la battaglia contro le forze del socialismo guidate dal Tavistock Institute. Nei prossimi due anni ci troveremo di fronte a un drammatico aumento della concorrenza imposto dall'"economia globale", dove nazioni con milioni di persone semi-analfabete impareranno a produrre beni a prezzi da schiavi. Cosa farà allora la forza lavoro statunitense? Ricordiamo che questo è il risultato logico delle politiche attuate da Woodrow

Wilson, politiche che erano state concepite per distruggere il mercato interno statunitense. La nostra manodopera industriale qualificata sarà presto perseguitata dallo spettro della disoccupazione totale e vedremo questi lavoratori aggrapparsi a qualsiasi tipo di lavoro per evitare che il loro tenore di vita si riduca o, semplicemente, per mantenere il pane in tavola.

La Clinton ha fatto una campagna elettorale con promesse alla classe media. Quanti disoccupati ricordano il suo discorso "I ricchi hanno la miniera d'oro e i lavoratori l'albero"? Questo prima che gli venisse ordinato di incontrare Jay Rockefeller e Pamela Harriman che gli dissero senza mezzi termini: "Stai trasmettendo il messaggio sbagliato". Il DEFICIT è il messaggio da trasmettere". Poi Clinton ha improvvisamente iniziato a predicare il vangelo socialista della riduzione del deficit, per non dire che si poteva fare solo a costo di milioni di posti di lavoro.

Poi Clinton ha fatto l'altra cosa che i socialisti sanno fare: ha promesso che il governo avrebbe rimodellato tutto. Ma l'ansia è cresciuta; Clinton non è riuscito a convincere i lavoratori che un deficit più basso è meglio della piena occupazione. Un recente sondaggio ha mostrato che il 45%-26% degli americani ritiene che la disoccupazione sia un problema più grande del deficit. Clinton ci ha anche detto che stavamo godendo di una ripresa, ma questo non corrisponde alla realtà, perché contrariamente alla tendenza normale, quando la ripresa significa meno persone che svolgono lavori part-time involontari e meno retribuiti, questa volta la percentuale è aumentata. Nel 1993, c'erano più di 6,5 milioni di persone che svolgevano lavori temporanei meno retribuiti.

Per quanto riguarda la tanto decantata affermazione che l'amministrazione Clinton ha creato 2 milioni di posti di lavoro l'anno scorso, va notato che il 60% di questi posti di lavoro erano nei ristoranti, nell'assistenza sanitaria, nei bar, negli alberghi (fattorini, portieri, addetti alle porte). La spinta a "globalizzare" (leggi: distruggere) il mercato interno statunitense, iniziata da Woodrow Wilson, ha ingranato la marcia con Clinton. I risultati drammatici di questo programma distruttivo possono essere misurati come segue:

- Nel settore automobilistico, le importazioni sono aumentate dal 4,1% al 68% tra il 1960 e il 1986.

- Le importazioni di abbigliamento sono aumentate dall'1,8% nel 1960 al 50% nel 1986.

- Le importazioni di macchine utensili sono aumentate dal 3,2% nel 1960 al 50% nel 1986.

- Le macchine utensili sono il più importante indicatore dell'economia reale di una nazione industriale.

- Le importazioni di prodotti elettronici sono passate dal 5,6% del mercato nel 1960 al 68% del mercato nel 1986.

I socialisti fabiani, con le loro false promesse di "economia globale", hanno completamente minato gli Stati Uniti, la più grande nazione industriale che il mondo abbia mai conosciuto. La tragedia contenuta in queste cifre si traduce in MILIONI di posti di lavoro stabili, a lungo termine e ben retribuiti, ora persi per sempre, sacrificati sull'altare del sogno del socialismo fabiano di un governo mondiale - la dittatura del Nuovo Ordine Mondiale. I lavoratori americani sono stati ingannati dai Presidenti Wilson, Roosevelt, Kennedy, Johnson, Bush e Clinton, che hanno commesso congiuntamente e in solido un alto tradimento nei confronti degli Stati Uniti. Come risultato di questa politica traditrice da parte di una successione di presidenti, gli investimenti nazionali, pubblici e privati, si sono dimezzati tra il 1973 e il 1986, eliminando milioni di posti di lavoro a lungo termine e ben retribuiti.

Attualmente, a metà del 1994, a parte i patetici slogan offerti dai candidati di entrambi i partiti, la crisi della classe media non è stata e non viene affrontata. Ciò non significa che i politici non ne siano consapevoli. Al contrario, sentono ogni giorno i loro elettori, sempre più arrabbiati per problemi che non capiscono, una rabbia che li lascia con poca pazienza per l'incapacità del governo di Washington di controllare i problemi che li colpiscono così drasticamente. I politici non faranno nulla per trovare soluzioni alle crisi, perché le soluzioni disponibili sono contrarie al piano dittatoriale di crescita zero post-industriale del Club di Roma. Qualsiasi sforzo per attirare l'attenzione nazionale sul disastro della classe media sarà soffocato prima ancora di iniziare.

Non c'è nessun'altra crisi che possa essere paragonata alla crisi della classe media. L'America sta morendo. Coloro che potrebbero cambiare le cose non vogliono o hanno paura di farlo, e la situazione continuerà a peggiorare fino a quando il paziente sarà malato terminale, un punto che sarà presto raggiunto, probabilmente in meno di 3 anni. Eppure non si presta attenzione a questo cambiamento, che è il più importante e che si confronta davvero con i massicci cambiamenti apportati dalla guerra civile. Le ultime elezioni hanno rispecchiato la situazione dell'affluenza alle urne: la gente era stanca di votare senza vedere alcun risultato. Lo stato di crisi degli Stati Uniti permane, quindi perché prendersi il tempo e la fatica di votare? Non c'è fiducia nel futuro dell'America: ecco cosa provoca nello spirito umano la mancanza di un lavoro significativo o di un impiego.

Dagli anni '30, gli assetati di potere hanno continuato a prendere sempre più potere. Il Partito Comunista Americano, noto anche come "Partito Democratico", fece in modo che il suo presidente socialista Roosevelt riempisse la Corte Suprema di giudici che vedevano la Costituzione come un mero strumento da torcere e schiacciare per adattarsi ai programmi socialisti. Il 10° Emendamento divenne il loro pallone da calcio, che potevano calciare. Ho analizzato le principali decisioni della Corte Suprema da quando è stato creato questo "magazzino" e ho scoperto che la Corte non ha mai, in un solo caso, impedito agli assetati di potere di prendere ciò che volevano.

I diritti degli Stati sono stati calpestati dalla corsa di Roosevelt e ciò continua ancora oggi. A partire dall'amministrazione Roosevelt, il governo ha ampliato e contratto la Costituzione come un fisarmonicista che suona la melodia giusta. Ciò che la Corte Suprema ha fatto, e continua a fare, è ridistribuire i diritti e i poteri conferiti a noi, il popolo, a favore del governo federale. Ecco perché siamo di fronte alla morte imminente della classe media e alla distruzione della Costituzione degli Stati Uniti.

È necessario un programma urgente che dia una svolta al Paese e salvi la classe media. Un tale programma richiederebbe la totale sconfitta del Partito Democratico, che ha mentito e ingannato il popolo americano fin dall'amministrazione Wilson: un programma educativo che abolirebbe il socialismo nella sua interezza, abolirebbe la falsa e incostituzionale "separazione tra Stato e Chiesa", ripulirebbe la Corte Suprema (che potrebbe essere chiusa nel processo), chiuderebbe la Federal Reserve ed eliminerebbe il debito nazionale.

Quando Warren G. Harding fu eletto alla Casa Bianca, gli Stati Uniti erano nel caos come oggi. Il credito era sovraccarico, la Federal Reserve manipolava selvaggiamente la valuta e provocava l'inflazione con i conseguenti fallimenti delle imprese. I prezzi delle materie prime erano stati artificialmente abbassati dalle pressioni estere e la disoccupazione era dilagante. Il debito nazionale creato dalla Federal Reserve è salito alle stelle. Siamo ancora in guerra con la Germania, un espediente per estorcere ulteriori "risarcimenti" a quel Paese. Le tasse di Wilson sono ai massimi storici.

Appena entrato in carica, Harding stilò un elenco dei problemi dell'America e obbligò il Congresso a rimanere in sessione per due anni per risolverli. Harding affrontò i banchieri internazionali Shylock e i loro alleati di Wall Street. Disse ciò che Gesù Cristo aveva detto prima di lui: "Vi caccerò dal tempio". Harding disse ai banchieri di Shylock che non ci sarebbero stati più intrecci con l'estero, né guerre straniere, né debito nazionale, "l'ultimo dei quali ha quasi distrutto la Repubblica".

Harding attenua la stretta creditizia ed emette nuove tasse tariffarie che proteggono le industrie locali. I dipendenti pubblici vengono ridotti al minimo e viene stabilito un budget. L'immigrazione è limitata per proteggere i nostri confini dalle orde di anarchici che arrivano dall'Europa dell'Est e per proteggere il nostro mercato del lavoro. Harding istituì nuove norme fiscali che ridussero le imposte sul reddito di centinaia di milioni di dollari ogni anno, firmò un trattato di pace con la Germania e disse alla Società delle Nazioni di levare le tende e lasciare le nostre coste.

Ma Harding non visse per godere delle sue brillanti vittorie sui Filistei, che aveva cacciato dal nostro campo in totale disordine.

Il 20 giugno 1923, durante un viaggio politico in Alaska, si ammala e muore. La sua morte è stata causata da un'insufficienza renale, il segno più evidente che gli è stato in qualche modo somministrato un potente veleno. Abbiamo bisogno di un uomo come Warren Harding, il cui coraggio non conosceva limiti. Dobbiamo cercare e trovare il "nuovo Warren Harding" che ripristinerà i programmi che avrebbero salvato l'America dalla mostruosa morsa dei malvagi socialisti.

L'assurdo concetto di "riduzione del deficit è il re" deve essere messo in prospettiva. Se domani il deficit fosse pari a zero, la crisi della classe media non sarebbe alleviata. Persino il programma di investimenti pubblici da 50 miliardi di dollari di Clinton è stato dimenticato. Lo sventramento delle nostre industrie da parte di Wall Street deve essere fermato, il che significa smascherare gli gnomi del mercato obbligazionario. Le barriere commerciali erette da Washington e mantenute da Lincoln, Garfield e McKinley devono essere ripristinate. Occorre fare uno sforzo per educare l'opinione pubblica sugli effetti che hanno sulla nostra economia le importazioni illimitate e non tassate di beni, note anche come "libero scambio". Ciò consentirebbe un drammatico ritorno alla piena occupazione, ma porterebbe anche la nazione a un confronto diretto con le potenze straniere che gestiscono il Paese.

Il "nuovo mondo coraggioso" della Clinton è privo di sostanza. Non ci sono mercati esteri per i prodotti americani, e non ce ne sono sempre stati. L'unica cosa che è cambiata con l'"economia globale" è che le nostre difese sono state violate e le merci importate si sono riversate attraverso i buchi delle dighe. Questa è la causa principale della crisi della classe media. Mentre i produttori americani erano sempre stati in grado di soddisfare la crescente domanda locale con posti di lavoro stabili per colletti blu e bianchi, la nostra posizione divenne insostenibile quando Wilson dichiarò che non dovevamo avere paura della "concorrenza"! "Nel 1913, gli Stati Uniti avevano un mercato chiuso con piena occupazione, un'economia in crescita e una prosperità a lungo termine, le entrate doganali pagavano i conti del governo fino al 1913, quando i socialisti fecero in modo che Wilson abbattesse le dighe che proteggevano il nostro standard di vita.

In un mercato chiuso, i nostri produttori potevano permettersi di pagare buoni salari: così facendo, creavano potere d'acquisto e domanda effettiva per i loro prodotti, il che significava piena occupazione, sicurezza del lavoro a lungo termine. Tutto ciò che i presidenti socialisti (democratici), da Wilson a Clinton, hanno offerto ai lavoratori americani è una magra possibilità di vendere qualche prodotto alla Cina, al Giappone o all'Inghilterra, in cambio di un qualche tipo di lavoro a bassa retribuzione, in modo che, a poco a poco, soprattutto con l'attuazione del NAFTA e del GATT, essi accettino un costante declino del loro tenore di vita e siano grati per l'opportunità di lavorare in un qualsiasi lavoro, qualunque esso sia. Questo si chiama "libero scambio". È il futuro della classe media americana.

L'effetto netto del "libero commercio in un'economia globale" sarà la scomparsa della classe media americana (impiegati, operai e impiegati), la classe che ha reso grande l'America. Le aziende Fortune 500 hanno licenziato più di 5 milioni di lavoratori della classe media negli ultimi 13 anni. È possibile che un futuro leader reagisca in modo allarmante quando la portata della devastazione della classe media diventerà più evidente. A quel punto, l'unica alternativa per il leader di quella nazione sarà quella di arginare la marea del "libero scambio", il che significa un ritorno a dure barriere commerciali. Sarà una sconfitta umiliante per i socialisti che dirigono il Partito Democratico, ma che dovranno accettare se non vogliono che l'America diventi come la Russia: proprietà e diseredati.

Per riassumere la tragedia che ha colpito l'America: una società globale significa una società senza classe media in America. Il "libero scambio" ha già eroso il tenore di vita della classe media al punto che non è più paragonabile a quello del 1969. La classe media americana non è stata creata dal "libero scambio" o da una "economia globale". La classe media è stata creata dalle barriere commerciali e da un mercato protetto e sicuro per i beni prodotti localmente. Le barriere commerciali non hanno creato inflazione. Da Woodrow Wilson in poi, una successione di presidenti ha mentito al popolo americano e in genere è riuscita a far accettare questa palese menzogna come verità.

Il socialismo è un fallimento abissale. Al di là dei pii luoghi comuni sull'arricchimento della vita della gente comune, l'unico scopo del socialismo è sempre stato quello di schiavizzare le persone e di portare gradualmente alla nuova era oscura di un unico governo mondiale - il Nuovo Ordine Mondiale. Anche quando era sotto il totale controllo del governo britannico, e nonostante i miliardi di dollari di "aiuti esteri" versati dall'America al Tesoro britannico per sostenere i programmi socialisti, il socialismo si è rivelato un colossale fallimento.

La Svezia è uno dei Paesi che ha scelto di seguire il percorso fabiano. Abbiamo già incontrato gli idealisti socialisti, Gunnar

Myrdal e sua moglie, che hanno avuto un ruolo fondamentale nello smantellamento dell'istruzione in America. Per oltre 50 anni, Stoccolma è stata l'orgoglio dei socialisti di tutto il mondo. Myrdal è stato per molti anni ministro del governo svedese e ha svolto un ruolo di primo piano nell'introduzione del socialismo in Svezia, i cui leader erano soddisfatti di aver dimostrato che il socialismo funziona.

A partire dagli anni '30, la Svezia è stata sinonimo di socialismo. Tutti i politici, indipendentemente dal partito, erano socialisti convinti, le loro differenze erano solo di grado e non di principio. I socialisti francesi, britannici, indiani e italiani accorrono a Stoccolma per studiare il "miracolo" in atto. Il fondamento dello Stato socialista svedese era il suo programma di welfare. Ma a che punto è l'orgoglioso socialismo svedese oggi, nel 1994? Beh, non è proprio in piedi, è più simile alla Torre di Pisa, che si inclina sempre più verso il capitalismo ogni mese che passa.

I politici svedesi stanno imparando che gli elettori non votano in modo altruistico e che l'era del socialismo ideale è morta e deve solo essere seppellita. I socialisti svedesi che hanno interferito palesemente nella politica sudafricana e hanno manifestato contro il coinvolgimento degli Stati Uniti in Vietnam stanno scoprendo che il loro vocabolario socialista è superato in un Paese in cui tutto è andato a rotoli. I socialisti svedesi si sedettero per discutere del socialismo internazionale, solo per scoprire che il loro ospite se n'era andato con l'argenteria. La Svezia è stata vittima delle bugie e delle false promesse del socialismo. Oggi il Paese è allo sbando economico e la Svezia impiegherà cinquant'anni per riprendersi, ammesso che le venga permesso di farlo. La Gran Bretagna è stata distrutta dal socialismo molto tempo fa. Ora è il turno dell'America. Gli Stati Uniti possono sopravvivere a un'overdose quasi mortale di veleno socialista, somministrato dal Partito Socialista Comunista Democratico degli USA? Solo il tempo potrà dirlo, e il tempo è ciò che la classe media americana, composta da colletti blu, colletti bianchi e impiegati, non ha più.

In tutti i programmi delle presidenze Wilson, Roosevelt, Kennedy, Johnson, Carter, Bush e Clinton è implicito, anche se non esplicitamente, che la socializzazione degli Stati Uniti è il grande obiettivo verso cui il socialismo è diretto. Questo sarà realizzato attraverso nuove forme di proprietà, il controllo della produzione - il che significa che la scelta di distruggere gli impianti industriali è loro - è essenziale se i socialisti vogliono portare avanti il loro piano per spostare gli Stati Uniti, e poi il resto del mondo, sempre più rapidamente e sicuramente verso un governo unico mondiale, un nuovo ordine mondiale della nuova era oscura della schiavitù totale.

L'immagine assolutamente falsa che i socialisti hanno dipinto di sé come un'organizzazione benigna e amichevole il cui unico interesse è migliorare la sorte della gente comune non è corretta... Il socialismo ha un'altra faccia brutale e feroce, che la storia rivela non esiterà a uccidere se è necessario per socializzare gli Stati Uniti.

Niente può descrivere meglio il lato malvagio del socialismo dell'affermazione di Arthur Schlesinger: "Non so perché il presidente Eisenhower non liquida Joe McCarthy come Roosevelt fece con Huey Long". Il "crimine" di Huey Long era quello di amare veramente l'America e tutto il suo popolo, il primo politico americano a comprendere appieno ciò che Roosevelt stava facendo all'America. Huey Long si è schierato a favore della classe media, che vedeva giustamente come il bersaglio dei socialisti, e ha parlato contro il socialismo in ogni occasione possibile.

La macchina socialista/marxista/comunista degli Stati Uniti esprime grande odio per Long, definendolo "la personificazione della minaccia fascista - l'uomo che più probabilmente diventerà l'Hitler o il Mussolini d'America". Il popolo americano era così desideroso di un portavoce della sua situazione che si pensava che Long ricevesse fino a 100.000 lettere al giorno. Roosevelt si infuriò alla menzione del nome di Huey Long e temette che Long gli sarebbe succeduto come prossimo Presidente degli Stati Uniti.

Una bufera di propaganda socialista si abbatte su Huey Long. Mai prima d'ora una campagna di odio totale senza precedenti era stata diretta contro un singolo individuo; era spaventosa, era impressionante. Roosevelt fu colto da crisi quasi epilettiche ogni volta che Huey Long rivelava nuove verità sui programmi socialisti che Roosevelt stava per imporre. Huey Long attacca gli "accordi" socialisti britannici di stampo fabiano di Roosevelt, esortando il popolo a: "Sfidate questo tipo di autocrazia, sfidate la tirannia". Roosevelt cerca di far impeachment a Long per evasione fiscale, ma Long ne esce indenne.

Al campo di Roosevelt rimase solo un'opzione: "Assassinare Huey Long". La causa della profonda preoccupazione fu la mossa di Long di affermare i diritti degli Stati. Rifiutò il cosiddetto "denaro federale" e disse a un pubblico entusiasta in Louisiana che avrebbe citato in giudizio il governo federale e ottenuto un'ingiunzione per rimuovere tutte le agenzie federali e i loro uffici dai confini dello Stato della Louisiana. Roosevelt si spaventò: si trattava di un'azione che il governo federale temeva quotidianamente, un'azione che avrebbe potuto spazzare via gli Stati e ridurre le funzioni del governo federale fino a farlo operare entro i confini dei primi 10 emendamenti della Costituzione degli Stati Uniti, con le ali tarpate e le agenzie confinate nel Distretto di Columbia.

"Sfidate questo tipo di autocrazia, sfidate questo tipo di tirannia", gridò Long quando scoprì che il governo federale stava cercando di bloccare la vendita di obbligazioni statali della Louisiana, obbligazioni che avrebbero fornito le entrate necessarie allo Stato per sostituire i "fondi federali" che aveva ordinato allo Stato di non accettare. Nel 1935, quando Roosevelt era nervoso come un gatto su un albero, Long si recò a Baton Rouge per visitare il suo amico, il governatore Allen. Mentre lascia l'ufficio del governatore, un uomo gli spara. L'aggressore, un amico intimo di Roosevelt, era il dottor Carl Weiss, che fu colpito dalle guardie di Long, troppo tardi per salvarlo, e Weiss giaceva morto.

Huey Long fu portato in ospedale, dove rimase in bilico tra la vita e la morte. Nel suo stato di quasi morte, Long ebbe la visione di americani di ogni estrazione sociale che avevano bisogno della sua guida. Gridò a Dio: "Oh Signore, hanno bisogno di me. Ti prego, non lasciarmi morire. Ho così tanto da fare, Dio, ho così tanto da fare". Ma Long muore, colpito da un assassino socialista. Lincoln, Garfield, McKinley, tutti hanno cercato di proteggere l'America dalle devastazioni dei socialisti, tutti hanno pagato con la vita. Come il deputato L.T. McFadden, il senatore William Borah, il senatore Thomas D. Schall e il presidente Kennedy, dopo aver rinunciato al socialismo.

Il socialismo è molto più pericoloso del comunismo, a causa della sua intrinseca e malvagia lentezza nell'imporre cambiamenti drastici e indesiderati al popolo degli Stati Uniti. C'è solo un modo per superare questa minaccia violenta e pericolosa, ed è che l'intero popolo sia educato al punto da riconoscere ciò che sta affrontando e rifiutare il socialismo, spalla a spalla. Questo può e DEVE essere fatto. "I numeri fanno la forza". Ci sono più patrioti che socialisti. Abbiamo solo bisogno di una leadership e di un popolo istruito che si opponga con fermezza alla feroce tirannia che ogni presidente, da Woodrow Wilson in poi, ha contribuito a legare al nostro collo. I socialisti non possono ucciderci tutti! Alziamoci e colpiamo i Filistei in una dimostrazione di grande unità. Abbiamo il potere costituzionale di farlo.

EPILOGO

Gli americani e il mondo intero hanno aspettato che il martello del comunismo colpisse, non rendendosi conto che il socialismo rappresentava un pericolo maggiore per uno Stato nazionale repubblicano come il nostro. Chi, nell'era della Guerra Fredda, temeva il socialismo? Il numero di scrittori, commentatori e previsori che lo hanno affermato si può contare sulle dita di una mano. Nessuno pensava che il socialismo fosse qualcosa di cui preoccuparsi.

I comunisti ci hanno giocato un grande scherzo, tenendo gli occhi collettivi fissi su Mosca mentre i danni più terribili venivano fatti in patria. Nei venticinque anni in cui ho scritto, ho sempre sostenuto che il pericolo maggiore per il futuro benessere della nostra nazione risiede a Washington, non a Mosca. L'"impero del male" di cui parlava l'ex presidente Reagan non è Mosca, ma Washington e la camarilla socialista che la controlla.

Gli eventi della fine del XX secolo confermano l'esattezza di questa affermazione. Nel 1994 abbiamo un socialista al timone della nazione, abilmente assistito da un Partito Democratico che ha abbracciato il comunismo/socialismo nel 1980, e con oltre l'87% dei Democratici alla Camera e al Senato che mostrano i loro colori socialisti, i tentativi del popolo di cambiare il corso della nazione attraverso le urne non vanno da nessuna parte.

La popolazione mondiale "in eccesso" - compresi gli Stati Uniti - è già stata decimata da virus mutanti prodotti in laboratorio che stanno uccidendo centinaia di migliaia di persone. Questo processo sarà accelerato, secondo il piano genocida Global 2000 del Club di Roma, quando le mafie avranno compiuto la loro missione. Gli esperimenti iniziati in Sierre Leone con i virus mutanti della febbre di Lassa e della visna media vengono completati nei laboratori dell'Università di Harvard nell'agosto 1994. Un nuovo virus, ancora più letale dell'AIDS, sta per essere rilasciato.

I nuovi virus influenzali sono già stati rilasciati e sono mortalmente efficaci. Si dice che questi virus influenzali mutanti siano più efficaci del 100% rispetto ai virus dell'"influenza spagnola" testati sulle truppe francesi in Marocco negli ultimi giorni della Prima Guerra Mondiale. Come i virus della febbre di Lassa, il virus dell'"influenza spagnola" andò fuori controllo e, nel 1919, aveva colpito il mondo e ucciso più persone di tutte le vittime militari di entrambe le parti della Prima guerra mondiale. Nulla poteva fermarlo. Negli Stati Uniti le perdite sono state spaventose. Una persona su sette nelle principali città americane è stata uccisa dall'"influenza spagnola". Le persone si sono ammalate al mattino, soffrendo di febbre e stanchezza debilitante. Nel giro di un giorno o due, morirono a milioni.

Chi può sapere quando colpiranno i nuovi virus influenzali mutanti? Nel 1995 o forse nell'estate del 1996? Nessuno lo sa. Anche l'Ebola, il cui nome corretto è "Ebola Zaire", dal nome del Paese africano dello Zaire, dove è comparso per la prima volta, è in attesa dietro le quinte. L'ebola non può essere fermata; è un killer spietato, che agisce rapidamente e lascia le sue vittime orribilmente deformate e sanguinanti da ogni orifizio del corpo. Recentemente, l'Ebola Zaire è comparsa negli Stati Uniti, ma i media e i Centri per il Controllo delle Malattie ne hanno parlato poco. Presso l'Istituto di Ricerca Medica dell'Esercito degli Stati Uniti sono stati condotti esperimenti di ricerca sull'Ebola e su altri germi molto pericolosi.

Qual è lo scopo di scatenare questi terribili virus killer? Il motivo addotto è il controllo della popolazione e, se leggiamo le dichiarazioni di Lord Bertrand Russell, Robert S. McNamara e H.G. Wells, i nuovi virus killer sono proprio ciò che questi uomini hanno detto che sarebbero stati. Agli occhi del Comitato dei 300 e della camarilla socialista, ci sono semplicemente troppe persone indesiderabili sulla terra.

Ma questa non è l'intera storia. La vera ragione di un genocidio di massa pianificato su scala globale è creare un clima di instabilità. Per destabilizzare le nazioni, per far battere i cuori delle persone con la paura. La guerra fa parte di questo piano e nel 1994 la guerra è ovunque. Non c'è pace sulla terra. Piccole guerre infuriano in quella che era l'Unione Sovietica; nell'ex Jugoslavia continua la guerra tra fazioni create artificialmente dai socialisti britannici. Il Sudafrica non sarà mai più la terra di pace che era un tempo; l'India e il Pakistan non sono lontani. Questo è il risultato di anni e anni di attenta pianificazione socialista.

Oggi ci sono 100 nazioni in più rispetto al 1945. La maggior parte di essi è costruita su un'alleanza lasca di divisioni tribali-etniche con differenze religiose e culturali. Non sopravviveranno, essendo stati creati e accantonati in attesa del processo di destabilizzazione. Gli Stati Uniti sono spinti verso divisioni simili da un'intelligente pianificazione socialista a lungo termine. Nel 1994, l'America è pronta a essere dilaniata dalle differenze razziali, etniche e religiose. L'America ha smesso da tempo di essere "una nazione sotto la mano di Dio". Nessuna nazione può sopravvivere alle differenze culturali, soprattutto quando la lingua e la religione giocano un ruolo cruciale.

I socialisti si stanno muovendo attraverso il Presidente Clinton per sfruttare questa realtà, che cerchiamo di nascondere ogni 4 luglio. Il prossimo decennio sarà caratterizzato dall'esplosione delle divisioni. L'America sarà divisa per reddito, stile di vita, opinioni politiche, razza e geografia. Un enorme muro, che i socialisti stanno costruendo da quando hanno messo in carica il presidente Woodrow Wilson, è quasi completato. Questo muro dividerà l'America tra chi ha e chi non ha, con la classe media in quest'ultima categoria. L'America diventerà come qualsiasi altro Paese del terzo mondo. Le belle città saranno rovinate dalla mancanza di servizi sociali e di protezione da parte della polizia, poiché i governi locali e statali, deliberatamente affamati di entrate, non sono in grado di far fronte ai costi crescenti dei servizi e della protezione.

La criminalità si diffonderà nelle periferie. Le periferie un tempo sicure diventeranno periferie infestate dal crimine. Fa tutto parte del piano socialista di smembrare le grandi città e disperdere i gruppi di popolazione - anche nei vostri quartieri sicuri, che tra dieci anni o più saranno probabilmente pieni di criminalità e infestati da bande come lo sono oggi i centri delle grandi città americane.

I tassi di illegittimità non saranno controllati dall'aborto, perché l'aborto mira a frenare il tasso di natalità della classe media. L'aborto socialista e l'amore libero della signora Kollontay hanno sempre avuto come obiettivo quello di impedire alla classe media di diventare troppo potente. Il tasso di natalità illegittima crescerà e crescerà tra i lavoratori poveri. Ora c'è un'esplosione demografica di bambini illegittimi che crescono senza padre e con madri che non possono o non vogliono prendersi cura di loro. Questo è il socialismo fabiano in azione, il lato oscuro e malvagio del socialismo fabiano che è sempre stato nascosto.

Il nuovo sottoproletariato che sta emergendo in America sarà composto da milioni di disoccupati e inoccupati, il che significa un'enorme popolazione fluttuante e instabile che può solo rivolgersi al crimine per sopravvivere. Le periferie saranno invase da questo sottoproletariato e dalle sue bande di strada. La polizia non sarà in grado di fermarli e per un po' saranno lasciati liberi di fare il lavoro di destabilizzazione del socialismo.

Il bel sobborgo in cui vivete ora sarà probabilmente il ghetto del 2010, popolato da migliaia di bande i cui membri vivono di spada. "Andare a Mayberry" diventerà sempre più comune man mano che questi giovani delinquenti malvagi amplieranno le loro aree operative.

La stragrande maggioranza degli americani è completamente impreparata a ciò che ci aspetta. Si lasciano cullare da promesse socialiste che non potranno mai essere mantenute. Mentre l'America affronta il suo "Dunkirk", il nostro popolo guarda sempre più al governo per risolvere i problemi che sono stati creati dal socialismo in primo luogo, problemi che né il Presidente Clinton né i suoi successori hanno alcuna speranza di risolvere, semplicemente perché si ritiene necessario DESTABILIZZARE l'America.

Ci aspettano tempi duri e amari, tutte le promesse del partito democratico sono solo cembali che suonano. Per mancanza di istruzione, formazione e lavoro - con i datori di lavoro industriali eliminati o trasferiti all'estero - folle di disoccupati vagheranno per le strade in cerca della vita promessa dai socialisti. Quando avranno fatto il loro lavoro e l'America sarà destabilizzata, la "popolazione in eccesso" sarà spazzata via da malattie virali mutanti, più velocemente di quanto possiamo immaginare.

Questo è ciò che i SOCIALISTI avevano previsto di fare, ma pochi hanno prestato attenzione alle promesse di Bertrand Russell e H.G. Wells. Gli americani sono più preoccupati dal baseball e dal football, tanto che gli storici del futuro si meraviglieranno di come la psicologia politica di massa non sia stata riconosciuta dal popolo e abbia resistito. "Avranno dormito profondamente per non vederlo", sarà il duro giudizio degli storici futuri.

Si può fare qualcosa per fermare la devastazione di questa nazione? Credo che sia necessario svegliare i super-ricchi tra i conservatori - e ce ne sono molti - e convincerli a sostenere una fondazione che impartisca un corso accelerato sulla Costituzione degli Stati Uniti basato esclusivamente sulla lettura degli Annali del Congresso, dei Globi del Congresso e degli Atti del Congresso. Questi documenti contengono le migliori informazioni sulla Costituzione e una grande quantità di informazioni sul socialismo e sui suoi piani per un governo unico mondiale - il Nuovo Ordine Mondiale, la nuova era oscura della schiavitù.

Armati di queste informazioni, milioni di cittadini potrebbero sfidare i loro rappresentanti che approvano misure incostituzionali. Ad esempio, se 100 milioni di cittadini informati avessero contestato l'incostituzionalità di una legge sul crimine e avessero fatto sapere che non avrebbero obbedito alle disposizioni di quel provvedimento perché incostituzionale al 100%, esso non sarebbe mai passato alla Camera e al Senato. Questo è l'unico modo in cui il patriottismo può esprimersi. Può e deve farlo.

L'ora è tarda. A coloro che rispondono ai piani dei socialisti di portare gli Stati Uniti al livello di un qualsiasi Paese del terzo mondo: "Questi sono gli Stati Uniti, non può accadere qui", vorrei dire: "Sta già accadendo". Chi avrebbe mai pensato, solo pochi anni fa, che un governatore sconosciuto e oscuro di uno stato relativamente piccolo sarebbe diventato Presidente degli Stati Uniti - anche se il 56% degli elettori ha votato contro di lui? Questo è il SOCIALISMO IN AZIONE, che impone agli Stati Uniti cambiamenti impopolari e indesiderati.

L'EREDITÀ DEL SOCIALISMO; UN CASO DI STUDIO

Venerdì 30 settembre 1994, alle 9.40 del mattino, Richard Blanchard, un architetto di 60 anni, fu colpito da un proiettile al collo dopo essersi fermato a un semaforo rosso ai margini del quartiere Tenderloin di San Francisco. Mentre Blanchard era seduto nella sua auto in pieno giorno, in attesa del cambio del semaforo, due teppisti sedicenni gli si sono avvicinati, gli hanno puntato contro una pistola e gli hanno chiesto del denaro. A quel punto il semaforo è cambiato e Blanchard ha cercato di scappare. È stato colpito da un proiettile nel collo e ora è completamente paralizzato e in ospedale con un supporto vitale.

Allo stato attuale della legge, il delinquente sedicenne non può essere nominato e la sua foto non può essere pubblicata. Secondo quanto riportato dal *San Francisco Examiner*, l'amico di Blanchard, Alan Wofsy, ha dichiarato:

> "Significa che a San Francisco qualcuno non è al sicuro quando si ferma a un semaforo rosso durante una normale giornata lavorativa. Toglie tutta l'innocenza alla vita. L'idea che si debba essere vigili nello svolgere le normali attività quotidiane perché la vita può essere portata via, significa che non ci sono più limiti al comportamento civile. Un altro aspetto di questa tragedia è che si tratta di un uomo le cui mani erano tutto per lui. Senza motivo, un uomo è passato dall'essere un meraviglioso architetto a un paraplegico".

La risposta della polizia a questo incubo è stata:

> "Alzate i finestrini e chiudete le portiere dell'auto. Se qualcuno vi punta contro una pistola, dategli quello che vuole. Non vale la pena perdere la vita per un orologio o un portafoglio".

Questa è l'eredità del socialismo:

> "Arrendetevi ai delinquenti perché la polizia non è in grado di proteggervi e, essendo stati disarmati da una legislazione socialista che è al 100% incostituzionale, non potete più proteggervi da soli".

Dopo la partenza degli arci-socialisti Art Agnos e Diana Feinstein (entrambi ex sindaci di San Francisco), San Francisco è diventata ciò che loro avevano reso, un incubo socialista. Se al signor Blanchard fosse stato permesso di esercitare il suo diritto costituzionale di portare una pistola nella sua auto, i teppisti, sapendolo, probabilmente ci avrebbero pensato due volte prima di avvicinarsi a lui, o a qualsiasi cittadino che porta armi.

Ma grazie alle azioni incostituzionali di socialisti come la Feinstein, i cittadini della California e di molti altri Stati sono stati disarmati e ora sono invitati a "resistere" di fronte a criminali armati. Cosa penserebbero i coloni, che si rifiutarono di pagare una tassa di un penny per libbra sul tè, dell'America moderna e di una simile ammissione ufficiale del totale e abietto fallimento dello Stato nel proteggere i suoi cittadini?

La tragica storia di Blanchard si ripete migliaia di volte al mese in tutti gli Stati Uniti. Ciò che serve è un ritorno alla Costituzione, con la cancellazione di tutte le leggi sulle armi e le leggi socialiste morbide che proteggono i criminali come quello che ha sparato a Blanchard. Ogni cittadino ha il diritto di tenere e portare armi. Se i cittadini esercitassero questo diritto su larga scala e se fossero conosciuti da tutti, il tasso di criminalità crollerebbe. Nessun delinquente oserebbe avvicinarsi a un automobilista con una pistola in bella vista.

L'onda anomala del socialismo sta travolgendo tutto ciò che incontra sul suo cammino. Quest'onda anomala deve essere affrontata molto rapidamente e respinta, altrimenti gli Stati Uniti sono destinati all'estinzione come l'antica Grecia e Roma. I dipartimenti di polizia ci dicono di essere sotto organico e di non avere le risorse finanziarie per affrontare l'ondata di criminalità. Eppure, nello stesso momento, la Clinton sta facendo approvare una legge incostituzionale, cosiddetta "dura contro il crimine", che è in gran parte un programma di trasferimento socialista con pochissimo aiuto per la nostra polizia...

A Washington D.C., la capitale del crimine della nazione con leggi sul possesso di armi più restrittive di qualsiasi altra città, il sindaco ha recentemente chiesto al Presidente di inviare la Guardia Nazionale per far fronte alla violenza delle bande nere. Clinton rifiutò, ma autorizzò l'uso di fondi di bilancio per assegnare la polizia dei parchi e i servizi segreti al pattugliamento delle strade. I risultati sono stati drammatici: un calo del 50% delle sparatorie tra bande.

Poi i soldi sono finiti e i servizi segreti e la polizia del parco sono stati tolti dalle strade di Washington D.C. Le sparatorie e la violenza sono riprese. "Non abbiamo i soldi per continuare questo programma", ha dichiarato un portavoce della Casa Bianca alla televisione ABC. PERCHÉ NO? Come possiamo permetterci di dare 20 miliardi di dollari in aiuti all'estero, che sono incostituzionali al 100%, e non essere in grado di finanziare programmi critici di prevenzione del crimine a Washington, l'unico posto in cui il governo federale ha giurisdizione sulla protezione della polizia? Questa è l'eredità del socialismo, la strada verso la schiavitù attraverso il terrore e la delinquenza.

FONTI E NOTE

"Affari esteri. CFR Journal, aprile 1974. Gardner, R.

"Un'intervista con Edward Bellamy" Frances E. Willard, 1889. "Boston Bellamy Club". Edward Bellamy, 1888.

"Il fabianesimo nella vita politica della Gran Bretagna 1919-1931". John Strachey.

Si veda anche "Left News", marzo 1938.

"Bollettino della Scuola di Studi dell'Istituto Rand 1952-1953. Upton Sinclair. "Il pensiero economico di John Ryan". Dottor Patrick Gearty.

"Collaborazione tra socialisti e comunisti". Zigmunt Zaremba, 1964. "La corruzione in un'economia di profitto". Mark Starr.

"Commissione consultiva degli Stati Uniti". Mark Starr. "Americani per l'Azione Democratica". (ADA)

"La causa contro il socialismo: un manuale per gli oratori conservatori". A destra. On. A.J. Balfour, 1909.

Il Fabian News del 1930 cita Rexford Tugwell come collaboratore di Roosevelt e del governatore di New York Al Smith, e ancora nel Who's Who del 1934. Tugwell era anche strettamente legato a Stuart Chase, autore di "A New Deal". Tugwell ha lavorato presso il Dipartimento di Economia della Columbia University.

"La Fabian Society. William Clarke, 1894.

"Nuove frontiere. Henry Wallace.

"Un New Deal". Stuart Chase, 1932.

"Philip Dru, amministratore". Edward Mandell House, 1912.

La "Grande Società". Graham Wallace

"Il Piano Beveridge". William Beveridge. È diventato il "piano" per la sicurezza sociale negli Stati Uniti.

"Socialismo, utopico e scientifico". Federick Engels, 1892.

"Bernard Shaw. Ervine St. John, 1956.

"La Corte Suprema e il pubblico. Felix Frankfurter, 1930.

"L'essenziale Lippmann - Una filosofia per la democrazia liberale". Clinton Rossiter e James Lare.

"John Dewey e David Dubinsky". Biografia per immagini, 1952.

"Hugo Black, gli anni dell'Alabama. Hamilton e Van Der Veer, 1972.

"Storia del sionismo". Walter Lacquer.

"La società del benessere". John Galbraith, 1958.

"I pilastri della società. A.G. Gardiner, 1914.

"Bollettino della Scuola di Scienze Sociali Rand". 1921-1935.

"L'altra America: la povertà negli Stati Uniti. Michael Harrington, 1962

"Storia del socialismo. Morris Hilquit, 1910.

"Lettere Holmes-Laski. La corrispondenza tra il giudice Holmes e Harold Laski. Da Wolfe, 1953.

"Documenti privati del colonnello House" C. Seymour, 1962.

"Le conseguenze economiche della pace. John Maynard Keynes, 1925.

"Teoria generale dell'economia. John Maynard Keynes, 1930.

"La crisi e la Costituzione, 1931 e dopo". Harold J. Laski, 1932.

"Dai diari di Felix Frankfurter. Joseph P. Lash, 1975.

"Harold Laski: una memoria biografica". Kingsley Martin, 1953.

"Ricordi di uno snob socialista". Elizabeth Brandeiss, 1948.

"Il Piano nazionale di sussistenza. Prestonia Martin, 1932.

"Ricordi di Felix Frankfurter. Philip Harlan, 1960.

"Commentari sulla Costituzione degli Stati Uniti. Joseph Story, 1883.

Everson contro il Consiglio d'istruzione. Questo è il primo trionfo socialista nell'inversione dei casi scolastici della clausola religiosa. Non esistevano precedenti legali a sostegno della tesi di Everson in tribunale. Non c'è nulla nella Costituzione a sostegno del cosiddetto "muro di separazione" descritto da Jefferson e non fa parte della Costituzione. Il Primo Emendamento NON è stato concepito per separare lo Stato dalla religione, cosa che il caso Everson ha improvvisamente ritenuto costituzionale. Come mai un semplice modo di dire pronunciato da Jefferson - e anche in quel caso solo in relazione allo Stato della Virginia - è diventato improvvisamente legge? In base a quale mandato costituzionale è stato fatto questo, e con quale precedente? La risposta è NESSUNA in entrambi i casi.

Il "muro di separazione" era un pretesto per Frankfurter per esercitare il suo pregiudizio contro la religione cristiana e in particolare contro la Chiesa cattolica. Ripetiamo: NON ESISTE ALCUNA DISPOSIZIONE COSTITUZIONALE PER QUESTO MITICO "MURO DI SEPARAZIONE TRA CHIESA E STATO". In questo, Frankfurter fu molto influenzato dall'anticattolico Harold J. Laski e dal giudice Oliver Wendell Holmes, entrambi socialisti incalliti. Laski riteneva che "l'educazione che non è laica e obbligatoria non è affatto un'educazione...". La Chiesa cattolica dovrebbe essere confinata nel Limbo... e soprattutto in Sant'Agostino... L'incapacità della Chiesa cattolica di dire la verità... rende impossibile la pace con la Chiesa cattolica romana. È uno dei nemici permanenti di tutto ciò che è decente nello spirito umano. Inoltre, Black era un avido lettore delle pubblicazioni del Rito scozzese della Massoneria, che condannavano con veemenza la Chiesa cattolica. Eppure dovremmo credere che il giudice Black non abbia mostrato un pregiudizio personale estremo nel pronunciarsi a favore di Everson!

"Corrispondenza selezionata 1846-1895". Karl Marx e Frederich Engels.

"Edward Bellamy". Arthur Morgan, 1944.

"Fabian Quarterly. 1948. La Fabian Society.

"Un dilemma americano". Gunnar Myrdal, 1944.

"Ricerca Fabian. La Fabian Society.

"Riflessioni sulla fine di un'epoca" Dr. Reinhold Niebuhr, 1934.

"La storia della Fabian Society. Edward R. Pease, 1916.

"Il Roosevelt che conoscevo. Frances Perkins, 1946.

"La Fabian Society, passato e presente. G.D.H. Cole, 1952.

"Le dinamiche della società sovietica".

"Gli Stati Uniti nell'arena mondiale. Walt W. Rostow, 1960.

"Il lavoro in Gran Bretagna e nel mondo" Dennis Healey, gennaio 1964.

"L'età di Roosevelt. Arthur Schlesinger, 1957.

"4 luglio 1992". Edward Bellamy, luglio 1982.

"Il signor House dal Texas". A. D.H. Smith, 1940.

"Nuovi modelli per le scuole primarie. Fabian Society, settembre 1964.

"La rivoluzione americana in arrivo". George Cole, 1934.

"H.G. Wells e lo Stato mondiale. Warren W. Wagner, 1920.

"L'educazione in una società di classe. Edward Vaizey, novembre 1962.

"Il socialismo in Inghilterra". Sydney Webb, 1893.

"La decadenza della civiltà capitalista. "Beatrice e Sydney Webb, 1923.

"Ernest Bevin. William Francis, 1952.

"Sicurezza sociale. The Fabian Society, 1943 (adattamenti del Piano Beveridge).

"La nuova libertà. Woodrow Wilson, 1913.

"Recupero attraverso la rivoluzione". (Si suppone che sia il pensiero di Lovett, Moss e Laski) 1933.

"Cosa può fare un comitato per l'educazione nelle scuole primarie. Fabian Society, 1943.

"I Fabiani americani" Periodici ADA, 1895-1898.

"Roosevelt al Frankfurter". Dicembre 1917. Lettere di Theodore Roosevelt, Biblioteca del Congresso.

"Ricchezza contro benessere. Henry Demarest Lloyd, 1953.

"La necessità della militanza: il socialismo nel nostro tempo", 1929. Contiene una dichiarazione di Roger Baldwin che auspica la rivoluzione negli Stati Uniti.

Discorso "Freedom in the Welfare State" del senatore Lehman, in cui sostiene erroneamente che "i Padri fondatori hanno istituito lo Stato sociale". Pubblicato nel 1950.

"Rexford Tugwell" citato nei Bollettini della Scuola Rand, 1934-1935.

"American Civil Liberties Union (ACLU)". Costituito nel gennaio 1920, si chiamava allora Civil Liberties Bureau. Molte delle sue idee sono state tratte dal libro "L'uomo senza patria" di Philip Nolan. Dichiarazione di Robert Moss Lovett: "Odio gli Stati Uniti! Sarei pronto a vedere il mondo intero esplodere, se questo distruggesse gli Stati Uniti" si avvicina ai sentimenti espressi da Nolan nel suo libro. Il numero di giugno 1919 di "Freedom" parla della formazione dell'ACLU, citando nomi tra cui quello del fondatore, il reverendo John Nevin Sayre.

Altre fonti ACLU "Freedom Through Dissent", 30 giugno 1962. Inoltre, Rogers Baldwin, membro fondatore dell'ACLU, "The Need for Militancy" e "The Socialism of our Times" di Laidler.

"Walter Reuther". Presidente del sindacato dei lavoratori dell'automobile. Ha lavorato a stretto contatto con la Lega per la democrazia industriale. Da "Quarant'anni di educazione". LID, 1945. Cfr. anche Congressional Record House, 16 ottobre 1962, pagine 22124-22125. Si veda anche il Louisville Courier Journal. "Svezia: la via di mezzo", Marquise Child.

"Il contadino del Sud", Aubrey Williams (rapporto del 1964 della Commissione per le attività antiamericane della Camera).

"Woodrow Wilson". Materiale tratto da "La nuova libertà" Arthur Link, 1956. Albert Shaw, direttore del Minneapolis Tribune. Shaw ha scritto anche "Review of Reviews. "The Year 2000: A Critical Biography of Edward Bellamy" di Sylvia Bowman, 1958. "International Government" pubblicato da Brentanos New York, 1916. Commissione d'inchiesta del Senato dello Stato di New York 1920. Questa commissione indagò sulla Rand School per attività sediziose. L'MI6 ordinò a Wilson di distruggere i file del Military Intelligence Bureau sugli elementi sovversivi dell'orbita socialista fabiana, ordine che Wilson eseguì. Riportato in "Our Secret War" di Thomas Johnson. "Cronaca americana" Ray Stannard Baker, 1945. "Record of the Sixty Sixth Congress", pagine 1522-23, 1919. Audizione della sottocommissione giudiziaria, 87° Congresso, 9 gennaio - 8 febbraio 1961. "La strada per la sicurezza". Arthur Willert, 1952. "Fabian News", ottobre 1969. "Appunti per una biografia". 16 luglio 1930. Anche la "Nuova Repubblica". "Social Unrest" del reverendo Lyman Powell, 1919 (Powell era un vecchio amico di Wilson).

"La guerra del signor Wilson. John Dos Passos, 1962.

"The New Statesman", articolo di Leonard Woolf, 1915.

"La storia di Florence Kelley (vero nome Weschnewetsky) è raccontata in "Impatient Crusader, Florence Kelley's Life Story" di Josephine Goldmark, 1953. Rivista Survey, Paul Kellog, direttore. "The Nation", Freda Kirchway, Il Roosevelt che conoscevo, Kelley, 1946. Kelley fu un "riformatore del riformatore sociale" e direttore della Lega della democrazia industriale (LID) 1921-1922, segretario nazionale della Lega nazionale dei consumatori e di innumerevoli organizzazioni di facciata dei socialisti fabiani.

Il senatore Jacob Javitts. Strettamente legato alla Fabian Society di Londra, ricevette un cablogramma di congratulazioni da Lady Dorothy Archibald. Il simposio Freedom in the Welfare State ha applaudito Javitts e il suo lavoro per il socialismo. Javitts ha votato a favore delle proposte socialiste dell'ADA, ottenendo un punteggio quasi perfetto del 94%. Ha partecipato alla "Tavola rotonda sulla democrazia: necessario un risveglio morale in America" nel 1952.

Tra gli altri collaboratori di Javitts figurano Mark Starr, Walter Reuther e Sydney Hook.

"Poteri costituzionali del Presidente". Si trova nella Sezione II della Costituzione degli Stati Uniti. Congressional Record 27 febbraio 1927.

"Progetto di legge sugli stanziamenti per il deficit generale".

"Congressional Record, House, June 26, 1884 Page 336 Appendix thereto". Vediamo perché l'educazione è il mezzo con cui si può attutire l'assalto socialista.

"Spirito e fede". A. Powell Davies, a cura del giudice William 0. Douglas. Davies, sostenitore della Chiesa Unitaria del giudice Hugo Black, scrisse anche "American Destiny (A Faith for America)" nel 1942 e "The Faith of an Unrepentant Liberal" nel 1946. L'impatto che Davies ebbe sui giudici Douglas e Black può essere visto nelle questioni socialiste che entrambi i giudici considerarono con favore nelle decisioni della Corte Suprema a cui parteciparono.

"Brave New World" Julian Huxley. In quest'opera, Huxley auspica la creazione di uno Stato socialista totalitario su larga scala che governi con il pugno di ferro.

"Il comunismo e la famiglia. Signora Kollontay. In cui esprime la sua indignazione e la sua rivolta per il controllo dei figli da parte dei genitori e per il ruolo della donna nel matrimonio e nella vita familiare.

"Brave New Family" Laura Rogers. Sorprendentemente simile al titolo di "Brave New World" di Huxley. Rogers espone la strategia a lungo invocata dai socialisti per assumere il controllo dei bambini e sottrarli al controllo dei genitori, secondo le linee suggerite da Madame Zinioviev, moglie di Gregori Zinoviev, un commissario sovietico incallito.

"Congressional Record, Senato S16610-S16614". Mostra come il socialismo stia cercando di minare la Costituzione.

"Congressional Record, Senato 16 febbraio 1882 pagine 1195-1209". Come la commissione del Senato si occupò dei mormoni e come violò il Bill of Attainder.

"Le libertà della mente". Charles Morgan. In riferimento alla cosiddetta "psicopolitica".

"Manifesto comunista del 1848". Karl Marx.

"Congressional Record, Senato, 31 maggio 1924. pagine 9962-9977". Descrive come i comunisti americani mascherano i loro programmi da socialismo e spiega che differiscono solo per il grado.

Già pubblicato

OMNIA VERITAS LTD PRESENTA:

LA GERARCHIA DEI COSPIRATORI STORIA DEL COMITATO DEI 300

John Coleman

Questa aperta cospirazione contro Dio e l'uomo include la schiavitù della maggior parte degli esseri umani...

OMNIA VERITAS LTD PRESENTA:

LA DIPLOMAZIA DELL'INGANNO
UN RESOCONTO DEL TRADIMENTO DEI GOVERNI DI INGHILTERRA E STATI UNITI

JOHN COLEMAN

La storia della creazione delle Nazioni Unite è un classico caso di diplomazia dell'inganno

OMNIA VERITAS LTD PRESENTA:

LA MASSONERIA

dalla A alla Z

John Coleman

Nel XXI secolo, la Massoneria è diventata non tanto una società segreta quanto una "società di segreti".

Questo libro spiega cos'è la Massoneria